INHALT

Für meine Töchter
Susanne und Regina

Ich will raus

Einleitung

An einem trüben, naßkalten Juni-Nachmittag schaltete ich das Radio ein und hörte den Rocksong »Sehnsucht« von der Gruppe »Purple Schulz und die neue Heimat«:

»Regen fällt. Kalter Wind. Himmel grau. So allein. Das Paradies kann das nicht sein ... Keine Sterne in der Nacht ... Warum ist der Himmel leer? Ist da oben keiner mehr? ... Land der Henker. Niemandsland. Das Paradies ist abgebrannt. Ich hab Heimweh. Ich will nur weg, ganz weit weg ... Ich will raus.«

Dieser herzzerreißende, wehmütige Schrei hallte noch lange in mir nach, und ich fragte mich: Welche Sehnsucht verbirgt sich letztlich hinter diesem Hilfeschrei, der in der nunmehr 30jährigen Rockmusikgeschichte immer lauter wird? Stellvertretend für zahlreiche andere Rockidole stehen in den 70er Jahren Jimi Hendrix mit seinem letzten Musik-Album »Cry of Love« (Schrei der Liebe), in den 60er Jahren die »Beatles« mit ihrem Erfolgshit »Help« (Hilfe!) und in den 50er Jahren Rock'n'Roll-König Elvis Presley, der auf die stereotype Frage der Journalisten, warum er auf der Bühne mit den Hüften wackele und sich im Rhythmus der Musik bewege, antwortete: »Ich beobachte das Publikum, hör' sie schreien, und dann weiß ich, daß wir alle was loswerden. Aber keiner weiß, was es ist.«

(Vgl. das Kapitel »Elvis Presley – Der Rock'n'Roll-König ist tot, es lebe sein Mythos«.)

Welche Sehnsucht verbirgt sich hinter diesen Hilfeschreien? Auf der langjährigen Suche nach einer Antwort besuchte ich Rockkonzerte, interviewte Rockidole und ihre Manager, hatte heiße und aufschlußreiche Diskussionen mit Rockfans und befragte Musikwissenschaftler und Konzertveranstalter.

In den ausführlichen Interviews versuchte ich, mich vorurteilsfrei, aber auch kritisch und helfend auf meine Gesprächspartner einzulassen. Was sie erzählen, spricht für sich. Ich wollte die Rockstars und ihre Fans so ernst nehmen, wie es der Olympiasieger Jesse Owens von seinem Trainer Riley erzählt: »Riley hat nicht nur meinen Körper, sondern auch meine Seele trainiert und meinen Charakter geformt ... Nie hat er mir etwas befohlen, aber mich immer wissen lassen, was er über mich dachte. Und wenn ich ihn um Rat fragte, erzählte er mir eine Geschichte und ließ mich die Antwort selbst finden« (siehe mein Buch »Was allen Einsatz lohnt«, Freiburg 1984).

Die umstrittene Rockmusik hat zwei Seiten: einmal den Protest gegen eine als »verlogen« empfundene Gesellschaftsmoral, gegen Leistungsdruck und Konsumzwang, zum andern aber auch die Aufwertung des Selbstwertgefühls. In diesem Sinne ist der Jugendprotest ein musikalischer Gefühlsausbruch; in den Klangeffekten drücken sich Lebensgefühl, Werte und Ziele aus.

So spiegelt sich in der Rockmusik unsere Zeit wider, in der wenig Raum bleibt für Gefühle und Menschlichkeit.

Für Europas erfolgreichsten Rockkonzertveranstalter, Fritz Rau, kann die Rockmusik eine Art »Erlösungsmacht« sein, »weil sie die Fähigkeit hat, mit Klängen Traum und Zärtlichkeit zu erwecken, aber auch positive gesellschaftliche Veränderungen zu bewirken.« (Vgl. das Kapitel »›Rockpapst‹ Fritz Rau – Musik als Erlösungsmacht?«)

Die Faszination der Rockmusik führt Professor Dr. Hermann Rauhe, Präsident der Hamburger Musikhochschule, auf die Entkörperlichung der Musik zurück, »weil im Zeitalter der Aufklärung dem Verstand die Herrschaft eingeräumt, das Gefühl zurückgedrängt und der Körper letztlich verneint wurde«. (Vgl. das Kapitel »Professor Dr. Hermann Rauhe – Rockmusik zwischen Religion und Rebellion, Bach und Beatles«.)

Andererseits ist mit Rauhe immer wieder zu beobachten, daß Rockmusik auch eine Form der individuellen Flucht sein und destruktive Aggressionen auslösen kann: »In dem Augenblick, wo von Trance, Massensuggestion und -hypnose die Rede ist, wo unkontrollierte, magische Kräfte freigesetzt werden, ist die Toleranzgrenze endgültig überschritten.« Dies gilt vornehmlich für zahlreiche Heavy Metal-Bands (Schwermetall-Gruppen), die sich besonders durch gesundheitsschädigende Phonstärken, aggressive Rhythmen und teufelsbeschwörende, obszöne Texte hervortun. (Vgl. »Rockmusiker auf Teufel komm raus – Warum Satan, Sex und Gewalt verherrlicht werden« – und das Gespräch mit Prof. Dr. H. Rauhe.)

Man kann die Rockmusik als Sammelbecken bezeichnen, in dem Gefühle der Angst, der Enttäuschungen, der Hoffnung, des vorübergehenden Glücks und des Gemeinschaftsbewußtseins, aber auch der Verwirrungen zusammenfließen.

Cliff Richard, Europas »dienstältester Rock'n'Roll-Star« und bekennender Christ, spielt derzeit in dem vielbeachteten Musical »Time« (Londoner Erstaufführung 9. 4. 1986) einen Rockstar, der vom »Hohen Gericht des Universums« noch eine letzte Chance zum Weiterleben auf dieser Erde bekommt, weil er die Frage nach der bedeutsamsten Aufgabe richtig beantwortet: »Das Wichtigste für mich ist die Fähigkeit, meine Stimme gegen Gewalt, Ungerechtigkeit und Haß zu erheben. Das ist die größte Verantwortung des Menschen.« (Vgl. »Cliff Richard – Lebensperspektiven des dienstältesten Rock'n'Roll- und Popsängers«.)

Wie kaum ein anderes Rockidol hat sich der amerikanische Folk-Rocksänger und Songschreiber Bob Dylan zum Sprachrohr der rebellierenden Jugend gemacht. Die Stationen seiner Lebensgeschichte sind symptomatisch für die Empfindungen und Erfahrungen zahlreicher Jugendlicher der letzten 20 Jahre. Anfang der 60er Jahre kämpfte Dylan an der Seite Martin Luther Kings entschlossen für die gesellschaftliche Veränderung; doch schon bald nach Kings Ermordung verzweifelte er an seinem politischen Engagement, wendete sich enttäuscht von der seelenlosen Gesellschaft ab (Hippie-Bewegung), fühlte sich »like a rolling stone« (wie ein rollender Stein) und wollte »alles ausprobieren, um einen Durchblick zu bekommen: Sex und Drogen (Drogenbewegung), und alles tun, was Spaß macht«. In den 70er Jahren beschäftigte sich Dylan intensiv mit indischen Gurus (Neue Jugendreligionen) und praktizierte Okkultismus (Okkulte Bewegung) bis er nach seiner aufsehenerregenden Bekehrung zu Jesus Christus Anfang der 80er Jahre mutig verkündete: »Geheuchelte Philosophien haben dich irregeleitet. Karl Marx geht dir an die Kehle. Pornographie kommt in den Schulunterricht. Die Reichen verführen die Armen, und die Alten werden von den Jungen verführt. Wunderst du dich, wenn Gott dir Gebote gibt? Aber wenn du träumen willst, schlaf weiter.« (Vgl. das Kapitel »Bob Dylan – Vom Idol der Jugendrevolte zum christlichen Provokateur«.)

Immer mehr Rockidole schreien zum Himmel. Selbst

Deutschlands erfolgreichster Rocksänger, Peter Maffay, sieht das stärkste Motiv seines musikalischen Schaffens in dem Glauben an einen Schöpfergott; sein Sehnsuchtsschrei ist unüberhörbar: »Lieber Gott, wenn es dich gibt, zeig' uns deinen Weg.« (Vgl. die Kapitel »Peter Maffay – Warum Deutschlands erfolgreichster Rockstar seine Fans fasziniert« und »Lieber Gott, wenn es dich gibt«.)

Auch Politrocksänger Udo Lindenberg stimmte der Ansicht zu, daß die Rebellion der heutigen Jugend Ausdruck einer unbewußten Verzweiflung ist, hinter der die ungestillte religiöse Sehnsucht steht. (Vgl. das Kapitel »Udo Lindenberg – Panische Zeiten: Vom ›totalen Paradies‹ zum ›Finale‹ des Weltuntergangs«.)

Meinte der 1980 ermordete Beatle John Lennon die gleiche Sehnsucht, als er auf dem Höhepunkt der weltweiten Beatles-Manie die Millionen Fans mit den Worten schockierte: »Wir sind auf der Suche nach etwas ganz anderem«!? (Vgl. das Kapitel »The Beatles – Wir sind auf der Suche nach etwas ganz anderem«.)

Peter Maffay

Warum Deutschlands erfolgreichster Rockstar seine Fans fasziniert

»Was halten Sie von Deutschlands erfolgreichstem Rockstar Peter Maffay und seinen Songs?«, frage ich eine Rheinländerin anläßlich eines Maffay-Konzerts (Herbst 1984) in der Kölner Sporthalle.

»Maffays Lieder sind so realistisch, mir auf den Leib zugeschnitten. Ich find' sie ganz toll. Dabei denk' ich beispielsweise an Lieder wie ›Über sieben Brücken mußt du geh'n‹ oder ›Angela‹

Peter Maffay ©TELDEC/Bildarchiv

oder ›Lieber Gott‹. Alle seine Songs sind aus dem Leben gegriffen:

›*Über sieben Brücken* mußt du geh'n, sieben dunkle Jahre übersteh'n. Siebenmal wirst du die Asche sein, aber einmal auch der helle Schein.‹

›*Angela,* du bist das Mädchen, du ganz alleine, von dem ich meine, daß wir uns auch in 50 Jahren lieben wie heut'.‹

›*Lieber Gott,* wenn es dich gibt, zeig' uns deinen Weg. Eh' das Böse in uns siegt, daß es noch Gutes gibt. Daran glaube ich.‹

»Und was geht in Ihnen vor«, frage ich meine temperamentvolle 24jährige Gesprächspartnerin, »wenn Sie Peter Maffay auf der Rockbühne erleben?« »Ja, das ist eine ganz andere Welt. Peter drückt auf der Bühne meine Gefühle aus; er findet meine Worte und spielt mein Leben. Wenn ich seine Musik auf mich wirken lasse, komme ich mir vor wie in einer Weltraumkapsel, in der ich ganz alleine schalten und walten kann. Ich baue mir meine eigene Traumwelt auf, so, wie ich im Moment fühle: Wenn ich weinen möchte, weine ich. Wenn ich schreien möchte, schreie ich.«

»Was verkörpert Peter für Sie?«

»Peter symbolisiert für mich die Freiheit, die ich mir auch wünsche. Er kann singen, spielen und alles machen, wovon er träumt. Ich denke an seine abenteuerlichen Reisen durch die Wüste Sahara, durch den brasilianischen Urwald, nach Afrika und in die Antarktis. Das ist doch wunderbar. Wer kann sich das schon leisten? Aber neidisch bin ich nicht. Ich hör' seine Schallplatten und geh' in sein Konzert. Und dann stelle ich mir vor, ich wär' Peter Maffay.«

Schließlich bitte ich sie um einen kurzen Kommentar zu Maffays Lied »Lieber Gott, wenn es dich gibt«. Und wieder sprudelt es aus ihr heraus: »Ich glaube an Gott. Nur halt eben mit der Kirche, das kann man sehen, wie man will. Manche Leute essen gerne Leberwurst, und andere gehen lieber in die Kirche. Für mich bedeutet Gott Freiheit. Wenn ich zu ihm bete, fühle ich mich frei.«

Ein feierlicher, glockenartiger Klang unterbricht unser Gespräch, mahnt zur Stille und Aufmerksamkeit; denn in wenigen Augenblicken erscheint das Rockidol im grellen Schweinwerferlicht der Bühne, nicht nur für die junge Dame ein faszinierender

Anblick, »eine Art Gottesdienst«, wie sie mir sagt. Wer ist denn nun ihr richtiger Gott?

»Ich bin kein Star, sondern ein ganz normaler Mensch wie jeder andere auch mit zwei Beinen und zwei Händen«, beteuert der seit 15 Jahren umjubelte 36jährige Rocksänger Peter Maffay, zum wiederholten Male mit der begehrten Trophäe »Goldene Europa« für den größten Konzert-Tournee-Erfolg des Jahres (1970, 1971, 1980, 1981, 1984, 1986) ausgezeichnet. So war die 84er vierwöchige Tournee innerhalb einer Woche in Deutschland ausverkauft: mehr als 300 000 Eintrittskarten zwischen 25 und 50 Mark. Auf dieser Tournee saß ich unter den Rockfans in der Kölner Sporthalle und in der Frankfurter Festhalle, auf der Suche nach gesprächsfreudigen Interviewpartnern. Hinter den Kulissen der Rockbühne standen mir Musiker, Techniker, Manager und Maffays Leibarzt, Europas erfolgreichster Rockkonzertveranstalter Fritz Rau und vor allem Peter Maffay selbst in wiederholten stundenlangen Gesprächen freimütig Rede und Antwort.

Die Rock-Show muß weitergehen

Jeder Tourneetag läuft nach demselben Schema ab. Sobald der schweißgebadete Superstar und seine erschöpften Musiker die nächtliche Rockmusik-Show beendet haben, stürmen die angeheuerten »Roadies« die Bühne, um die millionenschwere Ton- und Lichtanlage in vier 38-t-Sattelzügen zu verladen; denn am nächsten Morgen muß die technisch komplizierte Einrichtung installiert sein.

In Frankfurt bläst das etwa 60köpfige Maffay-Team zum letzten Gefecht in der seit Wochen ausverkauften Festhalle auf dem Messegelände. Der Superstar, seine Musiker und engsten Vertrauten werden am frühen Nachmittag vom Hotel in die Festhalle gefahren. Wir besteigen einen komfortablen Tourneebus, der die Maffay-Getreuen Tag für Tag in eine andere deutsche Großstadt befördert. Als der Bus vor dem Hintereingang der Festhalle hält, stimmen die aufgeregten Fans – drei Stunden vor Konzertbeginn – ein Triumphgeschrei an. Ordnungshüter bahnen den Starmusikern einen sicheren Weg zum Bühneneingang. Autogrammjäger versuchen oft vergeblich ihr Glück. Sehnsüchtige

Blicke verfolgen den Star und seine Bandmitglieder. Später erscheint hin und wieder vor dem bewachten Eingang ein Maffay-Gehilfe, um sorgsam eingepackte Geschenke und Blumensträuße mit beigefügtem Brief Peter Maffay zu überbringen.

In dem riesigen Foyer werden die letzten Vorbereitungen getroffen, bevor die Maffay-Fans die Halle stürmen. Zahlreiche Verkaufsstände mit Maffay-Artikeln: Allein 23 verschiedene Langspielplatten mit dem Maffay-Logos-Emblem, Halsketten, Anstecknadeln, Sweat-Shirts und Lederwesten, immer mit dem Maffay-Markenzeichen versehen. So können sich die Fans ihren Star umhängen, anstecken, anziehen oder auf der Platte anhören und auf dem Videofilm anschauen. Das Geschäft blüht.

Das Bühnenbild steht. Die »Roadies« haben gute Arbeit geleistet. In seinem Song »Roadie« schildert Peter Maffay einen seiner Leute: »Er blieb stets im Schatten, stand nie im Rampenlicht, und sein Name war auf keinem Plakat erwähnt. Er war der Mann für alles ... Und vor der Show baut er auf, und danach räumt er ab bis um drei. Und sein Job, der heißt Roadie. Ohne ihn lief nichts ... Er nahm Aufputschmittel, sonst hätte er es nicht geschafft, ohne Schlaf die Nächte irgendwo durchzusteh'n. Doch eines Nachts fiel er ganz einfach um, und alle wußten wovon. Und er blieb zurück, und ein anderer sprang ein; denn die Show must go on.«

Trotz der hektischen Atmosphäre haben die Team-Mitglieder ein kameradschaftliches Verhältnis und behandeln mich wie ihresgleichen. In den Garderobenräumen haben drei mitreisende Maffay-Köche leckere Kuchen und Torten, Kaffee, alkoholische Getränke und Coca Cola aufgetischt. Jeder greift zu, solange der Vorrat reicht. Und dann marschieren Techniker und Musiker in die noch menschenleere Halle, die zwei Stunden später mit 10000 Rockfans gefüllt sein wird.

Der Bühnenboden ist in drei Ebenen gestaltet. Auf dem linken Seitenflügel die Keybords, rechts Schlagzeug, Saxophon und Baß. Der mittlere Teil der Bühne steigt als schiefe Ebene nach hinten leicht an und ist den Gitarristen, Bläsern und Peter Maffay vorbehalten. Aus 40 Monitoren kann jeder Musiker hören, was die anderen gerade spielen. Die 32000 Watt-Anlage mit ihren gewaltigen Lautsprecherboxen, mittels vier Motorzügen unter der Hallendecke aufgehängt, wird von einem Mischpult mit seinen 68 Eingangskanälen und zwölf Subgruppen gesteuert.

Der Soundcheck beginnt, eine wahre Kulthandlung, vom »Meister« höchstpersönlich geleitet, Tag für Tag. Maffays Leibarzt und ich sind die einzigen Zuhörer in der Halle. Peter wirft uns von der Bühne einen warnenden Blick zu. Der Arzt steht auf und faßt mich unter den Arm: »Kommen Sie, wir müssen raus. Peter duldet keinen Zuschauer beim Soundcheck, auch nicht seine engsten Freunde.« Jede Halle hat ihre eigene Akustik und verlangt neue Einstellungen. Mit dem Frequenz- und Schalldruckmesser wird die Halle nach problematischen Resonanzen abgesucht. Zuerst spielt der Schlagzeuger nacheinander seine Instrumente (Standtrommel, Becken u.a.), dann zieht er ein Solo ab, um die Lautstärke der einzelnen Teile aufeinander abstimmen zu können. Danach proben die andern Instrumentalisten nacheinander. Schließlich werden die Gesangsmikrophone eingestellt. Erst jetzt spielt die Band zusammen, bis jeder Musiker und Sänger zufrieden ist.

Der Soundchek ist beendet. Die Maffay-Band zieht sich in die Kabinen zurück, draußen erlösender Aufschrei der stundenlang wartenden Fans, die endlich die Halle besetzen können. Kaum Teenager, vorwiegend Twens zwischen 18 und 28 Jahren und auffallend viele 30- bis 40jährige. Als sie noch jung waren, hat Peter Maffay seine Karriere begonnen. Die meisten Besucher feiern ein Wiedersehen mit Peter. Ich geselle mich zu zwei schüchtern aussehenden Mädchen, die dicht an der Bühne stehen. »Wir haben einen ziemlich schlechten Platz erwischt, wo wir Peter nicht gut erkennen können. Deshalb stehen wir hier.« Mein angehefteter Ausweis »Gast von Peter Maffay« öffnet mir alle Türen und verschafft mir Respekt bei den beiden Mädchen aus dem Westerwald, die mich wohl für einen Ordnungshüter halten. Seit sechs Jahren kennen die 22jährigen Peter Maffay und haben fast alle Platten von ihm. Jetzt wollen sie ihren Star endlich einmal leibhaftig sehen. Sie schauen mich an wie ein achtes Weltwunder, weil ich ihn persönlich kenne. »Ich kann mir gar nicht vorstellen, wie man an Peter rankommen kann«, meint die eine. »Das muß ein unheimlich tolles Gefühl sein, ihm gegenüberzustehen und mit ihm zu sprechen. Wir himmeln Peter an, weil er glaubwürdig ist und uns alles an ihm gefällt.«

»Wenn man Peter fast wie einen Gott verehrt«, wende ich mich an die Mädchen, »dann gleicht ein solches Rockkonzert eher einem Gottesdienst, oder?« »Stimmt«, gibt das andere Mädchen zu, »im Gegensatz zu den Leuten in der Kirche geht Peter auf die Probleme der Jugendlichen ein. Deshalb fühle ich mich in der Kirche nicht geborgen, aber hier gehöre ich dazu.« Immer wieder höre ich in Köln und Frankfurt solche Worte.

Eine knisternde Spannung vor jedem Rockkonzert. Einige Fans blättern nervös in dem mit Glanzfolie versehenen Peter-Maffay-Journal, wo der Star und seine Musiker auf 100 großformatigen Seiten abgelichtet und beschrieben werden. Noch zehn Minuten bis zum Startschuß. Der Countdown für die »Weltraumkapsel« wie die Rheinländerin sagte, für den Start in den Rockhimmel hat bereits begonnen. Alle drei Minuten ertönt ein glockenartiger Dreiklang. Andächtige Stille nach dem letzten Glockengeläut. Die Lichter gehen aus, und auf der Bühnenleinwand erstrahlt der Superstar. Wie Tarzan im Dschungel läuft Peter Maffay in Jeans und braunen Cowboystiefeln durch seichtes Wasser, kriecht durch dichtes Schilf am Ufer und rennt weiter durch Felder und Wälder. Dann steht er vor einem Abhang, setzt zum Sprung an und im nächsten Moment – Videofilm aus, Spot an – springt er live durch den Bühnenvorhang und landet auf der Rockbühne inmitten seiner Musiker. Umgeben von 200 Scheinwerfern und 16 Spezialspots beginnt mit Pauken und Trompeten die musikalische Reise in den rhythmisch bewegten Rockhimmel.

Die Fans springen begeistert von ihren Sitzen und klatschen im Rhythmus der Musik mit, während Peter in die Saiten seiner Gitarre schlägt und ins Mikrophon singt:

»Schatten in die Haut tätowiert,
Spuren, die für immer bleiben.
Das ist für ihn Rock'n'Roll.
Sein Herz, das läuft auf vollen Touren.
Die Nacht verwischt die letzten Spuren.
In seinen Adern kocht das Blut.
Er spürt die dumpfen Schläge. Um ihn das Dröhnen

der Motoren und die Lichter, die ihn blenden.

Für einen Easy Rider ist der Highway nie zu Ende . . .« Autobahnmusik. Man hört förmlich das Dröhnen der Motoren unzähliger »Feuerstühle«, allen voran Peter Maffay, gefolgt von andern Motorradfans, auf der Flucht vor einer trostlosen Vergangenheit, irgendwohin: »Wohin es geht, das ist ihm heute nacht egal.«

»Über sieben Brücken mußt du geh'n«

Wer dem mittelgroßen, langhaarigen Rockidol in die Augen schaut, spürt die ungestillte Sehnsucht nach dem ganz andern, den Drang nach Freiheit und den Wunsch nach Geborgenheit. Auf den ersten Blick wirkt der oft in schwarzes Leder gekleidete Sänger wie ein Rocker, der vor nichts zurückschreckt. Aber schon bald erkennt man hinter der rauhen Schale einen weichen Kern. Diese Widersprüchlichkeit in seiner Persönlichkeit spiegelt sich auch in seinen Liedern wider und macht ihn irgendwie sympathisch. Einer, der gelernt hat, mit Konflikten zu leben und seine bewegte Vergangenheit zu bewältigen.

Mit seiner Lebensgeschichte können sich viele Jugendliche identifizieren: Geboren am 30. August 1949 im rumänischen Kronstadt, kam Peter zusammen mit seinen Eltern 1963 nach Deutschland. Bei seinen deutschen Klassenkameraden machte er eine für ihn entscheidende Entdeckung: »Zum erstenmal in meinem Leben hörte ich Schallplatten von den ›Beatles‹ und den ›Rolling Stones‹. Das war die Musik, die mich packte.«

Der zunächst lernwillige Oberschüler fährt nach der Schule Zeitungen und Getränke aus und spart jeden Pfennig, um eine elektrische Gitarre zu kaufen und Gitarrenunterricht zu nehmen. Bereits im Herbst 1963 gründete Peter Maffay seine erste Band, widmete sich nur noch seiner Musik und blieb zweimal sitzen. Er brach die Schule ab und begann 1968 eine Chemigraphenlehre in München, tingelte abends mit einer Freundin durch Schwabinger Clubs, spielte Lieder von Bob Dylan und Donovan, bis er dem Musikproduzenten Michael Kunze begegnete. Peter brach wiederum seine Lehre ab. Bereits 1970 wurde der von Kunze getextete und produzierte Schlager »Du« zum ersten Millionenhit. Und das Erfolgsrad begann sich zu drehen. Bis 1986 wurden acht Millionen Langspielplatten und mehr als drei Millionen Singles verkauft. Aufgeschichtet ergeben diese Platten einen Turm von fast 4000 m Höhe und aneinandergelegt eine Strecke von 2500 km.

Nach einer schmerzhaften Scheidung ist Peter heute glücklich mit Chris verheiratet, einer ehemaligen Lehrerin, besitzt ein elektronisch hochqualifiziertes Tonstudio und mehrere Häuser am Starnberger See und auf Mallorca und eine Ranch in Kanada.

Szenenwechsel: Im harten Rockrhythmus geht es weiter auf der musikalischen Reise mit dem Song »Das Paradies ist nur gelieh'n«. Der Rockstar identifiziert sich mit einem lebensmüden Menschen, der »wie ein hungriger Wolf kurz vor zwölf durch die Stadt zieht, die ihm alles versprach bis zum Morgen danach. Und er trank mit den Freunden von einst . . ., bis er an der Toilettenwand in roter Schrift die Worte fand: ›Das Paradies ist nur gelieh'n, und es gibt keine Garantien. Die Sünden sind noch nicht verzieh'n.‹ Doch hat er nur schallend gelacht und nahm sich das Mädchen, das da grad einen suchte wie ihn, um vor der Leere zu flieh'n.«

Peter agiert auf der Bühne wie ein Schlangenbeschwörer, der den sicheren Todesbiß der »alten Schlange« möglichst weit hinausschieben möchte. Die Vergänglichkeit seines Lebens ist ihm bewußt: »Wir existieren nur eine gewisse Zeit, und was wir benutzen dürfen, ist nur geliehen.« Unüberhörbar ist der unbewußte Aufstand gegen den Tod. Die Musik wird hektischer und aggressiver. Der aus Frankreich kommende Pianist Jean-Jaques Kravetz haut in die Tasten, als sei es sein letztes Klavierspiel. Wie ein Posaunenengel die heile Welt verkörpernd, bläst der vom roten Scheinwerferlicht angestrahlte farbige Amerikaner voller Inbrunst das Saxophon. Und Schlagzeuger Bertram Engel, der »Dampfhammer« aus Westfalen, gleicht einem besessenen Trommler aus dem afrikanischen Busch, der die bösen Geister vertreibt. Die Rockfans schwingen im Rhythmus mit.

Noch am frühen Nachmittag unterhielt ich mich mit Maffays langjährigem Schlagzeugspieler, der bereits in Udo Lindenbergs Panikorchester mitgewirkt hat, über das Zusammenspiel von Band und Publikum. Bertram Engel sagte: »Man spielt ja jeden Abend dieselben Songs, aber das Feeling ist entscheidend. Man kann nur alles geben, wenn man sich emotional mit den Fans verbunden fühlt, sonst fehlt der letzte Kick, und die gegenseitige Stimulation bleibt aus. Als wir gestern abend auf die Bühne kamen, merkte ich sofort die brodelnde Stimmung, und dann kriegst du eine Energie, eine Adrenalin-Zufuhr im Körper. Und du spielst sofort besser. Die freudige Erwartungshaltung der Fans überträgt sich positiv auf Peter und uns Musiker. Wenn der Rhythmus nicht stimmt, sind die Fans irritiert; denn Körper und Seele können nicht mitschwingen. Spielen wir aber in der richtigen Geschwindigkeit, gehen die Leute harmonisch mit.«

Eine 18jährige ergänzt Bertram Engel: »Wenn ich bei manchen Liedern nur den Rhythmus höre, ist das total der Herzrhythmus, der auf meinen Körper abgestimmt ist. Das kommt von innen heraus. Ich kenne Leute, die in ihrem Privat- und Berufsleben völlig verschlossen sind. Sobald sie aber in einem Rockkonzert vom Rhythmus ergriffen sind, gehen sie aus sich heraus, können plötzlich lachen und weinen.« Auch Maffays erfahrener Toningenieur und Mitproduzent bestätigt: »Unser ganzes Leben ist auf Rhythmen aufgebaut. Ich denke dabei an den Sprach- und Laufrhythmus, an den rhythmischen Herzschlag, ein Urrhythmus, der immer da ist.«

Szenenwechsel: Peter Maffay und seine Band steigern sich in dem Maße, wie sie vom Rockpublikum rhythmisch unterstützt und mit tosendem Applaus gefeiert werden. Wenn das Verhältnis von Rockstar und Rockfans immer harmonischer und intensiver wird, bleibt es doch bei dem respektvollen Abstand: Die da oben und die da unten. Die einen im bunten Scheinwerferlicht und die andern im Schatten, in Dunkel gehüllt.

Das zweistündige Mammutprogramm geht an die körperliche und seelische Substanz. Peters Wortkommentare auf der Bühne sind spärlich, aber herzlich: »Ihr seid super heute abend. Ich danke euch.« Schweißperlen rinnen von seiner Stirn, sein schwarzes Hemd ist durchnäßt, aber seine Durchhaltekraft ungebrochen. Ich höre ihn bei unserer ersten Begegnung sagen: »Ich freue mich, wenn Menschen sich mit meinen Liedern identifizieren können und meine musikalische Botschaft Harmonie schafft. Das sind für mich seelische Geschenke.«

Die Band spielt den nächsten Song an, und ein erwartungsvolles Raunen erfüllt die vollbesetzte Festhalle. Im getragenen Rhythmus, ein wenig melodramatisch und wohltuend melodisch singt Peter:

»Manchmal geh' ich meine Straße ohne Blick, manchmal wünsch' ich mir mein Schaukelpferd zurück, manchmal bin ich ohne Rast und Ruh, manchmal schließ' ich alle Türen nach mir zu.« Nachdem er eine breite Skala menschlicher Unzulänglichkeiten einfühlsam vorgetragen hat, singt er im Refrain:

»Über sieben Brücken mußt du geh'n,
sieben dunkle Jahre übersteh'n.
Siebenmal wirst du die Asche sein.
Aber einmal auch der helle Schein.«

Dann wird das Publikum wieder aufgerüttelt mit politischen Texten, wie sie George Orwell in seinen utopischen Romanen geschrieben haben könnte. Der aufpeitschende Rhythmus geht durch Mark und Bein, die Worte ebenso. »Liebe wird verboten, denn Liebe bringt Gefahr für den neuen Staat«, heißt es im Refrain. Die grausam schöne neue Welt wird als Schreckgespenst an die Wand gemalt. »Wenn wir nichts dagegen tun, könnte sie schon morgen Wirklichkeit werden: Kinder kommen aus Retorten, perfekte Produktionen. Wir werden verplant und brauchen nur zu funktionieren. Auf Denken steht der Tod, und in Bücher darf kein Mensch mehr sehen. Gefühle stören nur, und Pillen gibt es gegen Überdruß.«

Ein musikalischer Protestschrei, der unter die Haut geht. Hilflosigkeit und Frustration stehen auf den erhitzten Gesichtern der mitklatschenden Fans. Peter Maffay, ebenfalls mit »Wut im Bauch«, scheint ihr einziger Lichtblick zu sein. Alle Blicke sind auf ihn gerichtet, als würde er sie am besten verstehen.

Auf meine Frage, was ihm und seinen Fans die Rockmusik bedeute, antwortet Peter Maffay u.a.: »Wir wollen mit dem Medium Musik auf uns aufmerksam machen, unsere Gedanken transportieren und eine große Gemeinschaft erzeugen. Für mich heißt Rockmusik, meine Gefühle, Ängste, Hoffnungen und Sehnsüchte zu artikulieren. Wer meine Musik gut findet, identifiziert sich mit meinem Lebensgefühl. Ich habe viele Fragen und wenig Antworten.«

Die Musiker auf der Bühne sind jetzt in warme, gelbe Farben eingehüllt. Es folgt eine ruhig-rockige Ballade mit einem nachdenklichen, sanften Peter Maffay, der an die Geheimnisse der Natur rührt und die Grenzen des größenwahnsinnigen Menschen aufzeigt: »Siehst du den Vogel dort, den Punkt am Horizont. Er fliegt ganz einfach fort über die Grenze, wo ich nie war.« Atemlose Stille. Einige Fans stehen auf und zünden Feuerzeuge an, die sie im Rhythmus der Musik mitschwingen. Der Rocksänger meditiert über den »größten Baum im Wald. Er steht so festgefügt und ist Gott so nah im Lichte der Weisheit, wo ich nie war.« Im letzten Vers besingt er den Fisch im Meer, der in die Dunkelheit taucht und auch in der Tiefe klarsieht,« wo ich nie war«. Er fragt sich schließlich, ob es gut für ihn wäre, so hoch zu fliegen oder so tief zu tauchen: »Doch ich weiß auch, daß ich bis ans Ende meines Lebens daran denken werde, wie es dort sein könnte, dort, wo ich nie war.«

Das Firmament der Festhalle verwandelt sich urplötzlich in einen tiefblauen Sternenhimmel. Entzückt von dem Anblick des bunt funkelnden Himmels und den fast romantischen Klängen, brennen mehrere hundert Menschen Wunderkerzen ab, und am Ende ertönen Freudenschreie.

Wie wechselhaft und widersprüchlich unser Leben wie unsere menschlichen Gefühle sein können, zieht sich wie ein roter Faden durch die emotional angeheizten Maffay-Konzerte. »Eiszeit« heißt der nächste Titel. Raffinierte Lichteffekte lassen Schlimmes ahnen. Trockeneisnebel tauchen auf, legen sich wie ein grauer, schmutziger Schleier auf die Musiker. Weltuntergangsstimmung breitet sich aus. Ein wehmütiger Abgesang auf eine Welt, die dem Tod geweiht ist: »Eiszeit, Eiszeit«. Wenn die Meere untergeh'n und die Erde bricht.« Traurig, resignierend macht sich der Sänger zum Unheilspropheten, wohl auch in Anlehnung an die apokalyptische Vision in der Offenbarung des Johannes, dem letzten Buch der Bibel. Der Mond verfärbt sich, Aschenregen fällt auf uns, Kontinente rasen in Sekunden aufeinander zu. Der Atomblitz zuckt, und am Ende gähnt nur ein schwarzes Loch, und der letzte Mensch bittet um den Tod. Verwirrende Lichtorgeln und zuckende Blitze gesellen sich zur melodramatischen Musik und verstärken die gespensterhafte Stimmung. Am Ende ist der Superstar – optisch gesehen – nur noch ein Schatten seiner selbst.

Als Peter sein nächstes Lied »Mein Kind« ankündigt, folgen drei Schweigeminuten für die 10000köpfige Menge. Die lautstarken Instrumente bleiben stumm. Peter sitzt am Konzertflügel und singt dazu: »Mein Kind, nicht geboren und nicht mal gezeugt. Ich denk' an dich, wie es sein wird, wenn du lebst, zum Menschen wirst.« Er stellt sich vor, wie seine erwachsene Tochter jedes kleinste Recht erkämpfen muß, nicht nach ihren Worten, sondern nach ihrem Aussehen beurteilt wird. Er stellt sich vor, wie sein erwachsener Sohn in einen sinnlosen Krieg ziehen muß, nur seine Stärke zeigen darf, aber nicht seine Schwäche und Menschlichkeit. Vielleicht wird der Sohn den Vater später einmal fragen, warum er ihm das alles nicht erspart habe. Maffay singt voller Hingabe: »Mein Kind, nicht geboren und nicht mal gezeugt. Ich denk' an dich und habe Angst davor, daß du am Leben zerbrichst.«

Wieder brennen Wunderkerzen ab. Ein achtjähriger Junge kommt auf die Bühne, den Peter Maffay liebevoll in seine Arme schließt. Er sagt: »Irgendwie tief in mir bin ich ein Kind geblieben.« Ein wenig schüchtern fügt er hinzu: »Ich bin so dankbar, daß ihr dieses Lied mögt.« Stürmischer Applaus! – Konzertpause!

»Peters Herz schlägt für die Jugend«

Eine Stunde lang habe ich sie im Auge behalten, eine Gruppe Jugendlicher, Jungen und Mädchen in Lederjacken und Jeans, mit Maffay-Stirnbändern und -Kranzschleifen geschmückt, die alle Maffay-Lieder mit Händen und Füßen rhythmisch begleitet und häufig mitgesungen haben. Sie lassen sich gern auf ein Gespräch mit mir ein.

Bevor ich das auf Tonband aufgenommene Gespräch niederschreibe, sollte ich meine Interviewpartner kurz vorstellen. Nur ihre Namen habe ich geändert: Susanne (19 Jahre) und Petra (21 Jahre) wohnen im Taunus. Manfred (17 Jahre) in Bad Kreuznach, und Werner (22 Jahre) kommt aus Frankfurt.

Klempnauer: »Sind Sie Mitglieder eines Peter-Maffay-Fan-Clubs?«

Susanne: »Wir haben uns hier spontan zusammengefunden. Peters Lieder schweißen uns zusammen.«

Petra: »Was Peter singt, stimmt alles total. So ist das Leben, und so denken wir.«

Manfred: »Ich seh' zwar nicht wie ein eingefleischter Maffay-Fan aus, aber ich bin einer und höre seit fünf Jahren seine Lieder. Bei seiner Musik können wir unsere Aggressionen loswerden. Statt der 50 Mark hätte ich auch 100 Mark dafür ausgegeben. Man kann nicht immer nur seine Platten hören. Man braucht auch mal den Blickkontakt, und vorhin hat Peter auch mal zu uns herübergewunken.«

Susanne: »Sonst kennen wir ihn nur von Postern und vom Fernsehen. Jetzt wissen wir, wie er wirklich aussieht und was er anhat. Oft trägt er ja auch Lederklamotten.«

Petra: »Ich komme mit 'ner Lederjacke in bestimmte Lokale nicht rein. Ich weiß nicht, ob Sie das Lied von Peter kennen: ›Wo steht das geschrieben? Wer will mir das verbieten?‹ Peter denkt wie wir.«

Werner: »Der Peter singt eben für die Jugend, und der versteht uns. Wenn ich aus diesem Konzert rausgehe, weiß ich: Einer singt für uns und hält zu uns. Der setzt sich für uns ein.«

Manfred: »Der Maffay singt auch für ältere Leute. Meine Großmutter findet die langsamen Sachen von ihm gut.«

Manfred: »Lieder wie ›1000 Träume weit‹ oder ›Mein Kind‹ bringen uns zusammen, schaffen ein Gemeinschaftsgefühl. Egal, wer du bist, von welcher Rasse oder Religion du abstammst. Egal, wie du aussiehst, ob du ein Punker oder Popper bist. Hauptsache, man findet die Musik gut und läßt sich von ihr mitreißen.«

Werner: »Den Zusammenhalt hat man draußen nicht. Hier ist man halt eine echte Clique. Wenn ich Manfred anhaue: ›gib mir mal 'ne Zigarette‹, dann wird das gemacht, egal wie man heißt, und wo man herkommt.«

Klempnauer: »Ist das immer so bei einem Rockkonzert?«

Manfred: »Leider nicht. Ich hab' mal in Düsseldorf gewohnt. Am Wochenende gab's in der Discothek immer 'ne Schlägerei.«

Werner: »Ich war kürzlich in Karlsruhe bei einem Heavy Metal-Konzert (siehe »Rockmusik auf Teufel komm raus«). Der Sänger hat uns richtig heiß gemacht und uns zum Prügeln herausgefordert. Die meisten Fans sind total ausgeflippt. So was würde bei Peter Maffay nie passieren. Seine Lieder verbinden.«

Klempnauer: »Ist es nicht ein bißchen deprimierend, wenn Maffay eine düstere Zukunft voraussagt, wenn er etwa seine Lieder ›Eiszeit‹ oder ›Liebe wird verboten‹ singt?«

Manfred: »Richtig, er beschreibt, wie es in ein paar Jahren oder Jahrzehnten bei uns aussehen wird. Irgendwann gibt's mal den großen Bumm zwischen den Supermächten. Er warnt davor in seinen Liedern und bringt uns zum Nachdenken. Ich weiß ganz genau: Morgen früh geh' ich mit neuem Mut an die Arbeit.«

Klempnauer: »Wie beurteilen Sie sein Lied: ›Lieber Gott, wenn es dich gibt, zeig' uns deinen Weg‹?«

Manfred: »Er will uns vielleicht einen Ruck geben, nicht die Flinte ins Korn zu werfen. Gut, ich hab' 'ne Lehrstelle, ich hab' viel Glück gehabt. Aber die ganze Zukunft ist was für'n Eimer. Die Wirtschaft geht langsam kaputt, und wir müssen zugucken.«

Klempnauer: »Was hat Gott damit zu tun?«

Werner: »Ich würd' sagen: Viele Leute gehen in die Kirche und hören die Pfarrer predigen: Irgendwann kommt der Jesus wieder. Und der Maffay will sagen: Lieber Gott, wenn es dich gibt, dann komm' doch endlich runter und hilf uns. Peter hat ehrlich was gegen das kirchliche Bla-bla, was die Pfarrer da so machen.«

Susanne: »Gott bedeutet für Peter der rechte Weg. Viele Jugendliche sind auf die schiefe Bahn gekommen, und er will sie wieder zurückholen.«

Klempnauer: »Wäre es nicht besser, wenn Peter singen würde: Lieber Gott, es gibt dich?«

Petra: »Ich finde seine Fassung angebrachter: Lieber Gott, *wenn* es dich gibt. Peter will ja den Gottesglauben keinem überstülpen: So, jetzt mußt du daran glauben. Jeder soll sich selbst entscheiden.«

Manfred: »Ob ich jetzt bete oder nicht. Gott hilft mir sowieso nicht. Ich war mal drei Jahre Meßdiener in der Kirche. Das ist schon lange her. Seitdem bin ich nicht mehr zur Messe gegangen.«

Susanne: »Im Leben, da hilft einem keiner. Du mußt die Suppe selbst auslöffeln, die du dir eingebrockt hast.«

Klempnauer: »Aber gibt es nicht auch in eurem Leben Situationen, wo ihr euch selbst nicht mehr helfen könnt. Ich zitiere aus Peter Maffays Lied ›Woran glaubst du?‹: Wer verzeiht dir dann, wenn du dir selbst nicht mehr verzeihen kannst? Wer nimmt dir die Angst, wenn du dir selbst die Angst nicht nehmen kannst? Wer erträgt dich dann, wenn du dich selbst nicht mehr ertragen kannst?«

Ich blicke in ängstliche und hilfesuchende Gesichter, spüre ihre Betroffenheit, und im selben Augenblick wird es bei uns unten dunkel. Oben gehen die Lichter an. Der Star erstrahlt im roten Scheinwerferlicht, und die Welt der Rockfans ist wieder in Ordnung. Meine jungen Gesprächsfreunde fragen noch neugierig nach meinem Beruf. Als ich Pastor und Religionslehrer sage, sind sie ein wenig enttäuscht; sie hielten mich für einen ganz normalen Mann.

»Carambolage, ich verbrenne«

»Carambolage, ich verbrenne, und mein Verstand spielt verrückt«, schreit Peter ins Mikrophon. Sägende Gitarren und ein harter, unbarmherziger Trommelwirbel unterstützen seinen aggressiven Gesang: »Kalter Schweiß unter'm Hemd, hilflos in Gefühlen verklemmt. Ich steh' vor dem Zusammenprall und warte auf den endlosen Fall . . .« Peter wirft seine Gitarre weg, übernimmt die Schlagzeugspielerrolle und entfacht einen chaotischen Trommelwirbel. Ein ohrenbetäubender Lärm. Ich frage mich schon den ganzen Abend: Muß die Musik so laut sein? Toningenieur und Co-Produzent von Maffays Rockmusik-Werken, Peter Wagner, der auch das Mischpult mit seinen 68 Eingangskanälen und 12 Untergruppen bedient, versucht mich aufzuklären: »Aus 40 Monitoren kann jeder Musiker auf der Bühne hören, was die andern gerade spielen. Dieser Monitor-Sound auf der Bühne ist notwendig zur eigenen Kontrolle und zur gegenseitigen Abstimmung. Wenn die Lautstärke auf der Bühne 90 Dezibel beträgt, muß die Lautstärke im Saal mindestens 95 Dezibel sein, sonst ist der Sound miserabel. Deshalb ist die Musik so laut.«

Die Schallstärke wird in »Dezibel« (früher in Phon) gemessen. Wissenschaftler setzen den kritischen Wert bei 85 Dezibel. Was darüber liegt, soll zu Gehörschäden führen. Rocksänger Udo Lindenberg witzelt: »Jede Menge Phon bis zur Ohrenamputation.« Ich frage den langjährigen Tontechniker der Rockmusikszene, warum junge Leute sich erst bei einer bestimmten Lautstärke der Rockmusik wohlfühlen. Peter Wagner: »Bei einer Lautstärke von 90 Dezibel aufwärts entsteht ein angenehmes Kitzeln in der Magengegend, und die tiefen körperlichen Schichten fangen an zu dröhnen; der Körper beginnt zu vibrieren. Man braucht also eine gewisse Lautstärke, um sich wohlzufühlen. Hören ist auch ein Berauschen, ein Fühlen. Man möchte die Musik nicht nur hören, sondern auch fühlen und sehen. Wenn man die Augen offenläßt, hört man anders, als wenn man sie zumacht. Die Tiefenfrequenzen haben sehr große Wellen, die sich förmlich durch die Konzerthalle fortbewegen. Man sieht, wie die Luft sich bewegt und die Tonschwingungen auf den Körper drücken.«

Auf der Bühne spielt Maffays dienstältestes Bandmitglied Frank Diez ein Gitarrensolo. Seit Jahren ist er hörgeschädigt: »Ich spiele nur noch mit Ohropax«, sagt Diez, einer der begehrtesten Gitarristen der europäischen Musikszene.

In der Frankfurter Festhalle kommen die Fans voll auf ihre Kosten. Programmgemäß haben die Platzanweiser jetzt die Raumfläche vor der Bühne freigegeben. Hunderte von begeisterten Fans stürmen an den Bühnenrand, wo Peter der Große, freundlich von oben herab lächelnd, aber ohne Starallüren, unzählige feuchte Hände schüttelt. Hautnaher Kontakt. Ein Wunschtraum wird Wirklichkeit.

»Lieber Gott, wenn es dich gibt«

Szenenwechsel: Nach der enthusiastischen »handgreiflichen« Begrüßungszeremonie am Rande der Rockbühne ergreift Peter wieder seine Gitarre, nimmt eine fast feierliche Haltung an, und die ersten Takte von »Lieber Gott, wenn es dich gibt« kommen über die riesigen Verstärkeranlagen zu uns herunter. Gedämpftes, wohltuendes Bühnenlicht und zur Meditation anregender getragener Rhythmus, melodisch einprägsame Klänge lassen eine andächtige Stimmung aufkommen. Wie ein herzzerreißender Hilfeschrei wirken Peters Worte auf mich: »Lieber Gott, wenn es dich gibt, zeig uns deinen Weg.« Einige Fans erheben ihre Hände, andere zünden Wunderkerzen an. Peter singt geradezu inbrünstig:

»Wenn das Schweigen mich umgibt, wird ein Lied zum Gebet,
und ich warte so auf eine Antwort.
Ich such' das Licht, das die Flamme entfacht.
Wer führt mich durch die dunkle Nacht.«

Während Peter weitersingt: »Wenn die Hand ins Leere greift, wird ein Flüstern zum Schrei, und ich frage mich, wer wird ihn hören«, werde ich an einen Ausspruch des Kirchenvaters Augustinus (geb. 354) erinnert: »Wir sind zu dir hin geschaffen, o Herr, und unser Herz ist solange unruhig, bis es ruht in dir.« Der Rockstar bittet flehentlich: »Brich dein Schweigen und laß uns nicht allein und hilf uns aus unserer Einsamkeit.«

Wer ein solches Maffay-Konzert miterlebt, ist permanent musikalischen Wechsel(schall)duschen ausgesetzt. Harte, fetzige Klänge lösen melodisch sanfte ab. »Das Rauhbein mit dem weichen Herzen« überschrieb eine Tageszeitung Maffays Deutschlandtournee. Soeben konnte Peter noch seine ungestillte Sehnsucht nach Gott, nach Geborgenheit glaubhaft darstellen; im nächsten Akt spielt er den coolen Draufgänger und ungezügelten Freiheitshelden. Beides gehört zu seinem widersprüchlichen Wesen. »Born to be wild« (geboren, um wild zu sein) donnert es von der Bühne. Die Musiker ziehen alle Register, Peter verschwindet hinter den Kulissen und Sekunden später hört man dröhnendes Motorengeheul. Der Rocksänger steuert mit nacktem Oberkörper seine 285 kg schwere Harley Davidson »Wild Clide« auf die Bühnenbretter und bringt den »heißen Ofen« auf Hochtouren.

Kurz darauf werfen Mitarbeiter blaue Riesenbälle, bedruckt mit dem Peter-Maffay-Logos-Emblem, in die 10000köpfige Menge, die auf den hochgestreckten Händen der Fans tanzen. Jeder möchte wenigstens einmal den Maffay-Ball berühren.

Nach geraumer Zeit zerplatzen die Maffaybälle wie schillernde Seifenblasen, und der Superstar ist plötzlich von der Bildfläche verschwunden. Das Massenpublikum reagiert mit gellenden Pfiffen und fordert lautstark: Zugabe, Zugabe, Zugabe.

In Sekundenschnelle ertönen wieder Gitarrenklänge, dazu ein aufstachelnder, kompromißloser Rhythmus. Auf der Bühne agiert ein rebellischer, trotziger Peter Maffay: »Ich hasse die

Zwänge. Ich möchte das Leben spüren Tag für Tag, das Leben, so wie ich es mag.« Das ist Musik in den Ohren lustbetonter und leistungsfeindlicher Zuhörer, denen die Routine des Alltags unserer vorprogammierten Leistungsgesellschaft zum Hals heraushängt.

Ich traue meinen Ohren nicht, als der von unbändigem Freiheitsdrang besessene Rocksänger im nächsten Lied zarte, beseelte Töne anschlägt und die Verbindung mit einem andern Menschen als höchstes Glück darstellt: »Du bist das Mädchen, das zu mir gehört. Du bist alles, was ich bin. Du allein kannst mich versteh'n.«

Zwischen den Polen Unabhängigkeit und Selbstverwirklichung einerseits und Zärtlichkeit und Hingabe andererseits bewegt sich Maffays wechselhaftes, spannungsgeladenes Leben, das sich in seinen Liedern widerspiegelt. Die meisten Texte schreibt Bernd Meinunger.

Szenenwechsel: Ein erwartungsvoller Sehnsuchtsschrei hallt durch die dichtgedrängten Reihen der Konzertbesucher, als Maffay-Musiker Thomas Glanz mit seinen Keyboards den Klangteppich zu der getragenen Rockballade »War ein Land« auslegt. Während die Lichtorgel den dunklen Bühnenhimmel in eine strahlende Phantasiewelt verzaubert, singt Peter: »War ein Land, das erwachte im Dunkel der längsten Nacht. War ein Traum, der Flügel hatte, aus Hoffnung und Licht gemacht. Er stieg auf zu den Sternen. Alle Augen folgten ihm. War ein Land, wo die Erfüllung dieses Traums noch möglich schien.«

Ein unübersehbares Meer von flackernden Wunderkerzen gibt diesem »Traum« ein festliches Geleit. Sichtlich bewegt von der Hochstimmung seiner Fans sagt Maffay: »Das sieht von hier oben wunderschön aus. Ihr seid ein Geschenk für uns.«

»Mit einer ›Harley Davidson‹ in die Kirche fahren«

Während ich mich im stillen immer wieder frage, warum Peter Maffay so viele junge Menschen fasziniert, sehe ich seinen »Leibarzt« auf mich zukommen. Wir führen folgendes Gespräch:

Arzt: »Die Kirche muß wirklich umdenken.«

Klempnauer: »Wie meinen Sie das?«

Arzt: »Ich war mal ein sehr gläubiger Katholik und bin heute gleichgültig geworden. Drei meiner Brüder waren Jesuiten. Einer ist tödlich verunglückt, und die andern beiden sind ausgetreten und inzwischen Religionslehrer, genauso missionarisch unterwegs wie Sie. Man muß die Jugend dort abholen, wo sie sich aufhält.«

Klempnauer: »Wie empfinden Sie dieses Rockkonzert?«

Arzt: »Sie müssen sich mal die Zuschauermassen durch den Rückspiegel vor der Bühne anschauen. Ich sage immer: Das ist wie eine Meeresbrandung. So geht das Volk mit. Gar nicht aufgepeitscht, sondern ganz ruhig wie eine Dünung schlagen dem Peter die Wellen der Sympathie und des Verstehens entgegen. Ich bin gar kein Rockfan. Als Tournee-Arzt bin ich dabei, weil ich schon seit vielen Jahren Peters Freund bin. Was er sagt und singt, meint er ehrlich. Das macht ihn so menschlich.«

Klempnauer: »Die Doppelmoral in Politik, Wirtschaft und manchmal auch in der Kirche läßt gerade junge Menschen Ausschau halten nach glaubwürdigen Leitbildern.«

Arzt: »Glücklicherweise hat sich in den Kirchen schon viel geändert. Im Augenblick haben wir einen Papst, der sehr menschlich ist. Meine Mutter zitiert öfters eine uralte Weissagung: ›Dieser Papst ist jetzt Priester und Schiffer. Schiffer deswegen, weil er in alle Länder reist. Nach dieser Prophezeiung kommt nur noch ein Papst, und dann kommt der Weltuntergang. Dann zerstören wir uns selber.‹«

Klempnauer: »Angesichts dieser drohenden Weltkatastrophe sind gerade junge Menschen empfänglich für die Hoffnung der christlichen Botschaft, nicht den Kopf in den Sand zu stecken.«

Arzt: »Wichtig ist nur dabei, daß aus dem Angebot Gottes kein Druckmittel wird. Auch der suchende Mensch möchte eine freiwillige Entscheidung treffen. Der Peter bringt seine Message (Botschaft) so geschickt, daß keiner sich vergewaltigt oder überrumpelt fühlt. Und die aggressiven Rocker holt er hinter die Bühne, wo seine schwere Maschine steht. Dann unterhält er sich mit ihnen. Vielleicht sollten Sie auch mal mit einer »Harley Davidson« in die Kirche fahren.«

Szenenwechsel: Das Rockkonzert ist am Ende, die Musiker und ihre Fans körperlich und seelisch ziemlich erschöpft. »Ich geh' fort ..., dorthin, wo kein Mensch mich erkennt ..., und fang' ganz von vorne an«, singt Peter im letzten Lied. Und an diesem Sonntagabend in der Frankfurter Festhalle denken Tausende wieder an den nächsten Montagmorgen, wenn Maffays Worte durch die Lautsprecherboxen dröhnen: »Er fragte mich: Wie hältst du's aus? Hängt dir's nicht auch zum Halse heraus? Wie man dich verplant, dir die Flügel stutzt, wie du langsam immer tiefer rutschst in den Sumpf der Alltäglichkeit ...«

Verstärkt der einflußreiche Rocksänger mit solchen Aussagen nicht die ohnehin grassierende Aussteigermentalität vieler Zeitgenossen? Der Vorwurf ist nicht ganz unberechtigt, Maffay würde singen, was seine Fans hören wollen, und nicht, was sie hören müssen. Lobenswert ist seine unvorhergesehene »Kurskorrektur« bei der Wiederholung des Refrains. Diesmal singt er nicht: »Ich geh' fort«, sondern: »Ich bleib' hier und fang noch mal von vorne an.« Ein mutmachender Abgesang, während ein letztes Mal blaue, rote und gelbe Strahlen das physisch und psychisch bewegte Rockpublikum im Rhythmus der musikalischen Wellen liebevoll streicheln.

War dieses Maffay-Konzert für mich wie ein Leuchtfeuer, das meinem Lebensschiff auf der stürmischen Fahrt durch die Meere dieser Welt Orientierung gegeben hat? Ich weiß nicht, ob ein Rockfan hinterher so fragt. Die Frankfurter Festhalle leert sich, die Roadies stürmen die Bühne und bauen ab. Ich schaue in müde Gesichter, kaum gesprächsbereit. Auch ich bin geschafft, aber eine Stimme möchte ich noch einfangen, koste es, was es wolle.

Ziemlich abgekämpft und verloren in der inzwischen leergewordenen Halle streben zwei junge Männer langsamen Schrittes dem Hauptausgang zu. Mein letzter Versuch für ein Interview kurz vor Mitternacht, aus dem ich hier nur einen Teil wiedergebe.

Klempnauer: »Mir fällt auf, daß Maffay in all den Jahren seinem Negativ-Bild von unserer Gesellschaft treu geblieben ist. Wie sehen Sie das?«

Heinz: »Ist es nicht deprimierend, wenn man sich um ein menschenwürdiges Leben in unserer Leistungsgesellschaft bemüht? Jeder kämpft gegen jeden. Man lebt in der Masse und ist doch auf sich allein gestellt! Und keiner hat Zeit für den andern. Nur Geld regiert die Welt.«

Klempnauer: »In seinem Lied ›Lieber Gott‹ singt Peter u.a.: ›Brich dein Schweigen und laß uns nicht allein und hilf uns aus unserer Einsamkeit.‹ Wo Menschen ein Vertrauensverhältnis zu Gott suchen, zeigen sie sich oft auch aufgeschlossen für ein menschliches Miteinander, oder?«

Heinz: »Für die Masse spielt Gott eine untergeordnete Rolle. Behinderte, Kranke und ältere Menschen sind da schon fragender. Vor 15 Jahren wollte ich mal Pfarrer werden, und dann wurde ich unheilbar krank und verlor den Glauben an Gott. Seit dieser Zeit kämpfe ich für meine Menschenwürde. Peter hilft mir dabei mit seinen Liedern, weil er ein Herz für die Außenseiter und die Leute im Schatten hat. Sonst hätte ich mich heute abend nicht unters Volk gemischt.«

Klempnauer: »Haben Sie diese Krankheit inzwischen überwunden?«

Heinz zieht seine Hosenbeine hoch, und ich sehe seine geschienten Beine. »Ich habe Muskelschwund. Diese Krankheit bringt mich nach Auskunft der Ärzte innerhalb der nächsten fünf Jahre um. Meine Finger kann ich kaum noch bewegen.«

Klempnauer: »Es gibt ein tröstliches Wort im Neuen Testament: Gott ist größer als unser verzagtes Herz.«

Heinz: »Irgendwie geht's weiter. Sich darüber jetzt Gedanken zu machen, das wäre utopisch.«

Klempnauer: »Sie kennen Peters Lied: ›Hinter jeder Tür liegt ein Geheimnis ... Und dann stehst du vor deiner letzten Tür. Doch was kommt dann? Dort kann die Ewigkeit, und dort kann auch das Ende sein. Bist du bereit für den letzten Schritt, der bleibt?‹ Wo Menschen ihr Vertrauen auf Christus und seine Auferstehungsbotschaft setzen, werden sie mit der Gewißheit des ewigen Lebens beschenkt.«

Heinz: »Das einzige, was dem Menschen bleibt, ist die Hoffnung, sonst ist sowieso alles verloren.«

Klempnauer: »Ist das nicht auch ein Hoffnungsschimmer, wenn Peter die Frage nach Gott unter die Leute bringt?«

Heinz: »Seinen Weg zu Gott muß jeder selber finden. Sein Lied ›Lieber Gott‹ kann dazu anregen, darf aber nicht aufdringlich sein, sonst schalten wir ab. Peter hat mich wieder zum Nachdenken über Gott gebracht, wenn er singt: ›Wenn das Schweigen mich umgibt, wird ein Lied zum Gebet, und ich warte so auf eine Antwort . . .‹«

Klempnauer: »Wie meinen Sie das?«

Heinz: »Es gibt Augenblicke in meinem Leben, wo ich mich frage: Es muß doch mehr geben als bloß diese totale Gesellschaft, in der ich um Anerkennung und Würde kämpfe. Mein Leben muß doch einen übergeordneten Sinn haben. Ob das Gott ist?«

Schallplatten:
»Omen«, »Meine Freiheit«, »Steppenwolf«, »Frei sein«, »Carambolage«, »Sonne in der Nacht« (alle Teldec); »Revanche«, »Ich will leben« (beide Metronome).

»Lieber Gott, wenn es dich gibt« (Peter Maffay)

Im Herbst 1984, auf dem Höhepunkt seiner Karriere als Rocksänger, Gitarrist, Komponist, Arrangeur und Produzent treffe ich erstmals mit Deutschlands erfolgreichsten Rockkünstler Peter Maffay zu einem intensiven Gedankenaustausch zusammen. Dies ist für Peter Maffay wohl die erste persönliche Begegnung mit einem christlichen Theologen, und sein Referent macht mich vorher darauf aufmerksam, Peter sei kein Kirchenchrist und habe nicht die besten Erfahrungen mit der Institution »Kirche« gemacht. Es könne sein, daß er nach fünf Minuten das Gespräch abbreche, wenn keine Berührungspunkte da seien und man nur Zeit vergeude.

Wider Erwarten kommt es dann zu wiederholten Begegnungen. Jedesmal überziehen wir beträchtlich die vereinbarte Redezeit. In Köln verschiebt der damals 35jährige Rockstar eine wichtige Lagebesprechung für das abendliche Konzert um fast eine Stunde, und in Frankfurt veranstalten die 10000 Fans in der vollbesetzten Festhalle bereits ein gellendes Pfeifkonzert, weil wir unser Gespräch unter vier Augen wiederum überzogen haben. Es folgen die wichtigsten Interviewpassagen.

»Ich fühl' Rock'n'Roll in mir«

Klempnauer: »Peter, Sie sind ein leidenschaftlicher Rockmusiker: ›Denn wenn ich singe, spiele, alles gebe, fühl' ich Rock'n'Roll in mir. Und wenn ich weine, lache, hasse, liebe, fühl' ich Rock 'n' Roll in mir. Ich leb', nur wenn Feuer in mir brennt‹, singen Sie. Wie erklären Sie Rockmusik?«

Maffay: »Rockmusik ist ein Lebensgefühl, ein Medium, in dem man bestimmte Lebenshaltungen ausdrücken kann. Ich kann nicht malen und auch keine Gedichte schreiben. Ich mache eben Musik, setze Harmonien aneinander und spiele meine Gefühle aus. Mir dient die Musik auch als Brücke zur Verständigung mit andern Menschen.«

Klempnauer: »Als Rocksänger verausgaben Sie sich auf der Bühne oft bis zur totalen Erschöpfung. Dabei fallen mir Bilder aus Afrika ein, wo die Buschmänner zu rhythmischen Klängen stundenlang singen und tanzen, bis zur Ekstase.«

Maffay: »Wenn ich oben auf der Bühne stehe und ein schönes Gefühl habe, fliege ich halt manchmal mit Musik und spiele meine Gitarre mit geschlossenen Augen. Dabei komme ich oft ziemlich nahe an die Grenzen meiner Empfindungen, das gilt für positive und negative Gefühle. Ich lebe mich zwei Stunden lang auf der Bühne aus. Für mich hat Rockmusik auch etwas mit Unabhängigkeit und Rebellion zu tun.«

Klempnauer: »Es wird immer wieder behauptet, Rockmusik mache besonders junge Menschen aggressiv und rebellisch.«

Maffay: »Dieser Einwand kommt von Leuten, die Angst haben vor gesellschaftlichen Veränderungen. Die entscheidenden Impulse zu gesellschaftlichen Reformen in den 50er und 60er Jahren gingen von Jugendlichen aus, die das Leben noch vor sich hatten. Wenn ein 60jähriger alles prima findet, so ruht er sich vielleicht auf seinen Lorbeeren aus, lebt mehr in der Vergangenheit als in der Zukunft, weil er vom Leben nicht mehr allzuviel zu erwarten hat. Aber ein 16jähriger stellt sich die Frage: Wie bringe ich mein Leben über die Runden? Er fühlt sich verantwortlich, bedrohliche Entwicklungen nicht einfach schweigend hinzunehmen.

Unser militärisches Wettrüsten kann möglicherweise zu einer totalen Vernichtung unserer schönen Erde führen. Oder denken wir an die wirtschaftliche Situation. Wer sein Schäfchen im trokkenen hat, finanziell abgesichert ist, braucht sich keine Gedanken über die Arbeitslosigkeit zu machen. Aber der junge Mensch kommt aus der Schule und findet keine Lehrstelle. Er ist frustriert und wird aggressiv. Die revolutionären Impulse kommen immer von unten und meistens von jungen Leuten, manchmal sehr impulsiv und nicht gerade geschickt vorgetragen, weil sie noch zu unerfahren sind. Deshalb werden sie von der Erwachsenenwelt oft nicht ernstgenommen.

Was tun sie? Die Jugendlichen suchen sich ein Medium, das Aufmerksamkeit erregt, ihre Gedanken transportiert und ein Gemeinschaftsbewußtsein erzeugt. Das ist eben Rockmusik.«

Klempnauer: »Wie Sie wissen, gibt es Rockgruppen, die das aggressive Verhalten noch anheizen und ihre Fans auf die Barrikaden treiben.«

Maffay: »Wenn die Rockgruppen in ihren Texten bestimmte Mißstände beim Namen nennen und diese Misere sich in den Konzerten wie eine geballte Ladung verdichtet, dann kann es zu einer aggressiven Stimmung kommen; denn die jungen Leute fühlen sich verraten und verkauft, weil die Mächtigen selbstherrlich über sie verfügen und einem fairen Dialog aus dem Wege gehen. Man muß sich auch mal in die heranwachsende Generation hineinversetzen.«

»Menschlichkeit« und »Karneval der Nacht«

Klempnauer: »Auf Ihrer Langspielplatte ›Carambolage‹ machen Sie in einem Lied den Enttäuschten und Hoffnungslosen wieder neuen Mut: ›War ein Weg nach vorn in eine neue Zeit, war ein Wort in aller Munde, und das Wort hieß Menschlichkeit. War ein Lied, das hat allen neuen Mut und Kraft verlieh'n. War ein Land, wo die Erfüllung dieses Traums noch möglich schien.‹ Wo war dieses Land?«

Maffay: »Beim Singen dachte ich, dieses Land könnte Deutschland sein. Früher war es einmal ein Land voller Hoffnung. Ich bin in Rumänien aufgewachsen, mein Vater stammt aus Ungarn und meine Mutter aus Siebenbürgen; ich habe dort mit meinen Eltern bis 1963 gelebt und erfahren, was es heißt, wenn Menschenrechte ständig mißachtet werden. Wir sind in die Bundesrepublik Deutschland ausgewandert, gastfreundlich aufgenommen worden. Wir leben gut hier. Zuerst schien alles verheißungsvoll. Der Zweite Weltkrieg lag weit hinter uns, das Land war wieder aufgebaut, der wirtschaftliche Aufschwung war im vollen Gange, und man glaubte an Frieden und Gerechtigkeit. Und jetzt ist alles anders geworden: Das Schreckgespenst der Arbeitslosigkeit, der Umweltverschmutzung und eines atomaren Weltkrieges geht um. Mein Lied endet mit einem optimistischen Ausblick, mit einer Hoffnung. Ich glaube, man kann vieles abwenden, wenn man wirklich will. Dieser Traum darf nie sterben, sonst gehen wir alle kaputt.«

Klempnauer: »Auf derselben LP ›Carambolage‹ haben Sie die wohl ausgefallenste Nummer ›Karneval der Nacht‹ genannt. Darin beschreiben Sie junge und alte Menschen in einer Kneipe in Casablanca: Der Gigolo hält Träume in der Hand, ein Mädchen tanzt allein mit dem Schatten an der Wand, ein alter Mann steht an der Bar und trinkt sich im Spiegel zu, und eine Dame schminkt sich die Lippen nach – hell und rot wie Blut. Im Refrain singen Sie immer wieder: ›Sie warten, sie hoffen, sie trinken und verfallen rettungslos dem Karneval der Nacht.‹ Am Ende hat ein ›heißer Wind aus Afrika ihren Traum verbrannt‹. Ist das nicht ein Widerspruch zu dem andern ›Traum, der niemals sterben darf‹?«

Maffay: »Wenn mir alles zu bunt wird und ich es einfach nicht mehr aushalte, dann versuche ich mich abzulenken. Dieses Vogel-Strauß-Verhalten (den Kopf in den Sand stecken) kennen wir doch alle. Man läßt sich auf verrückte Späße und Vergnügungen ein, schüttet sich zu und begibt sich ins Aus, also in ein Unbewußtsein. Ich denke dabei auch an junge Menschen, die aufgrund ihrer Arbeitslosigkeit und Zukunftslosigkeit so frustriert sind, daß sie sich eine Scheinwelt mittels Drogen und Alkohol aufbauen müssen; denn sie haben keine andere Möglichkeit, die Konfrontation mit Problemen auszuhalten. Das ist dann wie ein

Teufelskreis: Der ewigen Jagd nach dem großen Glück folgt die stets wiederkehrende Ernüchterung am Tag danach. Irgendwann geht man auch in dieser Scheinwelt körperlich und seelisch kaputt. Auch Vernebelung erfordert Energie. Wenn sie erschöpft ist, dann ist das Erwachen um so katastrophaler. Das war der Sinn meines Liedes ›Karneval der Nacht‹.«

Klempnauer: »Was motiviert Sie eigentlich, Lieder zu singen, die Ihren Fans unter die Haut gehen?«

Maffay: »Es sind Gedanken und Bedürfnisse, die mich und andere Menschen zum Nachdenken bringen. Ich bin jetzt 35 Jahre alt und übe diesen Beruf seit 15 Jahren aus. Im Laufe der Zeit bin ich ein wenig tiefgründiger geworden in meinen Textaussagen, weil ich die ungeheure Einflußmöglichkeit immer deutlicher erkenne. Mir steht nicht zu, mit erhobenem Zeigefinger in der Welt herumzulaufen. Dazu reicht meine Weisheit nicht aus, und ich muß noch viel lernen. Die Musik ist für mich ein Mittel, mich auf Dinge zurückzubesinnen, die mir wichtig sind. Ich möchte helfen, Spannungen abzubauen, mehr Zeit füreinander zu finden, mehr Rücksicht aufeinander zu nehmen und überhaupt harmonisch miteinander zu leben.«

Klempnauer: »Ich werde oft von Schülern gefragt, ob Sie sich mit Ihren Texten identifizieren oder sie nur nach kommerziellen Gesichtspunkten auswählen?«

Maffay: »Diese Frage muß sich zwangsläufig stellen; denn in unserer Musikbranche wird sehr viel Geld umgesetzt und verdient. Als ich mich 1969 für den Beruf des Rockmusikers entschied, hatte ich folgende Grundeinstellung, an der sich bis heute nichts geändert hat: Ich habe das Bedürfnis, unabhängig zu leben und das zu tun, was mir Spaß macht, mit Leuten zusammen zu sein und meine Gedanken in kreative Bahnen zu lenken. Im Laufe der letzten 15 Jahre haben sich nur die Größenverhältnisse verändert. Wenn Sie so wollen, bin ich inzwischen ein Unternehmer geworden und brauche viel Geld zur Finanzierung meines Verlags und Tonstudios, aber auch meiner Angestellten mit ihren Fünfjahresverträgen. Ich lebe privat nicht sehr aufwendig, kaufe mir wenig teure Klamotten und esse nicht gern in teuren Restaurants. Ich kann nur sagen, daß ich meine Texte nicht nach materiellen Gesichtspunkten machen lasse. Um auch in der Öffentlichkeit glaubhaft sein zu können, brauche ich eine Deckungsgleichheit zwischen meiner Arbeit und dem, was ich bin. Mein Publikum ist kritisch genug, um herauszufinden, ob da eine Übereinstimmung ist zwischen meiner Art zu leben und dem, was nachher aus der Rille herauskommt. Ich gebe zu, daß nicht alle Lieder dieselbe Intensität besitzen und manchmal auch mißlingen.«

Glaube, Liebe, Hoffnung

Klempnauer: »Wenn ich Ihre Songtexte betrachte, würde ich mit einem Bibelzitat aus dem Römerbrief antworten: ›So bleiben Glaube, Hoffnung, Liebe.‹ Diese Schlüsselworte kehren immer wieder. Stimmt das?«

Maffay: »Das kann man sagen. Harmonie ist für mich der übergeordnete Begriff. Harmonie mit mir selbst, Harmonie mit andern Menschen, Harmonie mit meiner Umwelt. Dazu gehört auch die Bereitschaft, die Augen offen zu halten. Wenn etwas unharmonisch ist, muß man dagegen etwas tun. Es gibt viele Lebenssituationen, wo man nur noch hoffen kann. Wer sich an der Hoffnung nicht mehr festhalten kann, hört auf zu leben. Liebe ist ein Wort, das oft mißbraucht wird, aber lebensnotwendig ist.«

Klempnauer: »Der amerikanische Psychoanalytiker Erich Fromm beklagt in seinem Buch ›Die Revolution der Hoffnung‹ die Technisierung des Menschen, den man wissenschaftlich in den Griff bekommen und zum Roboter umfunktionieren möchte. Er meint, wenn die menschlichen Grundbefindlichkeiten Glaube, Hoffnung und Liebe ausgeschaltet werden, wenn nicht mehr die Logik des Herzens, sondern nur noch die Logik des Verstandes gilt, wird der Mensch zum Unmenschen.

Ich werde an Ihr Lied erinnert: ›Liebe wird verboten; denn Liebe bringt Gefahr für den neuen Staat. Und Gefühle stören da nur . . .‹«

Maffay: »Die Wissenschaft hat in unserer Gesellschaft einen viel zu hohen Stellenwert und ist weitgehend zum Aberglauben geworden. Die Möglichkeit zu denken kann nicht nur ein Segen, sondern auch ein Fluch sein. Ich bin ein sehr gefühlsbetonter Mensch und achte darauf, meine Gefühle und Empfindungen nicht verkümmern zu lassen. Wenn wir uns gegenseitig nur rational, verstandesmäßig studieren und analysieren, kommen wir uns menschlich nicht näher. Wenn ich einem Menschen begegne, versuche ich erst einmal, meine Gefühle sprechen zu lassen. Wir begegnen uns heute zum erstenmal und haben uns vorgenommen, offen füreinander zu sein und nicht durch intellektuelle Fangfragen den andern in Verlegenheit zu bringen. Ohne dieses gegenseitige Vertrauen ist kein harmonisches Gespräch möglich. Andernfalls labert man aneinander vorbei.«

Naturverbundenheit als Gottesdienst

Klempnauer: »Nicht nur ein harmonisches Verhältnis zu Menschen, auch Harmonie mit der Natur bedeutet für Sie Lebensglück. Vor Jahren haben Sie gesungen: ›Vater Himmel, Mutter Erde führen mich durch diese Welt, trösten mich, wenn sonst keiner zu mir hält.‹«

Maffay: »Die Natur ist für mich die größte Kirche, in der pausenlos eine Predigt gehalten wird. Wer mit offenen Augen die Natur betrachtet, kommt aus dem Staunen nicht mehr heraus. Ich habe die Antarktis, die um den Südpol liegenden Land- und Meeresgebiete bereist, bin wochenlang durch die eintönige Sandwüste der Sahara gefahren und bin beeindruckt von den kanadischen Wäldern. Mich fasziniert die Vielfalt der Natur, die unglaubliche Schönheit der Pflanzen- und Tierwelt. Wenn man das alles beobachtet und in sich aufnimmt, kann man Gott sehr nahe sein. Hier findet laufend ein Gottesdienst statt.«

Klempnauer: »Wie belebt die Natur für Sie sein kann, wie beglückend die Nähe eines Tieres, kommt auch in einem Ihrer älteren Lieder zum Ausdruck. Darin besingen Sie eine Taube, die Ihr Freund geworden war: ›Vielleicht hat sie gewußt, daß ich allein bin. War das der Grund, weshalb sie zu mir kam?‹«

Maffay: »Es war keine erfundene Geschichte. Vor 10 Jahren war ich mal in Zoppot (Polen) auf einem Pop-Festival, als eines Nachts eine Taube durch die Balkontür in mein Hotelzimmer hineinflog: sie blieb bei mir bis zum nächsten Morgen. Wir haben zusammen gefrühstückt, und ich hab' ihr mein Leid geklagt. Ich war damals sehr verliebt in ein hübsches Mädchen. ›Flieg', kleine

Taube, flieg' hin zu ihr. Bitte sag' ihr, was mich traurig macht. Erzähl' ihr, ich hab' die ganze Nacht an sie gedacht. Vielleicht kommt sie dann doch noch zu mir.‹«

Klempnauer: »Mich beeindruckt Ihre Phantasie und Ihre Ehrfurcht vor der Natur, die für Sie ein Stück Gottesdienst ist. Der Apostel Paulus hat es in seinem Brief an die christliche Gemeinde in Rom vor 2000 Jahren so formuliert: ›Gott zeigt sich den Menschen in seinen Werken. Weil er die Welt geschaffen hat, können alle Menschen seine ewige Macht und sein göttliches Wesen erkennen, wenn sie sich nicht dafür verschließen.« (Römer 1,20). Die wunderbare Schöpfung spiegelt zwar den Schöpfer wider, ersetzt ihn aber nicht. Wenn ein Mensch sinnvoll leben will, braucht er nicht nur ein harmonisches Verhältnis zu sich selbst, seinen Mitmenschen und der Natur, sondern vor allem auch zu Gott, dem Schöpfer der Natur und seiner Geschöpfe.«

Warum Gott existiert

Maffay: »Ich bin atheistisch erzogen worden und habe mir irgendwann die Frage gestellt: Woher bekommst du eigentlich die Kraft zum Leben? Außer mir muß es eine Kraftquelle geben, die Energien erzeugt und freisetzt. Diese Lebensenergie ist für mich Gott, an den ich glaube. Wenn ich das Gefühl habe, daß niemand mehr da ist, der mich versteht, dann gibt es immer noch eine Tür, die offen ist.«

Klempnauer: »Diese Situation kommt in Ihrem Lied ›Lieber Gott‹ zum Ausdruck: ›Wenn das Schweigen mich umgibt, wird ein Lied zum Gebet, und ich warte so auf eine Antwort. Ich such' das Licht, das die Flamme entfacht. Wer führt mich durch die dunkle Nacht.‹ Welche Erfahrung haben Sie mit diesem Lied gemacht?«

Maffay: »Als dieses Lied herauskam, haben mir einige Schlaumeier vorgeworfen, jeder Interpret im Musikgeschäft würde nach geraumer Zeit zwangsläufig ›auf die religiöse Schiene rutschen‹ – eine grauenhafte Formulierung –, so wie es Bob Dylan, Eric Clapton und John Lennon vorher auch praktiziert hätten. Obwohl dieses Lied aus dem Rahmen fällt und meine Plattenfirma gegen eine Veröffentlichung war, habe ich meinen Kopf durchgesetzt, weil die Aussage für mich sehr wichtig ist.

Wenn wir dieses Lied vortragen, kommt es mir – so komisch es klingt – immer wie eine Andacht vor. Ich staune jedesmal, wie intensiv die Konzertbesucher auf dieses Lied eingehen und es mitsingen. Wenn wir es gemeinsam singen, verschmelzen wir Musiker auf der Bühne und die Leute in der Halle zu einer Gemeinschaft, und wir hängen einem bestimmten Gedanken wenigstens fünf Minuten lang sehr intensiv nach. Irgendwo habe ich das Gefühl, das ist Musik für die Seele, ohne daß ich hier wissentlich eine Seelenmassage betreibe, damit die Leute zum Kauf einer Schallplatte animiert werden sollen. Ich will vielmehr mit diesem Lied meinen Freunden ein Geschenk machen und freue mich über die herzlichen Reaktionen, die seelischen Geschenke, Abend für Abend. Ich versuche auf meine Art darauf aufmerksam zu machen, daß es Gott gibt, auch wenn man nicht in die Kirche geht und gewisse Formen der Religionsausübung ablehnt. Aber dieser Glaube an Gott erzeugt viel Bereitschaft, miteinander positiv umzugehen, aufeinander Rücksicht zu nehmen und verhärtete Verhaltensformen wieder abzulegen.

Ich bin kein geschulter Prediger und kann nicht sagen: Freunde, es gibt Gott! Ich möchte es bescheidener formulieren: Lieber Gott, wenn es dich gibt, zeig uns deinen Weg . . . Dann fühlt sich niemand manipuliert, und jeder kann eine eigene Glaubensentscheidung treffen. Ich möchte vielmehr einen Anstoß geben: Freunde, haltet euch für den Glauben an Gott bereit, der euch wirklich etwas einbringt.«

Klempnauer: »Die Sehnsucht nach Gott bricht irgendwann in jedem Menschen auf, und dann möchte man mehr über ihn wissen, wie Sie es in Ihrem Lied ›Lieber Gott‹ zum Ausdruck bringen: ›Brich dein Schweigen und laß uns nicht allein und hilf uns aus unserer Einsamkeit.‹ Die Bibel bezeugt, Gott habe sein Schweigen gebrochen und sich in der Person Jesus Christus vorgestellt. Davon spricht etwa der Apostel Paulus, der in der griechischen Stadt Athen von den heidnischen Ratsherren zu einer Begründung seines christlichen Missionsauftrags gebeten wird. Paulus sagt u.a. (s. Apostelgeschichte 17): ›Männer von Athen! . . . Ich bin durch eure Stadt gegangen . . . und habe einen Altar entdeckt mit der Inschrift: Für den unbekannten Gott. Diesen Gott, den ihr verehrt, ohne ihn zu kennen, will ich euch jetzt bekanntmachen. Er ist der Gott, der die Welt geschaffen hat ... Er ist jedem von uns nahe; denn durch ihn leben, handeln und sind wir.‹ Und dann spricht Paulus von dem Erlöser der Menschheit, Jesus Christus, der von sich behauptet: ›Ich bin der Weg, der zur Wahrheit und zum Leben führt. Einen anderen Weg zum Vater (Gott) gibt es nicht.‹ (Johannes 14,6) Was halten Sie von Jesus Christus?«

Maffay: »Ich kann mir über Jesus kein Urteil bilden, weil ich mich in der Bibel nicht auskenne. Vor Jahren habe ich mal in einem Hotelzimmer in die Bibel reingeschaut. Sicherlich ist die Bibel ein sehr interessantes Buch, wenn man sie richtig zu lesen versteht; sie ist ja nicht von heute auf morgen entstanden.«

Bibel als Orientierungsrahmen

Klempnauer: »Ist die Orientierung an der biblischen Botschaft nicht lebensnotwendig geworden? Der wohl bekannteste Zukunftsforscher unserer Zeit, Robert Jungk (»Die Zukunft hat schon begonnen«), sagte bereits vor 10 Jahren: ›Wenn wir nicht zurückkehren zur Christusbotschaft der Bergpredigt und zu den Zehn Geboten, werden wir das Jahr 2000 nicht erreichen.‹ Und der von Ihnen vorhin erwähnte amerikanische Protestsänger Bob Dylan, Anfang der 80er Jahre vom Judentum zum christlichen Glauben bekehrt, singt in einem Lied: ›Geheuchelte Philosophien haben dich irregeleitet. Karl Marx geht dir an die Kehle. Pornographie kommt in den Schulunterricht, Irrenhäuser sind überfüllt. Wunderst du dich, wenn Gott dir Gebote gibt ... Nur auf Gottes Verheißungen kann man sich in dieser Welt verlassen. Aber wenn du träumen willst, schlaf weiter.‹«

Maffay: »Das biblische Wissen ist für mich unbedeutend, solange es nicht in die Tat umgesetzt wird. In Bonn regieren Christdemokraten, die sich verpflichtet haben, nach den biblischen Maßstäben zu regieren. Der Bundeskanzler und die Minister besitzen sicherlich eine Bibel, aber richten sie sich wirklich danach? Im politischen Alltag wird sie verleugnet. Durch solche Lügenpraktiken machen sich Christen unglaubwürdig, und deshalb wollen viele Menschen auch von der Bibel nichts mehr wissen.«

Klempnauer: »Manche sogenannte christliche Politiker erliegen leider der Versuchung, die biblische Botschaft ihren Machtinteressen unterzuordnen. Auch die Institution Kirche hat in ihrer langjährigen Geschichte manche Schuld auf sich geladen. Ich denke z.B. an die Hexenverbrennung. Der russische Dichter Fjodor M. Dostojewski versetzt sich in seiner Erzählung ›Der Großinquisitor‹ in die Zeit des Mittelalters: Auf dem Domplatz der spanischen Stadt Sevilla erscheint der Kardinal, der am Abend zuvor Widersacher des katholischen Glaubens verbrennen ließ. Das Volk ist zusammengelaufen, und in diesem Augenblick, so will es der Dichter, kommt Christus wieder, und das bedrückte Kirchenvolk atmet erleichtert auf. Menschen werden von ihren Krankheiten und Gebundenheiten geheilt. Überall sieht man frohe und befreite Menschen. Der Kardinal ist außer sich vor Zorn. Er läßt Christus verhaften und besucht ihn in der folgenden Nacht im Kerker. Vorwurfsvoll fragt er den wiedergekommenen Christus: ›Bist du es?‹ Da er keine Antwort erhält, fährt er fort: ›Wie konnte es dir einfallen, noch einmal zu erscheinen? Du bist gekommen, um uns zu stören, und morgen werde ich dich als den ärgsten Ketzer hinrichten lassen . . . Weißt du, daß Jahrhunderte anbrechen werden, in denen die Menschheit durch den Mund ihrer Wissenschaften verkündet: Es gibt keine Sünde, kein Verbrechen . . .?‹«

Maffay: »Das ist der Grund, warum ich aus der Kirche ausgetreten bin. Ich kann diese Lügenpraktiken nicht mehr ertragen. In einer Fernsehsendung habe ich jenen Pfarrer gesehen, der die Bomberpiloten segnete, die später die Atombombe über Hiroshima abgeworfen haben. Wer auf diese Weise Gott mißbraucht, ist keinen Penny wert.«

Klempnauer: »Wo aber die Kirchen zu ihrem biblischen Glaubensfundament zurückgefunden haben, wo sie die Christusbotschaft von der Gottes-, Nächsten- und Feindesliebe predigen und praktizieren, haben sie einen wichtigen Auftrag. Albert Einstein hat einmal gesagt: ›Es gibt nur eine Stelle in der Welt, wo es kein Dunkel gibt, und das ist Jesus Christus.‹«

Maffay: »Ich frage mich allerdings, ob die anderen Weltreligionen nicht gleichwertigere headliner (Erlösergestalten) anzubieten haben.«

Klempnauer: »Die Existenz der vielfältigen Religionen ist letztlich ein Beweis für die Erlösungsbedürftigkeit und Sehnsucht der Menschen nach Gott. Aber nur im christlichen Glauben gibt es einen göttlichen Erlöser, der Menschengestalt angenommen hat, stellvertretend für die Schuld der Menschen sterben mußte und durch seine Auferstehung einer todverfallenen Menschheit ewiges Leben anbietet. ›Mensch, ich bin dir gut‹, heißt das Liebesangebot des christlichen Gottes, während in allen nichtchristlichen Religionen die Heilsforderung lautet: ›Mensch, sei gut.‹ Der Mensch muß also harte Leistungen und Opfer bringen, um sich den ›Himmel‹ zu verdienen.«

Maffay: »Glauben Sie, daß der christliche Glaube dadurch besser ist als andere Religionen?«

Klempnauer: »Christen sind nicht besser, aber besser dran, weil sie die Erfahrung machen: Gott nimmt mich ohne Vorleistungen an.«

Maffay: »›Ich bin dir gut‹ ist wohl das beste, was man einem Menschen sagen kann. Aber es ist nicht schlechter, zu sagen: ›Mensch, sei gut.‹«

Klempnauer: »Aber es fällt mir doch wesentlich leichter, gut zu sein, wenn ich die ›Güte‹ eines andern Menschen erfahre. Was gemeint ist, drückt vielleicht die gesunde Entwicklung eines Kindes aus. Ein Kleinkind muß zuvor mit der Liebe seiner Mutter beschenkt werden, bevor es selbst liebesfähig wird. Die Bibel sagt: Wo ein Mensch sich von Gott geliebt weiß, wird er auch imstande sein, sich selbst und seinen Nächsten zu lieben. Dieses Doppelgebot der Liebe ist der Kern der biblischen Botschaft.«

Wer wirft den ersten Stein

Maffay: »Mich interessiert brennend, wie man Zuneigung, Harmonie und Liebe entwickeln kann, wenn man an Gott glaubt.«

Klempnauer: »Ich nehme Ihnen diese ›Liebeserklärung‹ ab, aber ich höre immer wieder junge Leute sagen: Der Peter Maffay singt von Liebe und hat seine Frau zur Abtreibung gezwungen.

Sie sollten dieses Gerücht aus der Welt schaffen und dazu einige klärende Worte sagen.«

Maffay: »Ich stehe in der Öffentlichkeit, trage eine gewisse Verantwortung und muß auch Rechenschaft ablegen, soweit dies zu verantworten ist. Meine Frau und ich haben von gewissen Leuten viele Gehässigkeiten ertragen müssen. Sogar ein Pfarrer hat wegen der Abtreibung Strafanzeige erstattet, ohne zu wissen, was er überhaupt tat. In der Zeitung las ich die verrücktesten Dinge – ich könne mir aus beruflichen und finanziellen Dingen kein Kind leisten usw. Ich habe Ehrfurcht vor dem werdenden Leben, und meine Frau und ich wünschen uns Kinder (bald nach unserem Gespräch hat das Ehepaar ein Kind adoptiert). Ich bin leider außerstande, über medizinische und andere Gründe des Schwangerschaftsabbruchs zu sprechen. Damit würde ich das Vertrauensverhältnis zu meiner Frau verletzen. Ich kann nur sagen, es gab keine andere Möglichkeit. Weil die Medien meine Intimsphäre nicht respektieren wollten, haben sie das Problem völlig verzerrt wiedergegeben. Das hat uns sehr wehgetan.«

Klempnauer: »Man wird an Ihr Lied erinnert: ›Wer wirft den ersten Stein‹. Sie singen: ›Verurteilt, das ist oft sehr schnell gescheh'n, und viele schrein. Er hat gesündigt, steinigt ihn.‹ . . . In der entsprechenden Geschichte aus dem Neuen Testament wollen heuchlerische Menschen eine Frau steinigen, weil sie Ehebruch begangen hat. ›Und Jesus sagt: Wer von euch ohne Sünde ist, der werfe den ersten Stein auf diese Frau . . .‹ So handelt Jesus: ›Mensch, ich bin dir gut.‹ Bob Dylan singt in einem Lied: ›Da ist ein Mann am Kreuz, und er ist für dich gekreuzigt. Glaube an seine Kraft; sie reicht aus, um bestehen zu können.‹ Was sagt Ihnen dieses Christuszeugnis?«

Maffay: »Ich kann schon etwas damit anfangen. Jesus hat gelebt. Ich betrachte ihn mehr als eine historische Gestalt und weniger als eine Person, die für mich gekreuzigt worden sein soll. Aber ich bin nicht blind, um zu sehen, wie viele Menschen Kraft zum Leben und Überleben aus dem Glauben an Christus beziehen.«

Hinter jeder Tür ist ein Geheimnis

Klempnauer: »Ich habe die Erfahrung gemacht, daß durch mein

schlichtes Vertrauen auf Christus meine Sehnsüchte gestillt werden. Ein China-Missionar hat mich auf ein Bibelwort verwiesen, das ich für mich persönlich in Anspruch genommen habe: ›Fürchte dich nicht, so spricht Gott, der Herr, denn ich habe dich erlöst (Freiheit). Ich habe dich bei deinem Namen gerufen (Anerkennung). Du bist mein (Geborgenheit).‹ (Jesaja 43,1)«

Sie sprechen in Ihren Liedern viele ungestillte Sehnsüchte an und geben in bewundernswerter Offenheit zu, daß Sie viele Fragen, aber wenig Antworten haben. Und in einem Lied singen Sie: ›In mir brennt die Neugier, alles zu entdecken, was ich noch nicht kenn.‹ – ›Hinter jeder Tür steckt ein Geheimnis‹, heißt es in einem andern Lied. Ein Geheimnis ist eine Wirklichkeit, die mir aber im Augenblick noch verschlossen ist. Könnte der Glaube an Christus für Sie nicht eine ganz neue Entdeckung sein, wenn Ihnen diese Glaubenswirklichkeit aufgeht?«

Maffay: »In der letzten Strophe meines Liedes ›Hinter der Tür‹ heißt es u.a.: ›Und dann viel später stehst du vor deiner letzten Tür. Doch was kommt dann? Dort kann die Ewigkeit, und dort kann auch das Ende sein. Doch bist du bereit für den letzten Schritt, der bleibt.‹ Für mich ist Gott existent und auch die Triebfeder meines Lebens und meines musikalischen Schaffens. Wenn die Sonne in der Konzerthalle aufgeht, ich positiv gestimmt und glücklich bin, dann ist das für mich ein großes Gottesgeschenk. Aber ich bin gar nicht so wahnsinnig neugierig darauf, mehr über Gott zu wissen, dann fange ich vielleicht nur an, die Sache mit Gott zu verwissenschaftlichen und daraus einen mechanischen Vorgang zu machen.«

Klempnauer: »Der bloße Buchstabenglaube hat mit einem persönlichen Vertrauensverhältnis zu Gott wenig zu tun. In der Bibel heißt es: ›Der Buchstabe tötet, aber der Geist macht lebendig.‹ Wenn wir aber Gott besser kennenlernen wollen, müssen wir uns auf sein Wort, auf die biblische Offenbarung einlassen. Die Christusbotschaft ist nicht nur eine denkerische, sondern vor allem eine gelebte Wahrheit, und sie erweist sich erst in dem Augenblick als eine lebenserneuernde Energiequelle, wenn ich sie anzapfe, wenn ich sie auslebe. Das meint Jesus, wenn er in der Bergpredigt sagt: ›Wer meine Worte hört und sich nach ihnen richtet, wird am Ende dastehen wie ein Mann, der überlegt, was er tut, und deshalb sein Haus auf felsigen Grund baut.‹ (Matthäus 7,24ff.)

Oder lassen Sie mich ein anderes Beispiel nennen. Während wir uns hier unterhalten, klopft hin und wieder Ihr Manager oder ein Mitarbeiter an die Garderobentür. Sie gewähren ihnen Einlaß und sprechen miteinander. Als Ihr Berufskollege Cliff Richard auf dem Höhepunkt seiner Karriere das innere Bedürfnis hatte, Christus näher kennenzulernen, stieß er auf den Bibelvers aus der Offenbarung des Johannes (3,20): ›Hört gut zu. Ich (der auferstandene Christus) stehe vor der Tür und klopfe an. Wenn jemand meine Stimme hört und öffnet, werde ich bei ihm einkehren und Gemeinschaft mit ihm haben.‹ Cliff öffnete die Tür des Glaubens und machte die größte Entdeckung seines Lebens.«

Maffay: »Ich bin bescheiden in meinem Anspruchsdenken, und irgendwo kann ich mit dem dreieinigen Gott (Vater, Sohn und Heiliger Geist) nichts anfangen. Ich bin mehr an Gott als an Jesus Christus interessiert. Für mich hängt mit dem Glauben an Gott die gegenseitige Harmonie und Liebe zusammen. Ich bin gläubig und respektiere auch andere Glaubensformen. Mich interessiert weniger das Glaubensdogma, sondern die Auswirkungen des Glaubens.«

Klempnauer: »Ich würde auch eine Glaubenslehre nach ihren Auswirkungen beurteilen. Jesus sagt: ›An ihren Früchten sollt ihr die Menschen erkennen.‹

In einem sehr eindrucksvollen Lied singen Sie: ›Woran glaubst du, welchen Herrn dienst du? Es ist der Teufel oder Gott, dem du dein Herz verschrieben hast?‹ Sie stellen drei lebensnotwendige Fragen, die kein Mensch sich selbst beantworten kann:

1. ›Wer erträgt dich dann, wenn du dich selbst nicht mehr ertragen kannst?‹
2. ›Wer verzeiht dir dann, wenn du dir selbst nicht mehr verzeihen kannst?‹
3. ›Wer nimmt dir die Angst, wenn du dir selbst die Angst nicht nehmen kannst?‹

Wer sein Vertrauen auf den Glaubenskontakt zu Christus setzt, weiß sich trotz der eigenen Schwächen von ihm angenommen, erfährt die unverdiente Vergebung seiner Schuld und überwindet immer wieder seine Lebens- und Todesangst.«

Elvis Presley

Der Rock'n'Roll-König ist tot, es lebe sein Mythos!

»Elvis Presley ist ein weltweites Symbol für die Vitalität, das Rebellentum und den Humor Amerikas. Seine Musik und seine Persönlichkeit, die den Stil weißer Country-Musik mit schwarzen Rhythmen und Blues vereinigten, haben das Aussehen der amerikanischen Volkskultur dauerhaft verändert.«
Solche markanten Worte fand der amerikanische Präsident Jimmy Carter anläßlich des plötzlichen Todes von Elvis Presley, der

Elvis Presley ©RCA, Hamburg

im Alter von 42 Jahren am 16. August 1977 in Memphis (Tennessee) starb und von 80 000 trauernden und weinenden Menschen zu Grabe getragen wurde.

In den darauffolgenden Jahren pilgerten täglich 8 000 Fans nach Memphis, um für wenige Augenblicke an der Elvis-Gruft ihres geliebten Rock'n'Roll-Königs zu gedenken. Die Grabinschrift lautet: »Er war ein kostbares Geschenk Gottes, von uns geschätzt und geliebt. Sein von Gott gegebenes Talent teilte er mit der Welt. Aufrichtig wurde er von vielen geliebt und eroberte die Herzen der Jungen und Alten. Er fand nicht nur als Künstler Bewunderung, sondern auch als der große Menschenfreund, der er war ... Er revolutionierte die Welt der Musik und erhielt dafür die höchsten Anerkennungen. Er war schon zu Lebzeiten eine leibhaftige Legende; er besaß die Achtung und die Liebe von Millionen. Gott erkannte, daß er Ruhe brauchte, und er rief ihn zu sich. Wir vermissen Dich, unsern Sohn und Vater. Ich danke Gott, daß er uns Dich als Sohn gegeben hat.«

Fromme Worte für einen unfrommen Lebenswandel, sagen seine Kritiker. Aber die Elvis-Fans sind zu Tränen gerührt, wenn sie den »heiligen Boden« von »Graceland« betreten, jener legendären Stätte, wo ihr Idol gelebt hat, gestorben und begraben ist. Seinem Grab gegenüber befindet sich – wohl aus Gips geformt – Jesus mit ausgebreiteten Armen, flankiert von zwei Engeln, und schaut wohlwollend auf die 17–70jährigen Pilger aus aller Welt herab.

Über diese Verehrung freuen sich besonders clevere Geschäftemacher, die bis heute jährlich viele Millionen Mark allein an den Schallplatten von Elvis Presley verdienen.

Das schloßähnliche Wohnhaus »Graceland« des toten Idols ist zu einem Museum geworden, das Mitte der 80er Jahre immer noch täglich von 2–3 000 Fans besucht wird (Jahreseinnahmen: 10 Millionen Mark an Eintrittsgeldern). Jahrelang sparen Elvis-Fans für eine ersehnte Pilgerreise nach Memphis. Der vierzehnjährige Frankfurter Schüler Rocco überfiel im September 1983 innerhalb einer Woche zwei Banken, um von dem erbeuteten Geld zusammen mit seinem Freund Oliver das Grab von Elvis Presley besuchen zu können.

Regelmäßig werden auch von deutschen Elvis Presley-Fan-Clubs Flugreisen nach Memphis durchgeführt, oftmals begleitet von neugierigen Journalisten, die aufschlußreiche Interviews mit den »Pilgern« machen. »Ganz allein war ich eben an seinem Grab«, erzählte die 71jährige Rentnerin Lore Luft aus Bayern der »BUNTE«-Reporterin Dagmar Rathke, »und ich habe sehr geweint. Es war, als wäre mein Sohn zum zweitenmal gestorben.« Die 42jährige Sekretärin Ingrid Rüther aus Hamburg gab 500 Mark für Andenken aus und bekannte freimütig: »Jeden Abend bekommt sein Plakat neben meinem Bett einen Gute-Nacht-Kuß, und beim Einschlafen träume ich von ihm. Elvis, das war für mich eine neue Welt. In meiner Jugend gab's nur brave Musik – bis endlich der Rock'n'Roll kam.«

Nachdem es in den 70er Jahren stiller um ihn geworden war, ist seit Mitte der 80er Jahre ein neuer Elvis Presley-Boom zu beobachten. Eine typische Anzeige in der »Rheinischen Post«: »Nicht nur Dortmund, auch Düsseldorf wird einen Elvis Fan-Club gründen: Ich habe ›El‹ mehrmals live erlebt und möchte den deutschen Fans die Wahrheit über ›El‹ sagen. Elvis wird immer weiterleben.«

Wie ein braver Junge zum Bürgerschreck wird

Angefangen hat Elvis' aufregendes Leben am 8. Januar 1935 in Tupelo in Mississippi. Bei seiner Geburt starb sein Zwillingsbruder Jesse. Der Überlebende bekam die doppelte Liebe seiner Mutter Gladys bis zu ihrem frühen Tod 1958 zu spüren. Sein Vater Vernon war Gelegenheitsarbeiter und lebte mit seiner Familie immer am Rande des Existenzminimums, auch nach dem Umzug nach Memphis (1953), wo sie im schwarzen Slumviertel eine notdürftige Unterkunft fanden.

Seine Eltern waren regelmäßige Gottesdienstbesucher und nahmen bereits den zweijährigen Elvis mit in ihre Kirche, die »Assembly Church of God«, wo sie in Gottesdiensten und Auferstehungsfeiern im Freien Gospel Songs und andere Kirchenlieder sangen, die die Weißen der Südstaaten von den Schwarzen übernommen hatten.

Zudem war Memphis die Metropole der weißen Country-Musik, die der musikbegabte Junge ebenso liebte wie den rhythmisch bewegten schwarzen Blues.

Zu seinem zehnten Lebensjahr wünschte sich Elvis ein Fahrrad, aber wegen der hohen Anschaffungskosten bekam er nur eine Gitarre für 12 Dollar, die fortan sein Lebenselement werden sollte.

Nach seiner Schulzeit arbeitet er als Lastwagenfahrer für die Installationsfirma »Crown Electric« und nahm in einem kleinen Plattenstudio das Lied »My Happiness« als eine Vier-Dollar-Schallplatte auf, die er als 18jähriger seiner Mutter zum Geburtstag schenkte. Ein Jahr später brachte dasselbe Plattenstudio seine erste kommerzielle Single auf den Markt: Eine weiße Country-Ballade »Blue Moon of Kentucky« und einen schwarzen Blues »That's all right, Mama«.

Experten machen immer wieder darauf aufmerksam, daß die Kombination unterschiedlicher Stilrichtungen der schwarzen und weißen Musik (weiße Country-Musik, schwarze Gospels und Rhythm and Blues = Rockabilly-Stil) ein wichtiger Bestandteil seines Erfolges als Sänger war.

Für den Rockmusikwissenschaftler Tibor Kneif ist Elvis Presley »eine symbolische Figur der Rockmusik, deren Stil die Stillosigkeit« sei. Rockmusik sei eine Kunstgattung, für die keine Stilechtheit, sondern ein unaufhörliches Stilgemisch charakteristisch sei; deshalb brauche man zu ihrer Entstehung einen Musiker, der »geschmeidig und ohne Rückgrat war«. »Presley besaß nicht nur eine elastische Stimme, er war auch unausgereift und richtungslos genug, um den marktstrategisch bedingten Vorschlägen seines Managers und seiner Plattenfirma ohne persönliche Gewissenskonflikte nachzugeben.« (Tibor Kneif, Rockmusik, Reinbek 1982, S. 360)

Schon bald nach seinem ersten Erfolgslied »That's all right, Mama« (1954) bot Tom Parker, der früher sein Geld auf Jahrmärkten verdiente und dort gelb angemalte Spatzen als Kanarienvögel verhökerte, dem jungen Sänger seine Managerdienste an – bis an sein bitteres Ende. Ausgestattet mit einem ausgeprägten Geschäftssinn und einem Gespür für musikalische Trends, bestimmte Parker fortan Presleys Lebensstil, seine Denk- und Verhaltensweisen im privaten wie öffentlichen Leben.

Durch die übertriebene Fürsorge seiner Mutter hatte Elvis als Einzelkind ein abgeschirmtes, von gleichaltrigen Spielgefährten zurückgezogenes Leben geführt und war infolgedessen auch als Jugendlicher scheu und unbeholfen. Die Musik war für ihn ein willkommenes Ventil, um seine angestauten Aggressionen abzureagieren. Beeindruckt zeigte sich der temperamentvolle Junge von den agilen Predigern in seiner Kirche, die gestenreich und rhythmisch bewegt predigten und ihre Glaubenslieder sangen.

Für den 19jährigen war es geradezu ein Akt der Befreiung, im Rock'n'Roll-Rhythmus seine unterdrückten Gefühle auf der Bühne auszuleben. Sobald die Musik einsetzte, war er wie verwandelt. Seine Hüften begannen zu wackeln und seine Beine vibrierten. Er machte einen spitzen Mund, krümmte seinen Rücken und hüpfte wie ein übermütiger Lausbub auf der Bühne herum.

Die Reporter stellten immer dieselben Fragen: Was soll dieses Theater auf der Bühne? Presley: »Ich glaube, die Leute wollen vor allem eins wissen: Warum ich nicht stillstehen kann, wenn ich singe. Die einen stampfen mit den Beinen. Andere schnippen mit den Fingern. Wieder andere wackeln hin und her. Ich dachte, man macht am besten alles gleichzeitig. Rhythm & Blues singen, das haut rein. Ich beobachtete das Publikum, hör' sie schreien, und dann weiß ich, daß wir alle was loswerden. Aber keiner weiß, was es ist. Hauptsache, daß wir's loswerden und keiner dabei verletzt wird.« (Rock Session 2, Reinbek 1978, S. 229)

Im Januar 1956 brachte Elvis Presley bei der berühmten Schallplattenfirma RCA seine erste Platte »Heartbreak-Hotel« heraus, die in allen Hitparaden auf dem 1. Platz stand und weltweit 3 Millionen mal verkauft wurde.

Das Idol einer Teenager-Generation war geboren. Als im selben Jahr seine ersten Lieder auch von europäischen Rundfunkstationen gesendet wurden, drehten entsetzte Eltern die »Urwaldmusik« ab, die sie als »Kriegserklärung« an die Erwachsenenwelt empfanden.

Rock'n'Roll und der Aufruhr der skeptischen Generation

Mitte der 50er Jahre entstand der Rock'n'Roll, die früheste Gestalt der Rockmusik. Er wurde zu einem Sammelbecken, »in dem Gefühle der Angst wie der Befreiung zusammenflossen« (Tibor Kneif).

In den Vereinigten Staaten war unter der Präsidentschaft von Dwight D. Eisenhower in den Massenmedien wie in vielen Familien eine unaufrichtige, eher spießbürgerliche Moral zu finden. Materieller Wohlstand und Fortschrittsgläubigkeit prägten den Lebensstil vieler Menschen aus der Elterngeneration. In jener Zeit entstand der Kultfilm »Denn sie wissen nicht, was sie tun« (1953) mit

James Dean in der Hauptrolle. Er spielt einen jungen Amerikaner, der unfähig ist, mit seinen Problemen allein fertig zu werden. In seinem Elternhaus findet er kein Verständnis. Dort merkt man nicht einmal, daß Jims gestörtes Verhältnis zu seinem Vater der Hauptgrund für seine Auflehnung ist. So versagen die Eltern auch, als ihr Sohn an eine Bande von Jugendlichen seiner Schule gerät und dadurch Schwierigkeiten mit der Polizei bekommt. Elvis Presley hat sich diesen Film zehnmal angeschaut und konnte den ganzen Dialog des Films auswendig.

Während Elvis in den Südstaaten die Rock'n'Roll-Musik populär machte, bahnte sich in den amerikanischen Nordstaaten mit Bill Haleys »Rock around the clock« ein Riesenerfolg an. Dieser aggressive Rocksong war die Leitmelodie in dem Jugendproblemfilm »Saat der Gewalt« (1955), in dem eine Horde Halbwüchsiger die Einrichtung ihres verhaßten Erziehungsheims zu zertrümmern beginnt. Bis heute sind über 20 Millionen Platten dieser weltweiten Hymne der Teenager-Revolution verkauft worden. Auf Bill Haleys Deutschland-Tournee kam es 1957 zum ersten Mal bei Konzerten zu Saalschlachten mit der Polizei. Randalierende Jugendliche verursachten allein im Berliner Sportpalast einen Sachschaden von 50 000 Mark.

Der damals 30jährige wohlbeleibte Biedermann Bill Haley konnte bis zu seinem Tod am 9. Februar 1981 immerhin rund 60 Millionen Platten verkaufen, mußte aber dem jugendlichen Idol Elvis Presley den Königsthron des Rock'n'Roll überlassen.

Die schrillste Figur des jungen Rock'n'Roll der 50er Jahre war wohl der schwarze Sänger Little Richard, der gegen jede Spielregel in seinem Heimatland USA verstieß und die Botschaft des Rock'n'Roll in einem Wort zusammenfaßte: AwopBopaLooBapAlopBamBoom. Im Jahre 1977 zog Little Richard sich aus dem Showgeschäft zurück; er »lebt heute, züchtig gekleidet und gekämmt, als Prediger und preist den Herrn« (»Stern«). Anfang der 80er Jahre schrieb er ein Buch, in dem er über sein ausschweifendes Leben als Rockstar berichtet. Er änderte sein Leben erst, als er Christ wurde und von seiner Homosexualität und vom Drogenkonsum geheilt wurde. »Ich will die Menschen mit meinem Buch wissen lassen, daß Homosexuelle keine Hunde sind, sondern Menschen. Jesus ist für diese Menschen gestorben. Mein Buch ist Zeugnis und Warnung zugleich. Es ist ein Schimmer der Hoffnung, daß bei Gott alle Dinge möglich sind.«

Trotz tumultartiger Szenen in manchen Konzertsälen hatte die Generation der Rock'n'Roller keinen politischen Aufstand im Sinn. Auf die Straße gingen junge Leute erst 10 Jahre später (Studentenrevolte 1967/68). Es war vielmehr ein Unbehagen an der bestehenden Gesellschaft und der politischen Weltlage. Der Korea-Krieg war zwar gerade beendet, aber die sowjetischen Atom- und Wasserstoffbomben-Explosionen (1949 bzw. 1953) schockierten die Welt in West und Ost. Die junge Generation suchte ihre eigene Identität und fühlte sich in ihren Idealvorstellungen von der Vätergeneration unverstanden.

In Deutschland hatten die Väter nicht nur den Krieg, sondern auch ihr Selbstwertgefühl verloren. Sie wollten es durch ihren unermüdlichen Einsatz für einen Wiederaufbau eines neuen Deutschlands wiedergewinnen. Die deutschen Jugendlichen waren angepaßt, wie ihre Eltern skeptisch gegenüber allen Ideologien (Helmut Schelsky, Die skeptische Generation, 1957) und willens, ihre Eltern im Streben nach materiellem Wohlstand zu unterstützen.

Eine revolutionäre Wende in der Gesinnung dieser jungen Generation brachte nicht zuletzt die Rock'n'Roll-Musik der amerikanischen Siegermächte. Elvis Presley, Bill Haley und Little Richard wurden ihre Stars, denn sie schufen eine Musik und eine Sprache eigens für die Welt der Jugendlichen und distanzierten sich von der oft erstarrten und unterkühlten Erwachsenenwelt. Zum ersten Mal in der Geschichte der Jugendbewegungen gab es einen Freiraum für die junge Generation, der von den Jugendlichen mit Begeisterung, von den Erwachsenen mit Entsetzen aufgenommen wurde. Die heranwachsenden Söhne und Töchter distanzierten sich von den schmalzigen Schlagermelodien (z.B. »Caprifischer«) ihrer Eltern, die wiederum die »Negermusik« ihrer Kinder nicht dulden wollten. Die berauschende Rock'n'Roll-Musik mit ihren provozierenden und gewagten Texten steigerte einerseits das jugendliche Selbstbewußtsein, führte aber auch zu Hemmungslosigkeit und Arroganz gegenüber der Elterngeneration.

Rock'n'Roll und Rebellion waren für die nach Unabhängigkeit strebenden Jugendlichen eine Einheit, und der energiegeladene, ausgelassene und unbekümmerte Superstar Elvis Presley versprach ihnen die ersehnte Befreiung von dem leistungsorientierten Gesellschaftssystem.

Wie ein Stern verglüht

Überall, wo Elvis, das Symbol der jugendlichen Auflehnung, auftrat, seinen »Schluckauf-Gesang« ertönten und seine Becken rotieren ließ, begannen die Mädchen zu kreischen, und die wütenden Eltern empörten sich über die pubertären Trotzreaktionen. Jeder Elvis-Song wurde ein Hit, und 1956 drehte Elvis in Hollywood seinen ersten Film »Love me tender« (Liebe mich zärtlicher). Es folgten 32 weitere in den nächsten 18 Jahren, in denen Elvis jeweils die Hauptrolle spielte.

Für seine kitschigen Unterhaltungsfilme kassierte der Star jedesmal eine Million Mark, abgesehen von den zusätzlichen Werbeeinnahmen. Für einen Film verlangte Manager Parker 25000 Dollar Zusatzgage, nur weil Elvis im Film seine eigene Armbanduhr getragen hatte. »Es war nicht vereinbart, daß der Künstler eigene Garderobe mitbringt,« argumentierte der geschäftstüchtige Manager.

Schon damals – Mitte der 50er Jahre – kassierte der Rock'n'Roll-König für jedes seiner stets ausverkauften Konzerte 25000 Dollar. Wie Pilze wuchsen gewinnträchtige Firmen aus dem Boden, die mit ihren Elvis Presley-Artikeln (T-Shirts, Kugelschreiber, Tagebücher, Plüschhunde usw.) Millionenumsätze machten. Allein in den ersten beiden Jahren seiner Rock'n'Roll-Karriere verdiente Elvis an seinen Schallplatten 100 Millionen Dollar.

Nun wurde für den ärmlichen Jungen, dessen Familie in einem schäbigen Vorstadthaus vom Memphis nur einen einzigen Raum bewohnt hatte, der Traum von einem kometenhaften Aufstieg zu Ruhm und Reichtum endlich wahr: In Memphis kaufte der Superstar den schloßähnlichen Landsitz Graceland mit zwei Swimmingpools, Kino, Sporthalle, Musikstudio, Reitkoppel, Wagenpark und einer Luftflotte. Aus dem umjubelten Rock'n'Roll-Rebellen wurde allmählich ein konsumorientierter, etablierter Spießbürger – zumindest im privaten Bereich –, mit dem sich die nach eigener Identität suchenden Jugendlichen immer weniger identifizieren konnten.

Nachdem die Teenager-Generation unter seinen Bann gekommen war, sollte nun auch die Erwachsenen-Generation begeistert werden. Dafür mußte der werbepsychologisch geschickte Manager Parker die Rock'n'Roll-Musik gesellschaftsfähig machen und seinen auf der Rockbühne wildgewordenen Tiger zähmen. Zum Entsetzen der jugendlichen Rebellen verwandelte sich der »Bürgerschreck« und »Jugendverderber« in einen guten, anständigen und gehorsamen amerikanischen Bürger, der 1958 seinen Militärdienst in Deutschland antrat und 1960 als braver Bürger und amerikanischer Patriot seine Rock'n'Roll-Karriere erfolgreich fortsetzte. Jetzt strömten nicht schreiende Teenager, sondern ganze Familien in seine Konzerte. Es waren vor allem die Mütter, die sich Elvis als Schwiegersohn wünschten. Aus dem furchterregenden Tiger war ein zahmes Kätzchen geworden.

In den 60er Jahren waren die neuen Idole der revolutionären Jugend die Beatles, die Rolling Stones und Bob Dylan. So ließen die Fans Elvis Presley vergessen.

Ein grandioses Comeback erlebte der Sänger 1968 mit seiner Elvis Presley-Fernsehshow, wo er – in schwarzer Lederkluft – »rotzig, aggressiv, voller Kraft und unter Hochspannung« seine frühen Rock'n'Roll-Hits noch einmal präsentierte. Sein Song »In the ghetto« eroberte die Hitparaden in aller Welt. Ein großer Erfolg war auch noch die weltweite Live-Übertragung seines Konzerts »Aloha From Hawai«, die von fast einer Milliarde Fernsehzuschauern gesehen wurde. »Seine Bewegungen waren langsamer geworden, er schnaufte wie eine Dampflok, aber er hatte immer noch den Rock'n'Roll im Blut.«

Im Frühjahr 1977 – ein halbes Jahr vor seinem Tod – gab der 42jährige Star auf der Bühne des City Centers von Omaha in Nebraska sein letztes Konzert. In dem 1,80 Meter großen und 250 Pfund schweren, aufgedunsenen Koloß war das frühere Idol kaum noch wiederzuerkennen. Der Schweiß rann dem todgeweihten Rock-König aus allen Poren, und die begeisterten Teenies, Väter und Mütter griffen gierig nach den weggeworfenen Schweißtüchern, mit denen sich der nach Luft japsende Sänger pausenlos das schweißüberströmte, feiste Gesicht abwischte. Hinter den Kulissen beobachtete der ruchlose, geldgierige Manager Tom Parker die Tragödie seines ihm gnadenlos ausgelieferten Bühnenstars, mit dem wohl in Zukunft keine Millionen Dollar mehr zu verdienen sein würden. Was soll's. Der Mohr namens Elvis Presley hat seine Schuldigkeit getan. Der Mohr kann geh'n.

»Das Größte ist die Liebe«

Wer das schillernde Phänomen Elvis Presley etwas verstehen will, ist wohl auf die 597 Seiten umfassende Biographie »Elvis« des amerikanischen Sprachwissenschaftlers Albert Goldman angewiesen (Penguin-Paperback), der in vierjähriger intensiver Arbeit 600 Elvis Presley-Vertraute interviewt hat. Goldman beschreibt eine typische Begebenheit. In seinen letzten Lebensjahren verließ Elvis nur ungern das Bett, und vor der Nachtruhe mußte ihm seine beständigste Geliebte Linda Thompson eine Gute-Nacht-Geschichte vorlesen. Am liebsten hörte er das 13. Kapitel aus dem 1. Korintherbrief: »Wenn ich mit Menschen- und mit Engelzungen redete und hätte die Liebe nicht, so wäre ich ein tönendes Erz oder eine klingende Schelle.« Er wollte lieben und geliebt werden, und beides fehlte ihm.

Elvis besaß eine unwiderstehliche Anziehungskraft und wurde abgöttisch bewundert, aber kaum geliebt. In seinen Songs flehte er die Mädchen an, ihr Teddybär sein zu dürfen, »denn Tiger sind zu stark«. Zu Hause umgab er sich mit Teddybären und andern Kuscheltieren, die er als Kind nie besessen hatte.

Seine Verrenkungen auf der Bühne erregten oft Anstoß bei den puritanischen Erwachsenen, aber seine Lieder waren harmlos; sie waren ein Spiegelbild seiner selbst und handelten zu 95 Prozent von der Liebe, der kindlichen, hoffnungslosen und hoffnungsvollen, der vorwurfsvollen, verlorenen und freudigen Liebe. »Die Botschaft lautete immer: Ich bin aufrichtig, und meine Gefühle sind beständig. Viele seiner Songs trieften vor Selbstmitleid. Der Mann, der über die größte Auswahl williger Mädchen verfügte, verweilte immer bei den Enttäuschungen unerwiderter Liebe, bei dem Kummer des abgewiesenen Freiers.« (Marianne Sinclair, Wen die Götter lieben, Reinbek 1984, S. 161)

Ständig wurde er von Reportern gefragt, ob er nun endlich das Mädchen seiner Träume gefunden habe. Und Elvis gab stereotyp zur Antwort: »Manchmal fühlte ich mich einsam unter Tausenden von Menschen. Und ich spüre, daß ich mit ihr, wer immer sie ist, nicht mehr einsam sein werde, egal wo ich gerade bin. Ich hab' das Mädchen bis jetzt noch nicht gefunden, aber ich werde es finden. Hoffentlich dauert's nicht zu lange.«

Während seines Militärdienstes in Deutschland lernte Elvis Priscilla Beaulieu, die Tochter eines Luftwaffenoberst kennen, die er auf Drängen seines Managers 1967 heiratete. Neun Monate später kam ihr gemeinsames Kind Lisa Marie zur Welt. Nach übereinstimmenden Augenzeugenberichten schien der Ehemann und Vater zunächst überaus glücklich zu sein, weil es immer sein Traum gewesen sei, sich mit dem »richtigen Menschen dauerhaft zu verbinden«. Aber schon bald betrog Priscilla ihren Ehemann mit dem Karatelehrer Mike Stone, dessen Geliebte sie wurde. Der maßlos enttäuschte Rock'n'Roll-König ließ sich 1973 scheiden und vereinsamte zusehends, denn er hatte nie gelernt, auf eigenen Füßen zu stehen.

Es gab ein anderes Bibelwort aus dem selben Kapitel des 1. Korintherbriefes, das er besonders gern hörte: »Als ich ein Kind war, da redete ich wie ein Kind und dachte wie ein Kind; als ich aber ein Mann wurde, tat ich ab, was kindlich war.«

Der Superstar ist immer ein Kind geblieben. Seine Mutterbindung war zu stark. Die unheilvolle Entwicklung begann mit seiner Geburt, genauer gesagt, mit der Totgeburt seines Zwillingsbruders Jessie, von dem seine Mutter so sprach, als sei er Elvis' großes Vorbild und riefe ihn ständig zu guten Taten auf. Andererseits überschüttete sie Elvis mit abgöttischer Liebe; sie ließ ihn bis zur Pubertät in ihrem Bett schlafen und hinderte ihn an einer gesunden Persönlichkeitsentfaltung. Als seine Mutter mit 42 Jahren 1958 starb, verlor Elvis seinen wohl einzigen Halt. Unbewußt sehnte er sich nach einem Mädchen, das seine Mutter ersetzen sollte.

Elvis' Vater Vernon galt als Versager und wurde später durch seinen Manager Tom Parker ersetzt, der Presleys Anlehnungsbedürfnis für seine eigensüchtigen Interessen erbarmungslos ausnutzte und für seinen frühen Tod mitverantwortlich war. Nach dem Tod des Rock'n'Roll-Königs waren mehrere Gerichtsverfahren anhängig; Parker sollte Elvis' Vermögen um Millionen geschmälert haben.

Drei Jahre vor seinem Tod träumte Elvis, ein Prozeß um sein

Leben sei geführt worden. Als Staatsanwalt sei Tom Parker und als Zeugin der Anklage Priscilla aufgetreten. Einen Verteidiger habe er nicht gehabt, seine Jungens hätten ihn alle verlassen. Und der Richter habe eine weiße Robe getragen und eine schwarze Arzttasche. Auf die Frage nach der Bedeutung dieses Traumes antwortete er seinem vertrauten Helfer James Caughley: »Es bedeutet, daß es bald zu Ende ist.«

Die letzten drei Jahre seines Lebens waren nach Aussagen der engsten Vertrauten die Hölle.

Einsamkeit, Lebens- und Todesangst wurden für ihn immer unerträglicher. Er wußte sich von keinem Menschen wirklich geliebt und fühlte sich in seinem Schloß von seinen Höflingen verraten und verkauft. Er war ein Gefangener seines Ruhms und Reichtums. Die süße Freiheit, alles tun zu können, worauf der steinreiche »König« Lust hatte, entwickelte sich zur Sklaverei. Tagsüber blieb er meistens im Bett, konsumierte Unmengen von Kuchen und Süßigkeiten. Zur Freßsucht gesellte sich die Pillensucht: Aufputschmittel und Tranquilizer, Appetitzügler und Schlaftabletten sollten das Unheil abwenden. Aber der Teufelskreis aus Einsamkeit und Angst wurde immer enger. Hinzu kam seine Verschwendungssucht und seine krankhafte Spendierlust, wohl eine Rache an seinem Übervater Tom Parker, dessen betrügerische Geschäftspraktiken er immer mehr durchschaute. Aber er war zu schwach, um sich von ihm zu befreien. So mußte er seine Ängste und Minderwertigkeitskomplexe auf andere Weise kompensieren. Umgeben von bewaffneten Leibwächtern, wagte Elvis nur noch nachts seinen goldenen Käfig zu verlassen. In einer Nacht kaufte er vierzehn Cadillacs und forderte eine alte Negerin auf der Straße auf, sich einen Cadillac auszusuchen. Trotz seiner Angst vor dem Fliegen bestellte er nacheinander vier Privatmaschinen. Seinen 40. Geburtstag verbrachte der Superstar im Bett, weil er zu deprimiert war, um aufzustehen.

Nach seinem Tod machte sich ein junger Mann zum Sprachrohr zahlreicher Elvis-Fans: »Alles, was wir ihm geben konnten, waren Bewunderung und Vergötterung, die ihn entmenschlichten und ihn so flach und zweidimensional machten wie das Poster von ihm an meiner Wand.«

»Ohne Gott bin ich erledigt«

Am Anfang seiner Karriere sagte der religiös ansprechbare Sänger: »Gott gab mir eine Stimme. Wenn ich mich von Gott abwende, bin ich erledigt.« Als 1956 ein Pressefoto um die Welt ging, wo Elvis zusammen mit seinen Eltern voller Hingabe Kirchenlieder singt, waren seine Fans irritiert und glaubten, ihr Idol wolle sie auf dem Arm nehmen. Bei Weihnachtsfeiern stellte er in seinen Shows gern Gospelgruppen vor, deren christliche Botschaft er seinen Zuhörern wärmstens ans Herz legte. Als Junge sang er selbst im Kirchenchor und 1967 brachte er sogar ein Schallplatten-Album mit geistlichen Liedern unter dem Titel »How great Thou art«, (Wie groß bist du.) heraus.

Seine Rebellion, die am Ende seines Lebens zu Wutausbrüchen und Gewalttätigkeiten führte, war letztlich der Ausdruck einer ungestillten Sehnsucht nach Liebe, Geborgenheit und Gott.

Am letzten Abend seines turbulenten Lebens soll Elvis nach Auskunft seines gewissenhaft recherierenden Biographen Albert Goldman recht zufrieden gewesen sein. Die 20jährige Ginger Alden, ein noch unberührtes Mädchen aus Memphis, die seine zweite Ehefrau werden sollte, war bei ihm; denn weil er sich von raffinierten Frauen und geldgierigen Männern hatte ausbeuten lassen, glaubte er, jungfräuliche Mädchen könnten ihn noch ohne Berechnung lieben. Nachdem Elvis bis drei Uhr morgens ferngesehen hatte, rief er Ginger zu sich und beschrieb ihr Brautkleid, das er sich mit zarten Rosenknospen vorstellte.

Seine neunjährige Tochter Lisa Marie, die er über alles liebte, war gerade zu Besuch. Um vier Uhr morgens klingelte er einen seiner Leibwächter aus dem Bett, um mit ihm im hauseigenen Sportcenter hinter der Villa Tennis zu spielen.

Die Sonne war bereits am Horizont zu sehen, als sie zu Bett gingen. Im Trainingsanzug warf sich Ginger aufs Bett und hörte im Halbschlaf, wie Elvis mehrfach um Schlaftabletten telefonierte. Kurz darauf stand er in einem blauen Pyjama vor ihrem Bett und sagte: »Ich geh' ins Bad und les' noch ein bißchen, mein Schatz.« In seiner Hand hielt er ein Buch über das Turiner Grabtuch. In diesem Buch wird vermutet, daß das Tuch das Grabtuch Jesu sei. Es will den Lesern helfen, an Jesus, sein Leiden und seine

Auferstehung zu glauben (deutsche Übersetzung: Jan Wilson, Eine Spur von Jesus, Freiburg 1980).

Stunden später lag Elvis Presley auf den Fliesen seines Badezimmers und starb an Herzversagen.

In seiner Begräbnisansprache soll Reverend Rex Humbard u.a. darüber berichtet haben, daß Elvis ihn in den letzten Weihnachtstagen zu einem seelsorgerlichen Gespräch ins Las Vegas-Hotel eingeladen hätte. Elvis wollte wissen, ob Jesus bald wiederkäme, und ließ sich ausführlich die biblischen Zeichen der Wiederkunft Jesu erklären. »Wir haben nicht mehr viel Zeit«, reagierte Elvis und bat den Pfarrer für ihn zu beten. Er begann zu weinen und zitterte vor Erregung. Plötzlich erschien seine Tochter Lisa Marie und fragte ihn, warum er weinte. Nach dem Gebet sagte Elvis zu Reverend Humbard: »Dies ist das schönste Weihnachtsgeschenk meines Lebens.«

Schallplatten:
»Twenty Greatest Hits«, Vol. 1 und 2; How Great Thou Art« (geistliche Songs); »Promised Land« (alle RCA).

The Beatles

»Wir sind auf der Suche nach etwas ganz anderem«

Es war einmal . . . So fangen alle Märchen an. Yesterday. Gestern, das heißt in den 60er Jahren, waren sie mal ganz oben, die weltberühmten Pilzköpfe aus Liverpool: John Lennon, Paul McCartney, George Harrison und Ringo Starr, genannt die Beatles. Nach Ansicht von Experten machten sie die bis dahin anspruchsvollste Unterhaltungsmusik. Königin Elisabeth verlieh ihnen den Orden des Britischen Empire, und der damalige Premierminister Wilson nannte die Beatles die »Geheimwaffe des britischen Außenhandelsministeriums«.

Die wohl erfolgreichste Beatband der Popmusik-Geschichte prägte Mode, Verhalten, Selbstverständnis, Weltgefühl und

The Beatles ©EMI Electrola, Köln

Denken von Millionen Jugendlichen in aller Welt. Im Dezember 1984 erlebte Liverpool eine stürmische Neuauflage des Beatles-Fiebers der 60er Jahre, als Exbeatle Paul McCartney zur Premiere seines Films »Give me Regards to Broad Street« seiner Heimatstadt einen Besuch abstattete und dem 42jährigen Multimillionär wie auch den andern Beatles die Ehrenbürgerschaft der Stadt verliehen wurde. Ein Jahr zuvor war ein Standbild der Beatles aufgestellt und ein Beatles Museum errichtet worden. Wie verstanden die Beatles sich selbst? Gingen ihre Wunschträume in Erfüllung?

Vor allem ihre weltweit beachteten Songs spiegeln ihre Lebenserwartungen und Enttäuschungen wider. »Gestern schienen meine Sorgen noch weit weg von mir. Jetzt stehen sie plötzlich wieder vor mir, und ich fühle mich wie ein halber Mensch. Wie ein Schatten verfolgen sie mich. Jetzt brauche ich einen Platz, um mich zu verstecken.« So singen sie in ihrem Welthit »Yesterday«.

Auf der Suche nach dem ersehnten Glück machen sie stets

dieselben Erfahrungen. Die kurzlebigen Glückserfahrungen zerplatzen wie schillernde Seifenblasen, und den ungelösten, quälenden Problemen können sie nicht davonlaufen. Sie machen sich zum Sprachrohr einer nach Geborgenheit suchenden jungen Generation. Ihren Unmut über das mangelnde Verständnis der Erwachsenenwelt bekunden die Beatles dadurch, daß sie bürgerliche Tabus lächerlich machten. Das waren die Beatles, wie ihre Fans sie mochten: Horror-Figuren für die ältere Generation. Ungezählt die Teenager, die in ihren Konzerten in hysterische Schreikrämpfe fielen. Ungezählt die Söhne, die Krach mit ihren Vätern hatten, weil sie sich weigerten, zum Friseur zu gehen.

Als die Beatles im Jahre 1963 vor der königlichen Familie auftraten, höhnte John Lennon sarkastisch: »Die Herrschaften auf den billigen Plätzen bitte im Takt mitklatschen. Die dort oben brauchen nur mit dem Schmuck zu klimpern.« Ob sie als Liverpooler Straßenjungen wohl im Traum daran gedacht hatten, einmal im königlichen Palast spielen zu dürfen? Im Jahre 1960 rockten die Halbwüchsigen wild darauflos in Liverpooler Straßenkneipen. Die mittellosen, aber begeisterten Musikanten träumten von Ruhm und Geld. Ihr mitreißender Rock'n'Roll-Rhythmus blieb nicht ohne Widerhall. In einer kleinen Fernsehshow in Manchester traten sie als »Moondogs« auf, nach dem Cliff-Richard-Hit »Blue Moon«. Aber kurz darauf erfand John Lennon einen neuen Namen: »Silver Beatles«, um an den Beat-Rhythmus zu erinnern. Cliff Richard war übrigens damals ihr großes Vorbild und Englands Popstar Nr. 1.

In dieser Zeit fanden sie auch einen cleveren Manager, den wohlhabenden jüdischen Schallplattenhändler Brian Epstein, der die wilden Rocker zu Stars machte. Samtjacken ersetzten die Lederkluft, auf einmal trugen die halbstarken »Silver Beatles« auch Krawatten. Und dann begann sich das Erfolgsrad zu drehen. 1962 wurde der erste Hit geboren »Love me do«. Ein Jahr später gab es allein in Liverpool 350 Beatgruppen. Zwischen 1962 und 1967 schrieben die Beatles 230 Songs, fast jede Woche einen, und sie verkauften über zweihundert Millionen Schallplatten. Ihre Traumkarriere ist rational nicht zu erklären. Eine Massenhysterie brach aus, und der Beatles-Wahn wurde zum Millionengeschäft.

Christiane Ehrhardt schreibt in ihrem Buch »Die Beatles« (S. 83): »In Zeiten, da Gott verborgen ist, sucht sich die Seele einen Ersatz, der ihre Sehnsüchte stillt und ihre Hoffnungen nährt und ihr Verlangen erfüllt, sich vom Absoluten ein Bild zu machen. Natürlich können sie nicht Gott sein. Aber man verehrt sie mit derselben Hingabe wie Gott.«

Tausende von Liebesbriefen gingen regelmäßig bei der Geschäftsstelle der Beatles ein: »My Darling Paul! Das wird ein sehr kurzer Brief; denn meine Augen sind voller Tränen. Ich werde niemals einen andern lieben und heiraten können. Nie mehr sollen mich andere Arme umfassen, denn du bist alles auf der Welt, was für mich noch einen Sinn hat. Deine siebzehnjährige Petra.« (Chr. Ehrhardt, Die Beatles, Gießen 1965, S. 151)

Auch die Beatles wußten, daß ihre Songs wie Botschaften wirkten, die ein Junge einem Mädchen – und umgekehrt – zukommen läßt:

> »Komm, hab mich lieb. Du weißt, ich liebe dich. Ich will immer treu sein. Bitte, hab mich lieb.«

Die »Times« sah in den Beatles-Texten ein wichtiges Barometer für unsere Gesellschaft, da sie Gefühle formulierten, die von Schülern in jedem Klassenzimmer geteilt würden.

Ihre großen Konzerttourneen führten in nahezu alle Erdteile. Und überall die gleichen Bilder: Polizei schon auf dem Flughafen, Polizei vor dem Hotel, Polizei vor der Konzerthalle. Zehntausende von jubelnden Fans, die alle glaubten, durch eine flüchtige körperliche Berührung mit ihren Idolen würde ihnen ein Plätzchen im Rockhimmel reserviert. Für die Beatles selbst war es oft die Hölle. Ihre Amerika-Tournee 1964 kommentierte John Lennon so: »Es sah überall gleich aus. Es roch überall gleich. Das Bier schmeckte überall gleich, und es klang alles gleich.« Am Schluß blieb immerhin eine Rekordeinnahme von vier Millionen Mark in der Kasse der Beatles.

Beeindruckt zeigten sich die Liverpooler Musikanten von der Begegnung mit dem damals bereits legendären Popsänger Bob Dylan, ihrem Lehrmeister in Sachen Musik, aber auch in Sachen Drogen. Auf die Frage, welche Drogen die Beatles genommen hätten, antwortet John Lennon: »Ich muß etwa 1000 LSD-Trips gemacht haben. Ich schluckte es jahrelang. Als George Harrison und ich es in Los Angeles schluckten, waren wir so high, daß wir das Essen auf den Fußboden kippten und es anschließend fraßen. Später nahm ich Aufputschpillen und Haschisch. Die andern auch.« Auf der Suche nach einer heilen Welt gerieten die Beatles immer mehr in den Sog abgrundtiefer Sinnlosigkeit. Die jahrelange Schufterei im Plattenstudio, der Tourneestreß und die unermüdliche Belagerung durch Fans machten die Beatles allmählich mürbe und kaputt.

»Wir sind berühmter als Jesus«

Auf dem Höhepunkt ihrer Karriere, Mitte der 60er Jahre, ließen sich die millionenschweren Stars überall feiern, auch wenn sie sich manchmal lustig machten über die weltweite Beatle-Manie. John Lennon verstieg sich sogar zu der größenwahnsinnigen Äußerung, die Beatles seien populärer als Jesus. Wörtlich sagte er: »Das Christentum ist out, einfach überholt. Es wird verschwinden, immer bedeutungsloser werden. Es wird sich erweisen, daß ich recht habe. Wir sind berühmter als Jesus.«

Tatsächlich klagten Englands Kirchen darüber, daß die Gotteshäuser von Jugendlichen gemieden würden. Ein Cartoonist brachte die Situation mit folgender Zeichnung zum Ausdruck: Im Hintergrund eine alte Frau, auf einer Tafel die Frage: »Warum stehen unsere Kirchen leer?« Antwort: »Ihr müßt brüllen.«

Tatsächlich explodierten die Beatles mitten in einer ermatteten Umwelt. Sie waren der Stoff, aus dem die Schreie gemacht wurden. Hier war sowohl die körperliche als auch die atmosphärische Erregung, die den Aufstand der Jugend symbolisierte. Der schrille Schrei stößt tief in die Seele und erregt das Gemüt. Wer schreit, braucht Hilfe. Nichts anderes taten die Beatles in ihren Liedern. Tatsächlich gestand John Lennon, »Help« sei ein Hilfeschrei der Beatles: »Als ich jünger war, viel jünger als jetzt, lehnte ich jede Hilfe ab. Aber jetzt sind die Zeiten vorbei. Ich bin nicht mehr so selbstsicher. Ich habe meine Meinung geändert. Hilf mir, wenn du kannst. Ich bin niedergeschlagen. Hilf mir. Ich brauche Boden unter den Füßen. Bitte, bitte, hilf mir.«

Der Mythos begann abzubröckeln. John Lennon nahm noch einmal Stellung zu seiner Äußerung, die Beatles seien populärer als Jesus: »Es tut mir leid, den Mund aufgemacht zu haben; denn ich bin weder gegen Christus, noch gegen Gott oder Religion. Ich habe nicht gesagt, daß wir größer oder besser seien.«

Während namhafte Musikkritiker überschwengliche Lobeshymnen auf die Popstars anstimmten, traf das Quartett auf dem Zenit seines Ruhms ein empfindlicher Schlag. Manager Brian Epstein, den die Beatles wie einen Vater verehrten, starb am 28. August 1967. Der 32jährige hatte das Leben satt, war schweren Depressionen und der Tablettensucht verfallen. Als John Lennon die Todesnachricht erhielt, sagte er: »Ich habe Angst, ich glaube, jetzt bricht alles zusammen.«

Der Yogi Maharishi Mahesh-Trip

In ihrer Hilflosigkeit klammerten sich die Beatles an den indischen Guru Yogi Maharishi Mahesh, der sie in die Geheimnisse seiner Transzendentalen Meditation einweihen sollte. Dafür war den seelisch leergebrannten Superstars kein Opfer zu groß. Der zottelhafte, ergraute, kleinwüchsige Hindu-Mönch aus dem fernen Osten überredete die Beatles zu einem dreimonatigem Meditationskurs im sogenannten »Traumland am heiligen Ganges«. Für seine berühmten Gäste ließ der reich begüterte Guru seinen Ashram in Rishikesh renovieren und einen Hubschrauberlandeplatz anlegen. Lautstark verkündete der selbsternannte »Heiland vom Himalaya«: »Jetzt folgen mir die Beatles – und vielleicht bald auch ihre in die Millionen zählenden Fans.« Der Schlüssel zu seiner Transzendentalen Meditation ist nach seinen eigenen Aussagen denkbar einfach: »Einfach dasitzen und intensiv an eine Sache denken. Ganz gleich – woran. Ihr könnte auch an euer Auto denken. Ihr meditiert. Und ihr fühlt auf einmal ein Glück und eine Ruhe, die unbeschreiblich ist.« So einfach ist das für Yogi Maharishi Mahesh.

Nach hinduistischem Verständnis ist jeder Mensch ein Teil Gottes. Der Mensch ist demnach kein Geschöpf Gottes, das dem Schöpfergott gegenübersteht, sondern letztlich Gott selbst tief in seinem Innern. Deshalb sucht der Hindu sein Heil in der Selbstversenkung. Deshalb heißt Beten für den Hindu Selbstgespräch. Der so Meditierende versenkt sich, um zu versinken.

Auf den ersten Blick kann man vielleicht verstehen, warum die konsumorientierten und lebenssatten Wohlstandsbürger vorübergehend diese Meditationsübungen in der weltabgeschiedenen Mönchsklause als wohltuend empfanden. Aber sehr bald wurde ihnen bewußt, daß es beim bloßen Selbstgespräch nicht bleiben konnte; denn letztlich standen sie ja mit sich selbst auf Kriegsfuß. In dieser aussichtslosen Lage brauchten sie jemanden, der ihnen eine lebenserneuernde Kraft vermittelte, der ihnen Trost und Orientierung geben sollte. Man wird unwillkürlich an ihr Lied »Help« erinnert: »Hilf mir, ich versinke. Wer gibt mir wieder einen festen Grund unter meine Füße?« Vielleicht hätte ihnen ein Gebet aus dem Alten Testament geholfen (Psalm 40): »Der Herr neigte sich zu mir und hörte mein Schreien. Er zog mich aus der Grube des Verderbens, aus tiefem Schlamm, und stellte meine Füße auf den Fels, machte fest meine Schritte, gab mir ein neues Lied in den Mund, einen Lobgesang auf unsern Gott.«

Die orientierungslosen Beatles setzten ihre Hoffnungen allein auf Yogi Maharishi Mahesh und wurden schließlich maßlos enttäuscht. Mit dem bitteren Gefühl, einem Scharlatan aufgesessen zu sein, nahmen die Irregeführten Abschied von Indien. Der scheinheilige Guru war jetzt in ihren Augen »ein von sich selbst überzeugter, maßloser Schwindler«, der sich wohl für ihr Geld und die mitgereiste Schauspielerin Mia Farrow interessierte, aber nicht an ihr Seelenheil dachte. Beatle Ringo Starr verriet den Journalisten: »Wir sind immer noch auf der Suche nach etwas ganz anderem.«

»Der Traum ist aus«

Die Beatles zogen Bilanz: Ihr väterlicher Freund und Manager Brian Epstein war tot, der indische Guru hatte sie enttäuscht und die in ihren Liedern artikulierte Sehnsucht nach Liebe und Geborgenheit war ungestillt geblieben. Daß Millionen von Menschen in aller Welt allein von 1963 bis 1970 1000 Millionen Mark für Schallplatten der Beatles ausgegeben hatten, war für die 30jährigen Superstars nur ein schwacher Trost.

John Lennon und Paul McCartney wandten sich in ihrer Seelennot an Mutter Maria. So heißt es in ihrem Song »Let it be«: »Wenn ich niedergeschlagen bin, kommt Mutter Maria zu mir und spricht Worte der Weisheit: Nimm es hin. Und wenn die Nacht bewölkt ist, gibt es noch ein Licht, das mich anstrahlt, und es scheint bis zum nächsten Morgen: ›Nimm es hin‹ wird mir immer wieder zugeflüstert.«

Sie blieben bei Mutter Maria stehen, die sie verehrten wie eine überirdische Mutter. Die verlorenen Söhnen wagten nicht die Heimkehr ins Vaterhaus Gottes, der ihre religiöse Sehnsucht gestillt hätte.

Im Jahre 1970 zerstörten die Beatles ihren eigenen Mythos, allen voran ihr Gründer und Wortführer John Lennon: »Ich glaube nicht mehr an Mythen, und die Beatles sind ein Mythos geworden. Der Traum ist aus, nicht nur der Traum von den Beatles, auch der Traum von einer neuen Generation.«

Die Gruppe löste sich auf, und jeder Beatle ging fortan seinen eigenen Weg. Am schlimmsten erwischte es John Lennon, der wochenlang Tag und Nacht in quälender Einsamkeit hinter verschlossenen Türen allein blieb, bis er sich von dem New Yorker Psychotherapeuten Arthur Janov behandeln ließ. Mit täglichen Urschreien versuchte er, seine Seelenpein loszuwerden: »Warum leide ich so viele Schmerzen, warum muß ich so viele Drogen nehmen?« Janov, der heute in Paris praktiziert, sagte: »John war seinem Schmerz gegenüber weit offen, so daß er ganz einfach zu Drogen greifen mußte, um ihn zu verdrängen. Er empfand so intensiv, daß er sich nicht anders zu wehren wußte.« Am Ende einer langwierigen Behandlung hatte er lediglich gelernt, mit seinen Schmerzgefühlen zu leben und zu arbeiten.

John Lennon wird ermordet

Fortan stürzte sich John Lennon wieder in die Arbeit, kämpfte für den Frieden und vor allem für das Glück zu zweit. Er trennte sich von seiner ersten Frau und heiratete die sieben Jahre ältere asiatisch-amerikanische Künstlerin und Bankierstochter Yoko Ono, die er bis an sein Lebensende geradezu abgöttisch verehrte.

Gemeinsam veranstalteten sie anfangs Werbekampagnen für Frieden und Gewaltlosigkeit, aber letztlich fehlte ihnen die Kraft und die Hoffnung auf ein gutes Ende. John Lennon: »Ich hatte mich immer schuldig gefühlt, weil ich Geld machte. Deshalb mußte ich es ausgeben oder es verlieren.« Enttäuscht von der unverbesserlichen, dem Chaos zutreibenden Welt, flohen Yoko und John in den gemeinsamen Liebesrausch. Wo der Glaube an Gott gestorben ist, was bleibt da anderes übrig, als die Wärme des Partners zu suchen, solange er lebt? In einem seiner letzten Songs singt John Lennon: »Unser gemeinsames Leben ist wunderbar ... Laß uns die Chance wahrnehmen und dorthin fliegen, wo wir alleine sind. Die Zeit rast so schnell dahin. Darum laß uns sofort starten.«

Und dann kam jener denkwürdige Dezembertag 1980. Vor dem Eingang des Hauses, in dem John Lennon wohnte, stand der offenbar psychisch gestörte David Chapman, der sich selbst für den echten John Lennon hielt. Als John Lennon sein Haus betreten wollte, ermordete ihn Chapman mit fünf Revolverschüssen. Nun war der langjährige Traum, die Beatles würden noch einmal gemeinsam auftreten, endgültig dahin.

Drei Tage vor seiner Ermordung hatte John Lennon sein letztes Interview gegeben und gesagt: »Alles, was ich sage: Gebt dem Frieden eine Chance. Ich fühle mich nicht wie 40. Ich fühle mich wie ein Kind, und ich habe noch so viele gute Jahre vor mir. Ich hoffe, daß ich vor Yoko sterbe; denn ich wüßte nicht, wie ich ohne sie weiterleben könnte.«

John Lennons Leiche wurde auf Wunsch seiner Witwe Yoko Ono verbrannt. Zu einer Massen-Gedenkveranstaltung hatten sich 100000 Menschen im New Yorker Central-Park versammelt, um für Johns Seele zu beten.

»All you need is love«

Die wichtigste Lektion im Leben eines Menschen brachten die Beatles zumindest in ihrem Song: »All you need is love« zum Ausdruck. Alles, was du brauchst, ist Liebe. Aber diese Liebe, nach der sich jeder Mensch sehnt, ist mehr als ein flüchtiger Liebesrausch, eine beglückende Partnerschaft oder die aufopfernde

Nächstenliebe. Wir Menschen brauchen die Gewißheit, daß Gott größer ist als unser Herz, wie es einmal der Apostel Johannes formuliert hat.

Diese Ahnung hat die Beatles eigentlich nie losgelassen. Der Beatle Paul McCartney hatte schon früher das Verlangen, mit Gott ernstzumachen. Sein Wahlspruch lautet: »Glaube an Gott, und du wirst sehen, wie sein Licht deinen Tag erhellt.«

Und Beatle George Harrison schreibt in seinem 1980 veröffentlichten Buch »I Me Mine«: »Ich habe früher nie über Gott nachgedacht, mochte noch nicht einmal das Wort Gott aussprechen. Es war mir unangenehm; denn es klang so fremd. Und doch wischte dieses Wort eines Tages alle Ängste und Zweifel fort. Das ist der Grund, warum ich sang ›My sweet Lord‹. Seither geht es für mich darum, diesen kleinen Lichtschein nicht mehr aus den Augen zu verlieren, bis er größer und heller wird.«

Literatur:

Günther Klempnauer, Jugend aktuell, Wuppertal 1969
William F. Spencer, Das war John Lennon . . ., München 1980
Simon Frith, Jugendkultur und Rockmusik, Reinbek 1981
Tony Palmer, All you need is love, München 1979
Tibor Kneif, Rockmusik, Reinbek 1982
»Die Zeit« Nr. 52/1980; »Der Spiegel« Nr. 11/1968; »Welt am Sonntag« Nr. 52/1980

Rundfunksendung:

»The Beatles« (e.r.f. junge welle) am 11. 2. 1981 von Günther Klempnauer

Schallplatten:

»The Beatles 1962–1966«, »The Beatles 1967–1970«; »Help«, »Yellow Submarine«, »Magical Mystery Tour« (alle Electrola)

Bob Dylan

Vom Idol der Jugendrevolte zum christlichen Provokateur

Der englische Schriftsteller Michael Gray hat sicherlich recht: »Wer die Generation verstehen will, die im Westen zwischen den 60er und den 80er Jahren aufgewachsen ist, muß Bob Dylans Kunst studieren.«

Der wohl genialste und kreativste Songschreiber der 25jährigen Rockmusikgeschichte prägte Verhalten und Stil berühmter Musikgruppen entscheidend. So bekannte u.a. John Lennon, Inspirator, Texteschreiber und Sänger der »Beatles«: »Ich fing an, über meine Gefühle nachzudenken und versuchte, meine Empfindungen über mich selbst auszudrücken. Ich glaube, Dylan hat mir geholfen, das zu kapieren, indem ich seine Lieder gehört habe.«

Dylans Welttourneen führten den Folk- und Rocksänger der 60er, 70er und 80er Jahre in viele Erdteile und lösten bei seinen Fans überwiegend Sympathie und Enthusiasmus aus, bis der exzentrische amerikanische Künstler seinen eigenen Mythos zerstörte: »Ihr habt mich zum Erlöser hochstilisiert, und ich habe mitgespielt. Mein bisheriges Leben war eine Lebenslüge, die von der Welt als Wahrheit gehandelt wurde.« Den entscheidenden Kurswechsel vollzog das Idol der Jugendrevolte Ende der 70er Jahre durch seine Hinwendung zum christlichen Glauben.

»Die Antwort verweht mit dem Wind«

Bob Dylan wurde am 24. Mai 1941 als Robert Allen Zimmermann in Duluth im amerikanischen Bundesstaat Minnesota geboren. Bereits als Fünfjähriger brachte sich Bob, ein Sohn jüdischer Eltern, das Klavierspiel selbst bei und bekam mit 10 Jahren von seinem Vater eine billige Gitarre geschenkt. Kurz darauf kaufte er sich noch eine Mundharmonika und befestigte sie an einem Drahtgestell, das er um den Hals hängte, um gleichzeitig Gitarre und Mundharmonika spielen zu können, was er bis heute beibehalten hat. Inzwischen war die Familie nach Hilbing nahe der kanadischen Grenze umgezogen, wo Vater Abraham Zimmermann Mitinhaber einer Elektrohandlung wurde. Bob interessierte sich immer mehr für die amerikanischen Folk- und Rock'n'Roll-Sänger. Angeregt durch den Jugendproblemfilm »Saat der Gewalt« mit Bill Haley gründet der musikbegeisterte Bob seine erste Rockband, komponiert eigene Lieder und spielt auf Jugendveranstaltungen.

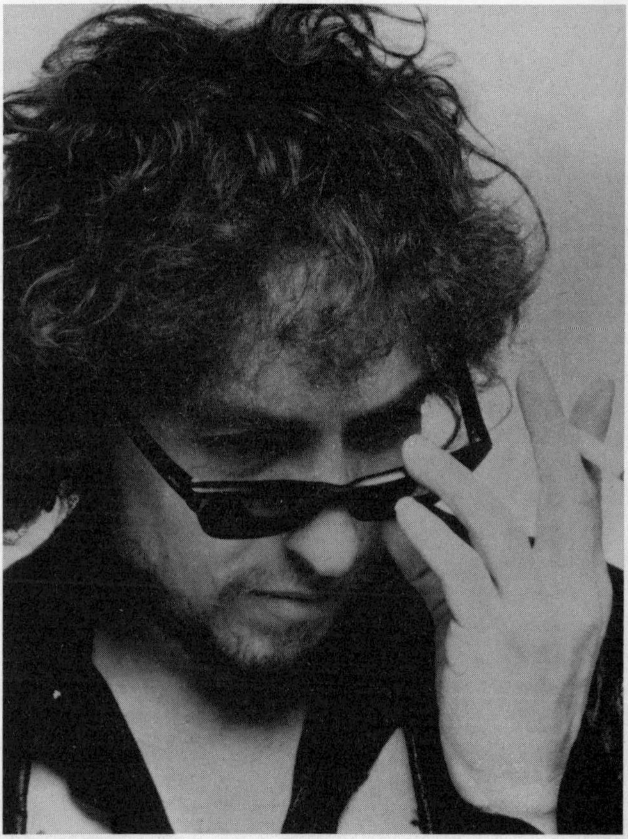

Bob Dylan ©CBS

In jener Zeit schwärmte er für den neuen Filmhelden James Dean (Jugendproblemfilm »Denn sie wissen nicht, was sie tun« 1956), kleidete sich wie sein Filmidol und ratterte mit dem Motorrad durch die Gegend.

Als er 1959 die Schule verließ, hatte er sich schon seinen Künstlernamen Bob Dylan zugelegt. Von unbändigem Freiheitsdrang erfüllt, brach Dylan das begonnene Kunststudium an der Universität in Minnesota ab, trampte nach New York, wo er als kaum 20jähriger mit seiner rauhen Stimme selbstverfaßte gesellschaftskritische Songs zu Gitarre- und Mundharmonika-Klängen in Kneipen und Cafes vortrug. Hier entdeckt ihn der millionenschwere CBS-Schallplattenproduzent John Hammond, der den talentierten Folksänger unter Vertrag nimmt. »Blowin' in the wind« wird Dylans erster erfolgreicher Hit (1961). In diesem Song stellt er unbequeme Fragen: »Wie weit muß einer gegangen sein, bis er als Mensch etwas gilt? Wie viele Augen braucht ein Mensch, bis er all das Elend sieht? Wie lange müssen die Kugeln fliegen, bis man sie endlich verbannt? Wie viele Jahre überlebt ein Volk, dem man keine Freiheit gewährt?«

Und im Refrain heißt es: »Die Antwort, mein Freund, weiß ganz allein der Wind.« Dylan weigerte sich auch gegenüber seinen Freunden, über seine Songs zu sprechen, sie sprächen für sich selbst. Sein spärlicher Kommentar zu diesem Lied lautete: »Die Antwort flattert im Wind. Man findet sie nicht in einem Buch oder in einer Fernsehshow. Wie ein Blatt Papier flattert sie im Wind und muß einmal runterkommen. Das Problem besteht darin, daß niemand die Antwort aufhebt, wenn sie runterkommt, und deshalb fliegt sie wieder davon.«

Sympathie für Martin Luther King

Der engagierte Protestsänger sympathisierte mit Martin Luther King im Kampf um die Gleichberechtigung der Schwarzen in den USA. Die junge Generation wollte sich nicht mehr abfinden mit einer satten Wohlstandsgesellschaft, mit sozialer Ungerechtigkeit und der Diskriminierung von Minderheiten.

Zwei Jahre später (1963) schrieb Dylan seinen nächsten Erfolgshit »The Times they are changin« (Die Zeiten ändern sich). Darin beflügelte er Kampfgenossen: »Haltet die Augen offen; denn es kommen andere Zeiten. Der Kampf geht weiter.« Der Sänger appellierte an alle Bevölkerungsgruppen: »Kommt näher, ihr Leute, wo immer ihr seid, und gesteht, daß rings um euch die Flut immer höher steigt ... Kommt, Senatoren ..., stellt euch nicht stur. Kommt, Mütter und Väter im ganzen Land ... Eure Söhne und Töchter sind euch davongerannt. Mit eurem alten Weg könnt ihr nur scheitern ...«

Wenige Monate später marschierten 300 000 Anhänger der Bürgerrechtsbewegung nach Washington, wo Martin Luther King seine berühmt gewordene Rede hielt: »Ich habe einen Traum, daß meine vier kleinen Kinder in einer Nation leben werden, in der man sie nicht nach ihrer Hautfarbe, sondern nach ihrem Charakter beurteilen wird ... Ich habe einen Traum, daß eines Tages jedes Tal erhöht und jeder Hügel und Berg erniedrigt wird. Die rauhen Orte werden geglättet und die unebenen Orte begradigt werden. Und die Herrlichkeit des Herrn wird offenbar werden, und alles Fleisch wird es sehen.« (Martin Luther King, Testament der Hoffnung, Gütersloh ^{5}1983, S. 124)

Fünf Jahre später wurde Martin Luther King ermordet. In der Vorahnung seines Todes sagte der farbige Baptistenpfarrer und Bürgerrechtskämpfer am Vorabend seiner Ermordung: »Wie jeder andere würde ich gern lange leben ... Aber darum bin ich jetzt nicht besorgt. Ich möchte nur Gottes Willen tun ... Ich fürchte niemanden. Meine Augen haben die Herrlichkeit des kommenden Herrn gesehen.« (M. L. King, S. 117)

Bob Dylan war fasziniert von diesem Mann Gottes, von seinem Bekennermut, von seinem gewaltlosen Kampf für die Außenseiter der Gesellschaft, von seiner Hoffnung inmitten des Chaos. Aber in jener Zeit wußte er noch nichts von der Kraft des Glaubens, von der Bindung an Christus, die für Martin Luther King das tragende Lebensfundament war.

Dylan zeigte sich maßlos enttäuscht über die mangelnde Resonanz. Kaum einer der 300 000 Demonstranten in Washington beherzigte den leidenschaftlichen Appell Martin Luther Kings. Noch im selben Jahr 1963 wurde der amerikanische Präsident John F. Kennedy ermordet. Der anfangs hoffnungsvolle Protestler resignierte und wandte sich zunehmend von der korrupten Wohlstandsgesellschaft ab.

»Hilflos wie ein rollender Stein«

Rocksänger Dylan suchte sein Heil fortan im Ego-Trip: »Für mich geht's jetzt darum, mein eigenes Leben zu leben. Ich sag' dir, ich bin bereit, alles auszuprobieren, um einen Durchblick zu kriegen. Sex und Drogen und alles tun, was Spaß macht.«

Mit diesem plötzlichen Kurswechsel des Superstars bekommt die im Keim aufbrechende »Hippie-Bewegung« ihren entscheidenden Impuls, die wie Dylan selbst in der Verzweiflung des Drogenrausches endet. Dylan bricht endgültig mit der seelenlosen Leistungsgesellschaft. In seinem nächsten Erfolgslied »Like a rolling stone« schaut er hinter die Kulissen der Wohlstandsgesellschaft. Der zynische Sänger unterhält sich mit Miss Lonely, Fräulein Einsamkeit, die zwar die besten Schulen besucht, aber niemals gelernt hat, das Leben zu meistern. Und er fragt sie: »Wie findest du das, so vollkommen allein, so einsam zu sein wie ein rollender Stein?« Und letztlich meint er sich selbst.

Im August 1966 erlitt Bob Dylan bei einem Motorradunfall schwere Verletzungen. Monatelang schwebte er in Lebensgefahr. Er mußte für zwei Jahre pausieren und zog Lebensbilanz. In einem Song sang er danach: »Ich habe alles durchgemacht und bin zur Leblosigkeit erstarrt.« Schließlich offenbarte der Verzweifelte, seine Protestsongs gegen Krieg, gegen soziale Mißstände und Atombombenversuche seien in Wirklichkeit ein Protest im Namen seines eigenen verwirrten und leidenden Wesens.

Vorübergehend fand der enttäuschte Künstler Trost in den Armen seiner Frau Sarah, die er geradezu abgöttisch liebte. Sarah war für ihn ein »süßer, jungfräulicher Engel«: »Wenn ich dich nicht hätte, wäre ich restlos verlassen.«

Der sensible Star ließ sich nur noch sporadisch im Rampenlicht feiern. Höhepunkte waren seine Auftritte auf der englischen Insel »Isle of Wight« im Jahre 1969 vor 250 000 Zuhörern sowie seine Tournee durch die USA im Jahre 1974, wo binnen einer Stunde alle 658 000 Eintrittskarten verkauft waren und weitere vier Millionen Interessenten das Nachsehen hatten.

Ein Jahr später brach Dylans mühsam zusammengeflickte sogenannte »heile Welt« endgültig zusammen, weil sich Sarah nach 10jähriger Ehe von ihm scheiden lassen will. »Nichts als Finsternis habe ich zu verlieren«, gestand er. Vorübergehend beriet ihn die kalifornische Hellseherin Tamara Rand, und Allen Ginsberg wies ihn in Yoga-Praktiken ein. Jahrelang zog sich die Scheidung hin, bis Dylan endlich bereit war, seiner Frau Sarah 27 Millionen Mark Abfindung zu zahlen.

Leidenschaftliches Bekenntnis zu Jesus

Zu einer Welttournee brach der Rockstar 1978 auf, die ihn auch nach Deutschland führt, wo er in vier Konzerten 100 000 Zuhörer erreicht. Die ihn begleitenden Musiker Steve, Burnett und David waren kurz vor Reiseantritt Christen geworden und beeindruckten Dylan durch ihren unerschütterlichen Lebensmut und ihre Glaubenszuversicht. In die USA zurückgekehrt, wandte der sich nach Gott sehnende Künstler einem intensiven Bibelstudium zu. Hören wir ihn selbst: »Es ist schon bezeichnend, daß die meisten Leute glauben, Jesus könne nur dann in ihr Leben treten, wenn sie am Boden zerstört oder einfach alt und widerstandslos geworden sind. Bei mir war das ganz sicher nicht der Fall. 1978 hatten wir eine erfolgreiche Tournee hinter uns gebracht. Ich war zufrieden und gut beisammen. Ganz beiläufig erzählte mir einer meiner besten Freunde etwas über Jesus. Zuerst kam mir das alles sehr fremd vor. Ich wollte die Auseinandersetzung mit diesem Thema auf später verschieben.«

Doch dann wurde ihm bewußt, daß ihm die Meinung dieses Freundes immer viel bedeutete. Und da er gerade nichts zu tun hatte, rief er ihn an und stellte ihm eine Menge ehrlicher Fragen wie: »Der Sohn Gottes, was bedeutet das überhaupt?« oder »Was heißt: Er stirbt für meine Sünden?« Dylan erzählt weiter: »Ich war überzeugt, daß Jesus nicht in mein Leben treten würde, um es in irgendeiner Form zu erschweren. So kam eins zum andern, bis ich eines Tages eine Vision hatte. In dem Raum, in dem ich mich befand, gab es plötzlich eine so ungeheure körperliche Präsenz, daß es einfach nur Jesus sein konnte . . . Die Begegnung mit Jesus hat meine Lebenseinstellung grundlegend verändert. Zwar

war mir schon immer bewußt, daß es einen Gott geben mußte, einen Schöpfer des Universums. Doch die Beziehung zwischen Jesus und diesem Schöpfer war bis zu diesem Zeitpunkt für mich einfach nicht vorhanden.«

Dylan schildert weiter, wie er Christus näherkam, als er die Einladung zu einem dreimonatigen Bibelkurs annahm: »Zuerst sagte ich mir: Nie und nimmer werde ich drei Monate meines Lebens dafür opfern. Ich muß wieder auf Tournee, was machen. Doch eines Morgens saß ich um sieben Uhr hellwach im Bett und konnte nicht anders, als mich anzuziehen und zur Bibelschule zu fahren. Bis dahin hatte ich niemandem davon erzählt, daß Jesus für mich da war. Ich dachte, man würde nur sagen: ›Alter, mach' keinen Spruch‹; denn die meisten meiner Freunde haben mit Christi Auferstehung nichts am Hut. Wenn überhaupt, dann ist Jesus für sie nur ein Prophet unter vielen. Für mich hingegen sah das nun anders aus. Früher war die Bibel für mich nur Literatur. Ich hatte nie gelernt, mit der Bibel sinnvoll umzugehen.« Der zu Christus bekehrte Jude fand seine geistliche Heimat in der evangelischen Vineyard Community Church in Nord Hollywood.

Was Dylan sonst über seinen Glauben an Christus zu sagen hatte, drückte er vor allem in den nun folgenden Langspielplatten aus: »Slow Train Coming« (1979), »Saved« (1980) und »Shot of love« (1981). Der neue Bob Dylan entwickelte sich zum christlichen Provokateur. Die herausfordernden Texte seiner LP »Slow Train Coming« sprechen für sich: »Ich glaube an dich trotz Tränen und Gelächter. Halte mich fest, Herr, weil ich nur in deiner Nähe erneuert werde. Was du mir heute gegeben hast, ist mehr wert, als ich bezahlen könnte. Ich weiß, daß ich standhalten werde, weil ich an dich glaube.«

Man sagt dem »Propheten der Jugendkultur« nach, er habe immer ein Gespür für die Zeichen der Zeit gehabt. Machte Dylan sich diesmal zum Sprachrohr einer schweigenden Mehrheit suchender Jugendlicher, deren Sehnsucht nach einem liebenden Gott bisher ungestillt geblieben war?

Ein gottloser Sturm der Entrüstung brach los. So entrüstete sich die britische Musikzeitschrift »Melody Maker«: »Wir sind Bob Dylan ja nun durch alle Phasen gefolgt, dem rebellischen Folksänger, dem Rock'n'Roll-Freak, dem musenhaften Mystiker und dem geschiedenen Ehemann – aber Bob Dylan als Bibelschwinger schlucken wir nicht mehr ...«

Aber es kam noch schlimmer. Ein Jahr später (1980) erschien seine Langspielplatte »Saved« (gerettet, erlöst). Im Titelsong »I am saved« bekannte Dylan unmißverständlich: »Ich bin gerettet. Ich bin so froh. Ich möchte dir danken, Herr; denn ich bin erlöst durch dein Blut, das du für mich vergossen hast ... Seine Gnade hat mich berührt. Sein Wort hat mich geheilt. Seine Kraft hat mich aufgerichtet. Seine Liebe hat mich sicher gemacht ... Keiner hätte das fertiggebracht. Wie konnte ich mich diesem Gott nur solange verschließen?«

In seinem Lied »Solid Rock« ließ der unerschrockene Sänger seine Zuhörer wissen: »Ich stehe auf einem Felsengrund, der bereits vor Gründung der Welt da war. Und ich kann dieses Lebensfundament nie mehr verlassen.« Bob Dylan fühlte sich wie einer, der zum Tode verurteilt war, nun aber von Gott begnadigt worden ist. Im Refrain heißt es: »Es gehört zum Wesen dieser gottlosen Welt, gegen den Geist Gottes zu kämpfen, vierundzwanzig Stunden am Tag. Du kannst es fühlen, und du kannst es hören.«

Der Kommentator der Musikzeitschrift »Audio« machte daraus ein Märchen: »Es war einmal ein berühmter Sänger. Der sang Protestlieder und verdiente damit Millionen. Und als die Protestwelle versiegte, wechselte er zur elektrischen Gitarre. Und er kaufte sich einen Rolls Royce, eine große Luxusvilla, noch einen Rolls Royce und noch eine Villa. Und da das alles sehr viel Geld kostete, wollte er wieder in die Schlagzeilen. Und aus dem gläubigen Juden wurde ein gläubiger Christ ...; denn er wollte seine neuen Glaubenserkenntnisse anderen Geplagten mitteilen. Er nannte seine Platte ›Saved‹ und war von Stund an gerettet, mindestens finanziell. Nur ein Märchen?«

Das »Märchen« bestand darin, daß Dylans Plattenumsätze nicht anstiegen, sondern erschreckend zurückgingen. Auf meinen Protest bei seiner Schallplattenfirma CBS, es sei ungeheuerlich, ausgerechnet seine gehaltvollen christlichen Schallplatten ohne Textbeilage auszuliefern, bekam ich zur Antwort: »Solche eindeutigen, christlichen Texte können wir unmöglich veröffentlichen.«

Das Bremerhavener Sonntagsjournal überschrieb die Plattenbesprechung mit der Aufforderung »Weghören«. Der Kritiker meinte: »Zum erstenmal seit gut einem Jahrzehnt habe ich darauf verzichtet, die jüngste Langrille des Folkrock-Altmeisters meiner Plattensammlung einzuverleiben. Mir hat's gereicht. ›Saved‹ heißt das schauderhafte Werk. Aber wenn man dem guten Bobby auf seinem Jesus-Trip lauscht, ist er wohl nicht mehr zu retten.«

Wenn auch der Redakteur vom »Musik-Express« »Dylans Gelaber als grauenhaft« bezeichnete, fand er immerhin noch einen positiven Aspekt: »Dylans Stimme fasziniert mich wie eh und je, seine Melodien klingen gefällig. Bob Dylan hat für sich persönlich einen Weg gefunden, der ihm offenbar besondere Lebensfreude schenkt. Andere nehmen Alkohol und Opium. Dylan hat seinen Gott.«

Unbeirrt sang Dylan »What can I do for you?«: »Herr, du hast mir alles gegeben. Was kann ich für dich tun? Du hast meine Augen geöffnet. Du hast die Ketten meiner Süchte gesprengt und mich von Grund auf erneuert. Du hast meinen Lebenshunger gestillt. Du hast dein Leben für mich geopfert . . .«

Bösartige Lügengeschichten

Mit den gemeinsten Tricks versuchten seine jetzigen Gegner, Dylan zurückzuholen in seine alte Welt ohne Gott, ohne Hoffnung, ohne Lebenssinn. Ein Beispiel von vielen: Das Hamburger Polit-Magazin »konkret« ließ sich eine besonders bösartige Lügengeschichte zu Dylans LP ›Saved‹ einfallen. Der langjährige begeisterte Dylan-Fan und »konkret«-Journalist Günter Amendt schrieb: »Hey Sie, na endlich. Die neueste Dylan-Platte ist raus, und sie macht Dampf. Vorüber ist der Flirt mit Jesus.« Und dann verfälscht Amendt Dylans Liedtext: »Let the man on the cross *not* be your boss«. (Laß den Mann am Kreuz *nicht* dein Herr sein.) Amendt schreibt weiter: »Das trübe Kapitel religiöser Verirrungen können wir getrost vergessen. Jesus-Faktor negativ.«

Auf meine Anfrage bei der Chefredaktion von »konkret« in Hamburg erfuhr ich, Amendt habe diese Plattenbesprechung erfunden, weil er als Dylan-Experte die christlichen Texte einfach nicht wahrhaben wollte. Auf der von Amendt in Auftrag gegebenen abgebildeten Plattenhülle mit dem Titel »Raved« (irregeleitet), waren die auf Dylans Plattenhülle »Saved« nach Gott ausgestreckten Hände zu einer Faust geballt. Darunter standen die kaum lesbaren Worte (um sich gegen einen Strafprozeß abzusichern): »So soll er sein. So wird er sein.« Und dann folgte eine Besprechung der Original-Dylan-Platte »Saved«, die als Fälschung dargestellt wurde. Raffinierter ging es nicht. Eine Reihe von »konkret«-Lesern fielen auf den Schwindel rein und fragten mich völlig irritiert, ob Dylan wirklich ein Gotteslästerer geworden sei.

Wer sich zu Jesus Christus bekennt und damit zu einem wahrhaftigen, menschenwürdigen Leben, entlarvt die Lebenslüge selbstherrlicher Menschen, die ihre entblößte Unsicherheit mit gemeinen Lügen zu übertünchen versuchen. Thomas Buttler kritisierte z.B. in der Musikzeitschrift »Sounds« die Plattenhülle von »Saved« wie folgt: »Als ich das Cover zum erstenmal gesehen habe, konnte ich mir ein mitleidiges Lächeln nicht verkneifen. Das Thema Dylan war gelaufen. Die rettende Hand aus dem Himmel war einfach zuviel für mich.«

Vielleicht fühlte sich Buttler angesprochen, als Dylan sang: »Are you ready to meet Jesus?« »Bist du bereit, Jesus zu begegnen? Bist du schon bei ihm, wo du eigentlich sein solltest, oder muß er einmal zu dir sagen: Ich kenne dich nicht!«?

»Ich brauche einen Schuß Liebe«

Mit großer Spannung erwarteten die Musikexperten und Dylan-Fans die 1981 produzierte Langspielplatte »Shot of love«, deren Songs er auf seiner Europa-Tournee in London, Paris, München, Wien und Basel vorstellte. Im Rahmen dieser 81er Tournee gastierte der Superstar auch auf dem Loreley-Felsen am Rhein, wo er von 16000 Fans teilweise voller Mißtrauen erwartet wurde. Interviewwünsche hatten seine Manager abgelehnt, und so mußte ich mich mit einer Zuschauerrolle zufrieden geben.

Dröhnendes Hubschraubergeräusch kündigt den umstrittenen Rocksänger aus Amerika an, der kurz darauf im überfüllten Freilichttheater das fast dreistündige Konzert mit dem christlichen Song »I am saved« eröffnet. Es schallt über die gigantischen Verstärkeranlagen auf der mit Lichtorgeln ausgestatteten Bühne, begleitet von international bekannten Instrumentalisten sowie vier farbigen Gospelsängerinnen. Dylan sang: »In der letzten Zeit ging es mit mir immer mehr bergab. Niemand versuchte mich zu retten. Aber Gottes Erbarmen hat mich zu neuem Leben erweckt ...

Die christusfeindlichen Reporter sind fassungslos und verabschieden sich von ihrem einstigen Idol. So lese ich in der Rhein-Zeitung über das Loreley-Konzert: »Bye-bye, Bobby. Mit dem Teenager-Messias der 60er Jahre verbindet den 40jährigen nur noch wenig: Messianisch ist er geblieben im christlichen Sinne des Wortes. Mit der Heilsgewißheit der Jesus People ausgestattet, verkündet der ehemals sündige Saulus, dem der Paulus durch Seele, Gemüt und Verstand gefahren ist: Nur der wiederkehrende Christus kann das Unheil der Menschheit verhindern. Gern spielt der Superstar von gestern den Prediger in der Wüste, der ab sofort nicht mehr als Superstar gefeiert wird. Good bye, Bob Dylan.«

Seit seiner Bekehrung zu Christus im Jahr 1979 wurde der vorher seelisch und körperlich kaputte Star, der im Teufelskreis von Heroin und Alkohol herumtaumelte, pausenlos unter diabolischen Beschuß genommen. Er schoß zurück, aber nicht, um seine Gegner kaputtzumachen; er wollte sie vielmehr zur Einsicht bringen. Mit aggressivem Unterton sang er »Shot of love«: »Ich brauche einen Schuß Liebe. Ich brauche keinen Schuß Heroin, um meine Krankheit zu töten. Ich brauche keinen Schuß Brandy oder Whisky, der mich seelisch wieder aufrichtet. Ich brauche einen Schuß Liebe.«

Daß Dylan nicht mehr den Superstar spielen will, spürte man ihm auf der Bühne ab. Häufig trat er in die zweite Reihe zurück und gab den Gitarristen Gelegenheit zu zeigen, daß ein Song nicht vom Frontmann allein lebt. Mehrmals überließ er das Mikrofon der Chrosängerin. Im Gegensatz zu seinen letzten Konzerten in Amerika, wo er zwischen seinen Liedern kurze Predigten gehalten hatte, ließ der Rocksänger an diesem Abend nur seine Songtexte sprechen. Sein Grundsatz lautet: »Was ich zu sagen habe, kommt in meinen Liedern zum Ausdruck.«

Unmittelbar vor seiner Europa-Tournee hatte er dem Reporter des »Musical-Express« u.a. gesagt: »Wenn ich auf Tournee neue Menschen kennenlerne, bin ich felsenfest davon überzeugt, daß die Menschen Jesus dringend nötig haben. Schau dir nur all die Drogensüchtigen an, die Alkoholiker und die innerlich verstörten Menschen. Ihnen allen könnte sofort geholfen werden. Die jetzigen Machtverhältnisse lassen das einfach nicht zu. Man will uns einreden, daß nur eine politische Lösung diesen Menschen helfen könnte.«

Durch die dichtgedrängten Reihen auf dem Loreley-Felsen schoben sich torkelnd zwei junge Männer, jeder mit einer Zwei-Liter-Wein-Flasche im Arm, die schon fast leergetrunken war. In seinem Song »Dead man« beschwor Dylan auch diese armen Kerle, wenn er sich zu ihrem Sprachrohr machte: »Ich bin ein verworfener Mann, der keine Grundsätze hat und nicht imstande ist, das Gute vom Bösen zu unterscheiden. Wer kann dies aushalten? Ich kann es nicht. Es macht mich kaputt. Toter Mann, wann willst du wieder anfangen zu leben? Hast du überhaupt noch einen Glauben? Kannst du noch andere Menschen lieben? So wie du deinen Kopf hältst, verfluchst du Gott mit jeder Bewegung. Was versuchst du zu beweisen? Toter Mann, wann willst du endlich zur Besinnung kommen?«

Es ist mehr als verständlich, daß bei solch aufrüttelnden Songtexten keine rauschhafte Stimmung aufkommen wollte. Seine langjährigen Fans wollten den alten Bob Dylan der 60er Jahre hören. Zwischendurch schlüpfte Dylan ziemlich lustlos in die Rolle des einstmals rebellischen Protestsängers, indem er seine Songs »Blowin' in the wind« oder »Like a rolling stone« sang. Mit solchen Texten können sich die meisten Zuhörer identifizieren: »Wie findest du das, so vollkommen allein, so anonym zu sein wie ein rollender Stein?« Mit diesem Lied »Like a rolling stone« hatte Dylan 1965 beim Newport-Festival Abschied genommen von der reinen Folklore der frühen 60er Jahre, als er seine akustische Hippie-Klampfe gegen eine elektrische Gitarre vertauschte. Damals nannten ihn die Folk-Freaks »Judas«. Jetzt fühlten sich seine nichtchristlichen Fans wieder von ihm verraten. Die Christus-Botschaft war für sie ein Ärgernis. Deshalb auch die gespannte Atmosphäre.

»Gospelsingende Mickey Mouse«

Es fehlte der zündende Funke. Als Stimmungsersatz dienten Feuerzeuge und Wunderkerzen, die in dunkler Nacht unter dem wolkenverhangenen Himmel für wenige Sekunden Licht spendeten. Der sensible Rocksänger auf der Bühne wäre kein Mensch aus Fleisch und Blut, um nicht die um sich greifende Enttäuschung seiner zahlreichen Fans zu spüren, obgleich sie immer artig Beifall klatschten. Sollte er seinen Fans nach dem Munde singen? Dies war nie seine Art, schon gar nicht jetzt als christlicher Herausforderer. »Heart of mine« dröhnte es durch die Lautsprecher; es könnte ein Selbstgespräch sein: »Mein Herz, sei still. Du kannst mit Feuer spielen. Aber dafür wirst du auch zur Kasse gebeten ... Mein Herz, geh' nicht zu weit. Sei kein Tor, sei nicht blind. Wenn du wenige Zentimeter nachgibst, wirst du bald eine ganze Meile gehen. Sei auf der Hut.« Wie ein einsamer, aber standhafter Rufer in der Wüste agierte der amerikanische Rocksänger auf der grellerstrahlten Freilichtbühne.

Dasselbe Bild bot sich auf der Freilichttheaterbühne im norddeutschen Bad Segeberg, wo wegen des unerwartet großen Interesses zwei Dylan-Konzerte hintereinander gegeben werden mußten.

Zynisch der Bericht in der Frankfurter Rundschau: »Das Freilichttheater war ausverkauft. 10000 Fans jeder Couleur, von Twiggy bis Oma, vom Alternativen bis zum Motorradrocker. Selbst das Polizeiaufgebot schien außerordentlich interessiert an den Darbietungen, postierte sich gelegentlich vor den Winnetou-Zäunen und lauschte etwas tatenlos den Gesängen von Old Shatterhand Dylan, der vor sich hingospelte. Die Polizei hätte genauso gut zu Hause bleiben können. Freiluftgottesdienste enden gewöhnlich nicht in Massenkrawallen ... Das Publikum feierte ihn nicht mehr als Superstar. Dies darf ruhig seine letzte Deutschland-Tournee bleiben; denn man braucht hier keine gospelsingende Mickey Mouse.«

Es ehrt Bob Dylan, daß er sich durch derartige Kommentare nicht verwirren ließ. In seinem Song »Property of Jesus« schaute er hinter die Kulissen seiner Kritiker und Verleumder, die er letztlich nur bemitleiden konnte: »Sie reden über ihn (gemeint ist Dylan selbst), weil er sie unsicher macht; denn er hat bestimmten Dingen den Rücken gekehrt, weil er sonst nicht leben kann. Er ist ein Eigentum Jesu – bis auf die Knochen. Du sagst, er sei ein Verlierer, er sei unvernünftig, weil er seine materiellen Güter nicht auf Kosten anderer vermehrt. Aber er hat keine Angst, dieses Risiko einzugehen. Du sagst, er habe keinen Lebensstil, weil er keine Witze und Märchen erzählt, die dich zum Lachen bringen. Du denkst, du könntest über die Erlösungsbotschaft Jesu lachen, wenn dieses Leben vorbei ist. Du denkst, du könntest wieder dorthin zurückkehren, woher du gekommen bist. – Er ist ein Eigentum Jesu bis auf die Knochen. Du hast etwas Besseres anzubieten. Du hast ein Herz aus Stein.«

Es fiel Dylan schwer, seine Glaubenserfahrung mit Christus in Worte zu kleiden. In dem Lied »In the summertime« machte er einen zaghaften Versuch: »Ich war in deiner Gegenwart ... Es war in der Sommerzeit, als du mit mir warst. Du bist mir näher als meine nächsten Verwandten. All das menschliche Leid ist nichts im Vergleich zu der Herrlichkeit bei dir. Ich freue mich noch immer an dem Geschenk deiner Gegenwart, ohne das ich nicht mehr leben kann. Du wirst mich begleiten ins Grab und in die Ewigkeit.«

»Wir flüchten in eine Abwehrhaltung«

In der lauen Sommernacht erhob sich Dylans nasale und rauhe Stimme zum bewölkten Himmel über dem Rhein, als singe er zu Ehren des Schöpfers Himmels und der Erde. Das langjährige Idol der revolutionären Generation zeigte sich völlig unbeeindruckt von seinen verzückten jugendlichen Anbetern unmittelbar vor der Bühne, die um jeden Preis hautnahen Kontakt zu ihrem Superstar suchten. Er konnte es nicht verhindern, daß Geschäftemacher auch an diesem Abend mit Dylan-Plaketten und Dylan-Hemden ihr Geld verdienten.

Er kann es einfach nicht verstehen, warum schuldbeladene

Menschen sich der Liebe Jesu verschließen. Davon singt er in seinem Lied »Watered down love«: »Du möchtest keine Liebe haben, die echt ist. Du möchtest ertrunkene Liebe, verwässerte Liebe haben. Liebe, die echt ist, macht keine falschen Ansprüche. Sie tritt für dich ein, anstatt dich mit Schmutz zu bewerfen. Diese Liebe wird dich nicht täuschen, verführen, umschlingen, sie wird dich nicht zwingen zur Unterschrift eines falschen Bekenntnisses . . .«

»Macht sich Dylan nicht zum Sprachrohr einer nach Gottes- und Nächstenliebe suchenden jungen Generation?« frage ich eine Gruppe junger Leute aus Gießen unmittelbar nach dem Konzert. Die erste Reaktion ist ein verlegenes Lächeln. Aber dann meint nach längerer Pause ein 26jähriger Verwaltungsangestellter: »Wir flüchten in eine Abwehrhaltung, sobald man uns auf religiöse Fragen anspricht. Wir haben keine Ideale mehr und sind deshalb unheimlich verunsichert.«

Ich frage weiter: »Könnte Dylan nicht gerade deshalb mit seiner Christusbotschaft weiterhelfen?« Nur zögernd kommt die Antwort: »Wir trauen uns nicht, weil die öffentliche Meinung und vor allem die Massenmedien gegen Kirche und Christentum eingestellt sind. Wir haben Angst, gegen den Strom zu schwimmen. Weil wir Selbstsicherheit brauchen, können wir uns keine Außenseiterrolle erlauben.«

Immer wieder fragen sich seine Fans, woher Dylan den Mut nimmt, seinen eigenen Mythos zu zerstören und aufgrund seiner christlichen Songtexte empfindliche finanzielle Einbußen hinzunehmen. Dylan würde antworten: »Ich glaube an dich trotz Tränen und Gelächter. Herr, was du mir heute gegeben hast, ist mehr wert, als ich mit Geld bezahlen kann.«

Ich werde an ein mitternächtliches Gespräch mit dem damals 78jährigen Soziologieprofessor Max Horkheimer kurz vor seinem Tod erinnert, der sich zum Entsetzen seiner neomarxistischen Schüler wie Habermas, Marcus und Dutschke im hohen Alter der biblischen Botschaft näherte und mir gestand: »Politik ohne Theologie ist absurd. Alles, was mit Moral und Menschlichkeit zusammenhängt, geht letzten Endes auf Theologie zurück. Und die Rebellion der heutigen Jugend ist eine unbewußte Verzweiflung, hinter der die ungestillte religiöse Sehnsucht steht.«

Meint Bob Dylan diesen Zusammenhang, wenn er auf der Loreleybühne singt: »Geheuchelte Philosophien haben dich irregeleitet. Karl Marx geht dir an die Kehle. Pornographie kommt in den Schulunterricht. Die Reichen verführen die Armen, und die Alten werden von den Jungen verführt. Wunderst du dich, wenn Gott dir Gebote gibt? Aber wenn du träumen willst, schlaf weiter.«

Bob Dylan hat sich von Gott entzaubern lassen und fällt nicht auf den Zauber einer um sich selbst kreisenden Menschheit herein. Wer Gottes Liebe erfahren hat, kämpft gegen Unmenschlichkeit und Ungerechtigkeit. Am liebsten würden die Fans den christlichen Provokateur totschweigen; denn sie fühlen sich unangenehm berührt.

»Religion ist ein schmutziger Ausdruck«

Zwei Jahre nach seiner umstrittenen Konzert-Tournee erscheint im Herbst 1983 seine nächste LP »infidels«, Ungläubige. Diesmal hält Dylan sich mit seinem christlichen Glaubensbekenntnis diskret zurück. Vielleicht will er »die Perlen nicht vor die Säue werfen«, wie es Jesus in der Bergpredigt sagt, »damit sie (Heuchler) sie nicht zertreten mit ihren Füßen und sich umwenden und euch zerreißen« (Matthäus 7,6). Im übrigen hat Dylan zu seinem Christenstand alles gesagt, was gesagt werden muß.

»Man of peace« heißt der wohl interessanteste Song, ein langsam schleppender Blues, der sich zu einem rockig-aggressiven Höhepunkt steigert. Dylan deckt die Heuchelei unserer Gesellschaft auf, »wo die Dinge nicht so sind, wie sie scheinen . . ., wo die Manipulation von Leuten und Ereignissen unter den attraktivsten Umständen stattfindet. Solche Äußerlichkeiten sind von dem Wurm der Illusion und Täuschung durchfressen.«

Der mächtige Schallplattenkonzern CBS braucht sich diesmal seiner Liedtexte wohl nicht zu schämen. Deshalb liegt ein Textblatt bei und zusätzlich ein Interview mit Dylan mit der irreführenden Überschrift »Heute Religion. Morgen Versklavung«. Tatsächlich sagt Dylan dazu: »Religion ist ein schmutziger Ausdruck; sie bedeutet nichts. Coca Cola ist eine Religion. Öl und Stahl sind Religionen. Im Namen der Religion sind Leute vergewaltigt, getötet und geschändet worden. Die Religion von heute ist die Versklavung von morgen.« Alles, was das Geschöpf über den Schöpfer stellt, führt zur Vergötzung, wird zur Ersatzreligion. So kann selbst der christliche Glaube umfunktioniert werden zu einer menschenverachtenden und gottfeindlichen Religion, wenn man den Namen Gottes für seine eigene Machtbesessenheit mißbraucht. Nicht nur Adolf Hitler hat auf das Koppelschloß seiner Soldaten schreiben lassen: »Gott mit uns«.

Dylan klagt die Verlogenheit unserer gottlosen Politik an: »Weißt du, das Gesetz ist eine gute Sache, bis es gegen die Unschuldigen benutzt wird. Politik könnte nützlich sein, wenn sie für gute Zwecke benutzt würde. Zeig mir einen ehrlichen Politiker, und ich zeige dir eine geheiligte Hure. Du kennst die Geschichte von dem Mörder, der den Richter umbringt und dann seinen Talar anzieht. Aber er ist immer noch ein Mörder. Die Korruption stirbt nicht, aber die Menschen sterben.«

Auf die Frage, ob es unser Erbe sei, einen Krieg nach dem andern zu erleben, antwortet Dylan: »Du kennst doch die Spielzeughersteller, die Gewehre und Panzer für kleine Kinder fabrizieren. Sie sind genauso für den Tod und für die Zerstörung des Planeten verantwortlich wie jeder wichtige Waffenfabrikant. Sie setzen das Fließband des Todes in Bewegung. Sie zünden das Streichholz an. Am Ende steht ein höchster Richter. Vor ihm werden sie sich hierfür verantworten müssen. Egal, wie teuer ihr Anzug ist oder wie groß ihr Theater . . . Und es wird keinen Nixon geben, der sie freispricht.«

Dylan im Münchener Olympiastadion

Im Jahre 1984 führt der amerikanische Rockstar abermals eine viertägige Konzerttournee zusammen mit Joan Baez und Carlos Santana in den Sportstadien von Hamburg, München, Offenbach, Berlin und Köln durch. Für jede dieser Veranstaltungen in den vollbesetzten Fußballarenen haben die Fans rund eine Million Mark gezahlt, und Dylan soll die höchste Gage kassiert haben, die je einem Rockstar in Deutschland angeboten worden ist.

Das achtstündige Open-Air-Konzert wird eröffnet von der amerikanischen Folksängerin Joan Baez, die zwischen ihren gesellschaftskritischen Songs die abfällige Bemerkung macht: »Wir kümmern uns gar nicht darum, daß Dylan auf dem Jesus-Trip ist.« Danach tritt der Rocksänger Carlos Santana mit seiner Band ins Rampenlicht der Rockbühne und bringt mit seiner explosiven rhythmischen Rockmusik Bewegung in die Massen. Höhepunkt des Rock-Festivals ist die 150 Minuten-Show des bärtigen, krausköpfigen Bob Dylan, der seine Augen hinter einer dunklen, enganliegenden Brille versteckt, sich auf der Bühne kaum bewegt und in seinen Jeans und Lederjacke recht unauffällig wirkt. Unter dem Druck der Konzertveranstaltung hat er sich bereit erklärt, seine Welthits wie »Like a rollig stone« und »The Times they are changin« vorzutragen. Dennoch verzichtet er nicht darauf sein glaubensstarkes Lied »Every grain of sand« einzuschmuggeln: »In der Stunde meiner größten Not schreit eine sterbende Stimme aus mir heraus ... In der Schönheit des Augenblicks erkenne ich des Meisters Hand, in jedem zitternden Blatt, in jedem Sandkorn. Je länger ich mich auf der Lebensreise befinde, desto mehr komme ich zu der Einsicht, daß jedes Haar gezählt ist wie jedes Sandkorn. Ich bin von der Armut zum Reichtum gekommen ...«

»Folge nicht mir, sondern Jesus«

Immer wieder werde ich gefragt, ob der geheimnisumwitterte, amerikanische Rocksänger, Dichter, Schauspieler und Filmemacher seinem christlichen Glaubensbekenntnis treu geblieben ist. Ich habe ihn nie persönlich kennengelernt, konnte aber den Amerikaner Dennis Griggs interviewen, der im Herbst 1985 seinen Freund, Pastor Larry Myers, in Hollywood besucht hat. Als Bob Dylan 1979 Christ wurde, hat er sich der evangelischen Gemeinde Vineyard Christian Fellowship in Hollywood angeschlossen, wo Larry Myers als Gemeindepastor tätig war. Er freundete sich mit dem Rocksänger an, wurde sein Seelsorger und begleitete ihn oft wochenlang auf seinen Konzert-Tourneen. Der freundschaftliche Kontakt ist bis heute nicht abgebrochen, und Larry Myers hat meinem Gesprächspartner Dennis Griggs versichert, Dylan habe nach wie vor ein persönliches Glaubensverhältnis zu Jesus Christus. Als Künstler gehe er zwar oft seine eigenen Wege, lasse sich nicht in bestimmte gesellschaftliche oder kirchliche Formen pressen, aber auch nicht von launischen Menschenmeinungen irre machen.

Der manchmal unberechenbare und exzentrische Musiker mit der wallenden Mähne und den blitzenden Augen entrüstet sich: »Die Leute wollen wissen, wo ich mich befinde, weil sie nicht wissen, wo sie selbst sind.«

Halten wir fest: Wie immer sich das langjährige Idol der Jugendrevolte auch verhalten mag, ob Bob Dylan mit oder ohne Gott der Zukunft entgegengeht, so gehört die Christus-Begegnung für den widersprüchlichen Künstler zu den absoluten Höhepunkten seines turbulenten Lebens: »Herr, du hast mir alles gegeben. Du hast die Ketten meiner Süchte gesprengt ... und meinen Lebenshunger gestillt.« Ob er in fünf Jahren auch noch an Christus glaube oder sich wie andere Rockstars, die sich mit Gurus und Maharishis einließen, bald wieder andern Dingen zuwende? Dylan antwortet: »Dies ist ganz sicher kein Maharishi-Trip. Jesus bedeutet etwas anderes für mich.«

Im übrigen warnt er selbst davor, sich an Menschen zu orientieren: »Wichtig ist, einen persönlichen Zugang zu Jesus zu finden. Er wird dich schon führen ... Folge nicht mir, sondern folge Jesus.«

Literatur:
Tibor Kneif, Rockmusik, Reinbek 1982
Simon Frith, Jugendkultur und Rockmusik, Reinbek 1981
Tony Palmer, All you need is love, München 1977
»Musik-Express« Nr. 8/1981; »Stern« Nr. 51/1980; »Rolling Stone«, September 20/1979; »Der Spiegel«, Nr. 25/1978, Nr. 23/1980; »Konkret-Polit-Magazin« Nr. 8/80

Rundfunksendungen über Bob Dylan (e.r.f. junge welle) am 12.8.1980/ 8.10.1981 von Günther Klempnauer

Schallplatten:
»Bob Dylan's Greatest Hits«, »Slow Train Coming«, »Saved«, »Shot of Love«, »Empire Burlesque«, »Infidels« (alle CBS)

»Rockpapst« Fritz Rau

Musik als Erlösungsmacht?

Wer sich intensiver mit der Rockmusikszene beschäftigt hat, dem wird immer wieder der Name Fritz Rau begegnet sein. Fritz Rau ist Europas erfolgreichster Rockkonzertveranstalter; er konnte 1985 sein 30jähriges Berufsjubiläum mit jährlich 800 Rockkonzerten (Umsatz 60 Millionen Mark) feiern.

Der 55jährige (Jahrgang 1930) »Rockpapst« unterhält seit

Fritz Rau

Jahrzehnten freundschaftliche Beziehungen zu zahlreichen Weltstars der Unterhaltungsbranche und genießt in beruflichen und privaten Angelegenheiten ihr volles Vertrauen. Nur einige Namen seien genannt: Jimi Hendrix, Bob Dylan, Joan Baez, Bruce Springsteen, Stevie Wonder, Mick Jagger, Harry Belafonte, Shirley MacLaine, Marlene Dietrich und nicht zuletzt Udo Lindenberg und Peter Maffay, die ihn geradezu väterlich verehren.

Deutschlands Konzertveranstalter Nr. 1, bekannt durch seine originellen Interviews in Funk und Fernsehen, hat kürzlich seine Memoiren herausgebracht, assitiert von den Musikjournalisten Kathrin Brigl und Siegfried Schmidt-Joos (Fritz Rau, Buchhalter der Träume, Berlin 1985). Auf der Buchrückseite sind einige Zitate bekannter Künstler abgedruckt:

Charles Aznavour: »Wenn Fritz mich den Napoleon des Chansons nennt, muß er wohl der Kaiser unter den Konzertveranstaltern sein.«

Harry Belafonte: »Seit ich mit Fritz zusammenarbeite, wächst mein Bedauern, daß ich ihn nicht von Anfang an kannte.«

Peter Maffay: »Fritz Rau versucht für jede Tournee neue Dinge zu erfinden, die nie zuvor gemacht worden sind.«

Nana Mouskouri: »Er hat das Herz eines Künstlers.«

Udo Lindenberg: »Er ist wie ein Vater für mich. Wir arbeiten zusammen wie in einer engen sizilianischen Familie. Wehe, jemand behandelt ihn schlecht.«

Mick Jagger (The Rolling Stones): »Rock'n'Rau forever.«

Ich bin dem »Buchhalter der Träume« mehrmals begegnet; zuletzt im Januar 1986 in seiner Konzertagentur in Bad Homburg, wo wir drei Stunden lang intensiv über Rockmusik, Gott und die dramatische Lebensgeschichte von Fritz Rau nachgedacht haben. Jedesmal ist mir Fritz Rau sympathischer geworden, der aus seinem Herzen keine Mördergrube macht, sich freimütig und ungeschützt den kritischen Fragen seines Gesprächspartners stellt. Auf breiter Front machte er sich zum Sprachrohr einer gegen das erstarrte und teilweise heuchlerische Gesellschaftssystem rebellierenden Generation, die in der musikalischen Botschaft eine Art Erlösungsmacht sieht, zugleich aber von einer unbewußten religiösen Sehnsucht erfaßt ist.

Anregungen zu manchen Fragestellungen des aufgezeichneten Gesprächs habe ich dem Buch »Buchhalter der Träume« zu verdanken. Meine Gesprächsäußerungen sind nachträglich um einige Sachinformationen ergänzt worden.

Seine ersten Gehversuche als Konzertveranstalter machte Fritz Rau bereits 1955 in Heidelberg, wo der damalige Jurastudent – er ist Volljurist – ein vielbeachtetes Jazz-Konzert in der ausverkauften Stadthalle mit den »Frankfurt All Stars« und seiner eigenen Jazzband »Sound Cave Combo« veranstaltete. Worin liegt für Fritz Rau eigentlich die Faszination der Musik?

Rau: »Vor dreißig Jahren habe ich selber Musik gemacht. Mein großer Fehler bestand darin, daß mich die Genialität der großen Meister der Jazzmusik, die ich in all den Jahren als Tourneeleiter sowohl privat als auch auf der Bühne miterleben konnte, derart faszinierte, daß ich mich infolge meines Ehrgeizes oder meiner Eitelkeit je länger desto weniger traute, mein Baßinstrument zu spielen; ich wäre natürlich nie ein großer Musiker geworden.

Für mich ist die Rockmusik ein Aspekt zeitgenössischer Musik, der mich besonders fasziniert. Natürlich hat die Rockmusik nicht nur positive, sondern auch negative Wirkungen. Das Kriterium für die Wertigkeit einer Musik besteht für mich darin, ob sie dem Menschen hilft oder ob sie ihn verwirrt. Es kommt darauf an, was der einzelne Mensch daraus macht.

Man kann ja Alkohol maßvoll trinken, aber auch daran zugrunde gehen. Musik ist für mich das gesündeste Rauschmittel der Welt. Ich habe eine hemmungslose Freude daran, Konzerte zu veranstalten, und das ist meine Lust am Leben. Mein Hobby habe ich zu meinem Beruf gemacht. Wir brauchen heute keine Abenteurer der Freizeit, sondern im positiven Sinne Abenteurer im Beruf. Leute, die sich im Beruf verwirklichen und nicht darauf warten, abends nach Feierabend die Vereinsführung eines Fußballvereins zu übernehmen oder einen Berg zu besteigen. Das lebe ich alles beruflich aus.«

Jazzmusik als Schlüsselereignis

Der unehelich geborene Sohn, von seiner überstarken Mutter mit Fürsorge überschüttet, aber ohne Liebe und Zärtlichkeit aufgewachsen, entdeckte als 15jähriger nach dem Zusammenbruch des Hitlerreiches den amerikanischen Soldatensender AFN, dessen Swing- und Jazzmusiksendungen ihm ein neues Lebensgefühl vermittelten, »seine Ängste und Sehnsüchte kanalisierten«. Wie ist das zu verstehen?

Rau: »Ich war 15 Jahre lang Untertan des Dritten Reiches und ein begeisterter Hitlerjunge und zuletzt sogar Jungenschaftsführer. Dabei habe ich ständig Marschmusik im Übermaß konsumieren müssen und auch versucht mitzumarschieren. Nach dem verlorenen Krieg waren auf einmal all diese Heroen und die großartigen nationalsozialistischen Ideen zerstoben. Deutschland war besiegt und von feindlichen Besatzungsgruppen besetzt. Und dann hörte ich die Swingmusik aus dem Radio, die mich körperlich und seelisch berührte und einen Gesinnungswandel bewirkte. Die Jazzmusik war für mich praktisch eine Art Entnazifizierung an Körper, Seele und Geist. Der Swing war für mich eine Musik, die die Blinden sehend und die Lahmen gehend macht, während durch die Marschmusik im Dritten Reich die Lahmen noch lahmer und die Kraftprotze noch protziger geworden sind.

Darüber hinaus beinhaltet die Jazzmusik auch eine Botschaft der Befreiung, nämlich die Aufhebung der Rassenunterschiede; denn Jazz ist keine schwarze Musik, keine afrikanische Musik, auch keine europäische Musik, sondern hat sowohl europäische als auch afrikanische Wurzeln. Das alles hat mich eben fasziniert und mir geholfen, das zu überwinden, was ich im Hitlerreich eingetrichtert bekommen habe.«

Was ist eigentlich Jazzmusik? Der Jazz entstand um 1900 in New Orleans (USA) aus geistlichen Gesängen (Spirituals) und weltlich-melancholischen Gesängen (Blues) der versklavten Farbigen, in denen sowohl rhythmische und melodische Elemente der afrikanischen als auch harmonische Elemente und das Instrumentarium der europäischen Musik verschmolzen sind. Der katholische Theologe und Kirchenmusikwissenschaftler Lothar Zenetti charakterisierte den Jazz im Gegensatz zu der uns geläufigen Musik als ein musikalisches Geschehen, in der die rhythmische Gliederung durchweg der melodischen Aussage untertan ist. Rhythmus sei nicht nur ein zusätzlicher Effekt, sondern ein durchgängiger Spannungszustand, eine rhythmische Intensität, die man mit »swing« bezeichnet. Es sei schwierig, diesen federnden »Swing«-Rhythmus in Worte zu kleiden. Als Jazzmusiker spürt man ein Wachsen des Tempos, obwohl man unbeirrbar im gleichen Tempo spielt. Die gefühlsmäßige rhythmische Intensität sei vergleichbar mit dem Erlebnis des Tempos, der Beschleunigung, wenn sich das Flugzeug vom Boden erhebt, aber auch bei schneller Autofahrt, wenn man Gas gibt und in Fahrt kommt. Oft wird »swing« auch als »drive« bezeichnet. Höchste Tourenzahl, Spannung und dabei lässig bleiben – dieser Kontrast von höchster Anspannung einerseits, Leichtigkeit andererseits entspricht genau dem Erlebnis des »swing« im Jazz. (Lothar Zenetti, Heiße (W)Eisen, München 1966, S. 210ff.)

Ohne ein gewisses Mitschwingen und Sichbewegen ist es gar nicht möglich, die dem Jazz eigenen Spannungen zu fühlen, weil zu seiner Erfassung ein vitales, leib-seelisches Erleben erforderlich ist. Alles kommt darauf an, daß die Seele des Musikers mitschwingt. Nur so gelingen Improvisation, harmonisches Zusammenspiel, Spontaneität und Originalität. Die spannungsgeladene Jazzmusik (Spannung zwischen gemessener und gelebter Zeit) spricht vor allem den differenziert empfindenden modernen Menschen und den konfliktbelasteten Jugendlichen in seiner Protesthaltung an. Dazu bemerkt Lothar Zenetti: »Der ›normale‹, einfältige, aber auch einspurige Mensch muß Jazz im gleichen Maße als ›überspannt‹ empfinden. Er fühlt sich von ihm bedroht und in seiner Lebensweise, in seinem Lebenstempo, in der Einschichtigkeit seiner Anschauungen in Frage gestellt. Hier liegen die unbewußten, psychologischen Gründe für die rein musikalisch kaum begreifliche Schärfe, mit der der Jazz abgelehnt wird. Aufschlußreich ist diese Ablehnung des ›überspannten Jazz‹ zumal im Kirchenraum. Dort will man sich ja gerade ›entspannen‹ und verlangt nach Ruhe und Seelenfrieden, nicht aber danach, neuer und sei es heilsamer Beunruhigung und Anspannung ausgesetzt zu werden.«

Man kann übrigens zahlreiche religiöse Einflüsse auf die Jazzmusik geschichtlich nachweisen. Buddy Bolden, einer der Pioniere des Jazz, ging jeden Sonntag zur Kirche und lernte dort, daß man den genauen Rhythmus durch Händeklatschen halten kann. Duke Ellington las jeden Tag in der Bibel, und die Zentralfigur der Jazz-Avantgarde, der farbige Saxophonist John Coltrane, betitelte seine letzte Schallplatte »A love supreme« (Eine alles übersteigende Liebe). In einem Geleitwort heißt es, er habe 1957 durch Gottes Gnade eine geistliche Erweckung erfahren, die ihm ein reicheres, volleres, schöpferisches Leben erschloß. Damals habe er Gott um die Fähigkeit gebeten, andere durch Musik glücklich zu machen, und er spüre, daß Gott ihm dies gewährt habe. Die Platte widmete Coltrane »demütig Gott . . . als ein Versuch, ›Dank Dir, o Gott!‹ durch unser Werk zu sagen, so wie wir es in unsern Herzen und mit unsern Zungen tun.«

Spiritual und Gospel-Festival

Der leidenschaftliche Jazzfan Fritz Rau lud die großen amerikanischen Jazzmusiker bereits Anfang der 60er Jahre über seine Konzertagentur »Lippmann & Rau« nach Deutschland ein, unter ihnen das »John Coltrane Quartet«, das »Duke Ellington Orchestra«, »Ella Fitzgerald & Oscar Peterson«.

Rau: »Ab 1962 haben wir jährlich das American Folk Blues-Festival veranstaltet. Vom Jazz sind wir zum Blues und schließlich zur Gospelmusik gekommen. Im Jahre 1965 haben wir das erste ›Spiritual + Gospel-Festival‹ mit Bischof Kelsey und seinem Chor aus der Washingtoner evangelischen Freikirche ›Temple Church of God in Christ‹ in Deutschland veranstaltet. Der schwarze Bischof predigte, als ob Flammen aus seinem Mund schlügen; er sprach von der Heimkehr der Kinder Israels durch das Rote Meer und schuf eine Brücke zu den Nachkommen schwarzer amerikanischer Sklaven, die jetzt auf Europa-Tournee Triumphe feierten. Er klatschte im Takt seiner Worte in die Hände, und der Klangteppich des Chores wurde immer dichter. Unmerklich war die Predigt in Gesang übergegangen, der intensiver als jeder Orgelton die Konzerthalle in Frankfurt füllte.

Unser geistlicher Berater war der damalige Frankfurter Jugendpfarrer Lothar Zenetti. Er sagte: ›Wir müssen uns von der Begeisterung der schwarzen Christen inspirieren lassen; denn unsere europäischen Kirchen haben vielfach aus der christlichen Frohbotschaft eine Drohbotschaft gemacht. Natürlich können wir Weißen die Gottesdienste der Farbigen nicht einfach kopieren, auch wenn man Gospel-Gruppen bilden kann.‹

Die Schwarzen haben ein viel natürlicheres Verhältnis zur Körperlichkeit. Aber wir können uns doch inspirieren lassen, leibfreundlicher und froher mit der christlichen Botschaft der Liebe umzugehen. In diesem Gospelkonzert begegneten wir einer Macht, vielleicht erlebten wir den Heiligen Geist. Diese farbigen Christen saßen nicht erstarrt auf ihren Plätzen, wie ich es aus meiner Jugendzeit beim letzten Kirchgang in Erinnerung habe, sondern gaben sich mit Leib und Seele dem Gottesdienst hin. In solchen Augenblicken spürt man den Herrgott, wie es John Coltrane in seiner Lobeshymne (›A love supreme‹) an Gott zum Ausdruck gebracht hat. Der große Jazzmusiker hatte sich von unserm ›Spiritual + Gospel-Festival‹ berichten lassen und war so begeistert, daß er kurz vor seinem Tode seine Teilnahme beim nächsten Festival zusagte, um Gott zu ehren und den Menschen zu dienen.«

Geschichte der Negro Spirituals und Negergottesdienste

Wer die heutigen Gottesdienste der Schwarzen verstehen will, muß geschichtliche Hintergründe, die Entstehung der Negro Spirituals und Gospel Songs, kennen.

Im Jahre 1619 wurden die ersten zwanzig schwarzen Afrikaner in Jamestown (Virginia, USA) als vertragliche Diener verkauft, und 42 Jahre später wurde in Virginia die schwarze Sklaverei legalisiert, d.h. Menschen afrikanischer Herkunft sollten Sklaven auf Lebenszeit sein. Bald folgten dieser unmenschlichen Praxis alle Kolonien Amerikas. Erst im Jahre 1807 wurde die Einfuhr von Negersklaven verboten, aber in den darauffolgenden 40 Jahren wurden dennoch illegal zweieinhalb Millionen afrikanische Sklaven importiert. Der erste amerikanische Präsident Abraham Lincoln verfügte nach seinem Sieg der Nordstaaten gegen die Südstaaten die Aufhebung der Sklaverei, die aber erst nach seiner Ermordung am 18. Dezember 1865 als Gesetz der Verfassung der USA beigefügt wurde.

Unbeschreiblich waren die Qualen und Demütigungen, denen die rechtlosen Schwarzen jahrhundertelang ausgesetzt waren.

Obwohl vielerorts das gemeinsame Singen und die Benutzung von Trommeln verboten waren, setzte sich dennoch unter den hoffnungslosen Sklaven allmählich der rhythmische Gesang durch. Lange, traurige Wechselgesänge begleiteten die Arbeit auf den Baumwollplantagen. Unter der Knute des Sklaventreibers gaben sie den Takt für das Hacken oder Schaufeln an. Während der Vorarbeiter die erste Zeile sang, antworteten die übrigen Arbeiter im Chor. Bei der Sklavenarbeit entstanden auch die ersten Spirituals, die geistlichen Lieder, nachdem die Schwarzen mit der christlichen Botschaft in Berührung kamen. Zuerst durften sie an den Hausandachten ihrer weißen Herren teilnehmen und später auch eigene Gemeinden gründen.

In den Gottesdiensten der evangelisch-freikirchlichen Baptisten und Methodisten, zu denen heute etwa 85 Prozent der Schwarzen in den Vereinigten Staaten gehören, fühlten sich die damaligen Sklaven durch die gefühlsbetonten, rhythmisch gesungenen Erweckungslieder angesprochen; denn auch sie kannten aus ihrer afrikanischen Tradition neben dem Händeklatschen und Füßestampfen zur Bezeichnung des Grundrhythmus eine schwingende Bewegung des Körpers als Zeichen der inneren Erregung und der religiösen Ergriffenheit. »All den verschiedenen Formen der schwarzen religiösen Musik in den Vereinigten Staaten, vom alten Sklavenlied bis zum modernen Gospel Song, ist das antiphonische Prinzip von Ruf und Antwort gemeinsam«, stellt der Jazz-Wissenschaftler Joachim E. Berendt (FAZ Nr. 19/1965) fest. »Es ist das Grundprinzip schwarzen Musizierens überall in der Welt und lebendig geblieben in allen Formen schwarzer Musik bis hin zum Zusammenspiel der Blech- und Saxophon-Gruppen in den ›big bands‹ der Jazzmusik. Ein Schlagzeuger schlägt vor, und das Ensemble der andern Schlagzeuger antwortet. Ein Sänger singt vor, und die Um-ihn-Herumstehenden antworten. Aber die Antiphonie ist auch ein Grundprinzip christlicher gottesdienstlicher Musikpraxis, soweit man zurückdenken kann. An dieser doppelten Beziehungsmöglichkeit . . . mag es liegen, daß die schwarze Musik, die in Amerika entstand, so gradlinig in die christliche Musikpraxis hineinmündet.«

In den Spirituals verbanden schwarze Sklaven die Erinnerung ihrer Väter mit dem Evangelium von Jesus Christus als freimachende Botschaft. Der theologische Leitgedanke der schwarzen Spirituals hieß: Sklaverei widerspricht dem Willen Gottes. Durch die biblischen Geschichten inspiriert, sangen die Sklaven von Josua und der Schlacht von Jericho, von Moses, der die Israeliten aus der Knechtschaft herausführte, von Daniel in der Löwengrube, der Gottes befreiende Macht erleben durfte.

Besondere Brennpunkte des Spirituals sind Tod und Auferstehung Jesu Christi. Jesu Tod verstanden sie auch als ein Symbol ihres Leidens und ihrer Heimsuchungen in einer unmenschlichen Welt. Durch seine Kreuzigung identifiziert sich Jesus uneingeschränkt mit den Armen und Hilflosen und nimmt ihr Leiden auf sich. Und die Auferstehung Jesu war für sie die göttliche Garantie dafür, daß Leid und Tod nicht das letzte Wort haben. Die christliche Erlösungshoffnung bewahrte sie einerseits vor Verzweiflungstaten, spornte sie aber andererseits auch zum Widerstand gegen Ungerechtigkeit und Unmenschlichkeit an. Religion und Revolution bilden im Spiritual ein ganzheitliches Element.

Heute nennen die schwarzen Christen in den USA ihre religiösen Lieder nicht mehr Spirituals, sondern Gospel Songs (Gospel = Evangelium), deren Ursprung in den Slums der Großstädte zu suchen ist. Den entscheidenden Anstoß zum Gospel Song hat der Blues-Pianist (Blues = Weltlicher Gesang, der die Qualen des Menschen in seinem Streben nach wahrer Erfüllung ausdrückt) Thomas Dorsey in den 20er Jahren gegeben, der nach einer langen, schweren Krankheit Heilung in einer Kirche fand und danach nur noch Lieder für Gott schrieb. In seine neugeschaffenen »Gospel Songs« ließ Dorsey die kraftvollen Blues-Elemente, den pulsierenden, intensiven Jazz-Rhythmus einfließen und erneuerte die vitale schwarze Kirchenmusik, die sich seit der Sklavenbefreiung immer mehr dem Gesang weißer Gemeinden angenähert hatte. In den 50er Jahren war es die farbige Sängerin Mahalia Jackson, die den Gospel Song in aller Welt populär machte.

Kehren wir wieder zu dem Frankfurter »Spiritual + Gospel-Festival« mit Bischof Kelsey und seinem Washingtoner Kirchenchor zurück, zu dem Fritz Rau als geistlichen Berater den Frankfurter Pfarrer Lothar Zenetti eingeladen hatte.

Hier ein Auszug aus dem Tonband-Interview, das Lothar Zenetti mit Bischof Kelsey und seinem Mitarbeiter Rev. Little hatte:

Zenetti: »Sie klatschen den Rhythmus mit und kommen in eine Erregung ... Kommt dieser Enthusiasmus von der rhythmischen Musik ...?«

Kelsey: »Der Heilige Geist macht es.«

Little: »Wenn es nämlich nur so durch das Händeklatschen und durch die rhythmische Musik käme, dann müßte man denselben Zustand von Seligkeit auch durch andere Musik herbeiführen. Das schaffen sie nicht.«

Zenetti: »Wo liegt der Unterschied?«

Little: »Der Unterschied liegt in den Beweggründen der Musik. Wir versuchen nicht, irgendwelche angenehmen Reize auszudrücken. Für uns ist entscheidend, wie wir es fühlen. So ist es beim Predigen und Singen und bei allem ... Wenn wir tanzen, wollen wir Gott loben. Das ist etwas anderes, als wenn man sich um sich selbst dreht. Die Menschen, die weltlich sind, beziehen alles auf sich selbst. Wir aber spüren, daß alles, was wir tun, unmittelbar auf Gott gerichtet ist. Gott soll verherrlicht werden. Das ist der Unterschied zwischen Christen und Nichtchristen.«

Zenetti: »Es heißt ja im Römerbrief, daß der Heilige Geist in uns betet. Aber könnte es nicht in manchen Fällen auch eine Täuschung sein?«

Kelsey: »Es ist etwas Wunderbares, im Geist zu sein. Er gibt dir Gewißheit. Die sich leiten lassen vom Heiligen Geist, das sind die Söhne Gottes.«

Zenetti: »Mir fällt gerade ein: Vor ein paar Tagen hat ein Rundfunkreporter Sie ja gefragt, was Sie unter dem Heiligen Geist verstehen und wie Sie Ihre Leute so in Ekstase bringen. Da haben Sie ihm gesagt, er müsse sein Leben ändern, dann könne er das verstehen.«

Kelsey: »Ja, wenn du nicht gläubig bist, kannst du den Geist nicht fühlen. Das ist die Wahrheit.« (Lothar Zenetti, S. 257ff.)

Der nach Wahrheit suchende und sich mit Gott auseinandersetzende Atheist Fritz Rau zählt die frohmachende Begegnung mit Bischof Kelsey und seinem Gemeindechor zu den Höhepunkten seines Lebens, weil er in ihren Gottesdiensten »den Herrgott gespürt« hat. Unwillkürlich werde ich an den gottsuchenden und späteren Kirchenvater Augustinus erinnert, der im vierten Jh. lebte und sich von den antiphonischen Hymnen der Christen angesprochen fühlte. Von den mit rhythmischem Händeklatschen und Tanzschritten begleiteten Wechselgesängen der jubilierenden Christen sagte der damals noch nicht getaufte Augustinus: »Diese Stimmen drangen in mein Ohr, und die Wahrheit flößte sich mir in das Herz. Mein Gemüt wallte auf zu Gottergebenheit, die Tränen rannen und mir war wohl mit ihnen.« (Nach L. Zenetti, S. 40)

Positive und negative Auswirkungen der Rockmusik

Ich frage Fritz Rau, ob jene Musiker, die nicht von Gott ergriffen sind, in der Gefahr stehen, die Musik als Droge, als seelisches Aufputschmittel zu benutzen.

Rau: »Dies ist eine wichtige Frage: Mache ich Musik nur für mich selbst oder für andere Menschen? Ich möchte behaupten: Musik ohne Liebe zu Gott oder zu Menschen, denen man die Welt des Traumes ohne Worte erklären möchte, ist sehr bedenklich. Meines Erachtens genügt auch die Liebe zu Menschen, ohne die Anbetung Gottes einzubeziehen. Musik kann eine heilende Wirkung haben. Mich fasziniert Musik, die mich bewegt, aber auch die Auswirkungen, die Musik bei andern Menschen hat. Dies zu beobachten, ist meine Lebensaufgabe.«

Klempnauer: »Was beobachten Sie bei jungen Menschen, die Ihre Rockkonzerte besuchen?«

Rau: »Wenn Peter Maffay mit Inbrunst sein Lied ›Du‹ singt, habe ich in seinen Konzerten oft beobachtet, wie sich Pärchen gefunden haben und näher gekommen sind, wie sie zärtlicher miteinander umgingen und auch nach dem Konzert das Bedürfnis hatten, lieb zueinander zu sein.

Die Musik kann aber auch neuen Lebensmut geben und mich stärker machen, mir einen Impuls geben, dem Partner, dem Nachbarn und Chef die Wahrheit zu sagen, nicht um ihn zu verletzen, sondern um eine menschlichere Atmosphäre zu schaffen.

Ich denke auch an die zahlreichen Friedenslieder, die seinerzeit über die Sensibilisierung der amerikanischen Öffentlichkeit dazu beitrugen, den Vietnamkrieg zu beenden, und bis heute die

Friedensbewegungen unterstützen. Erwähnenswert sind u.a. Bob Dylan und Joan Baez.

Hervorzuheben ist auch der amerikanische Sänger Harry Belafonte, der auf dem Höhepunkt seiner Karriere Martin Luther King bei seinem Kampf um die Gleichberechtigung der Schwarzen musikalisch und moralisch, aber auch finanziell unter die Arme griff. Im Kampf für Freiheit und Gerechtigkeit haben für die Schwarzen die Spirituals und Gospel Songs eine ganz große Bedeutung gehabt. Die Hymne der Bürgerrechtsbewegung ›We shall overcome‹ ist kein Lied, das zum Fanatismus führt wie die Marschlieder des Dritten Reiches (›Wir werden weiter marschieren‹), sondern ein Lied, das dem Prinzip Hoffnung gilt, den Menschen humanisiert und ihn zur Solidarität mit dem entrechteten Bruder aufruft. Hier wird zur Liebe aufgerufen, nicht zum Haß.«

Tatsächlich hat Martin Luther King selbst bekannt: »Die Kraft unserer Freiheitsbewegung in den Vereinigten Staaten kam auch aus der schwarzen Musik. Ihre kräftigen Rhythmen haben uns immer wieder bestärkt, wenn uns der Mut zu verlassen drohte. Und ihre reichen Harmonien haben uns immer wieder beruhigt, wenn wir niedergeschlagen waren.« (S. Frith, Jugendkultur und Rockmusik, Reinbek 1981, S. 26)

Die schwarze Musik (Negro Spirituals, Gospel Songs, Rhythm and Blues, Jazz u.a.) beruht auf den unmittelbaren Wirkungen von Melodie und Rhythmus, spielt auf die realen Bedürfnisse und Kräfte in der Gesellschaft an und erfaßt den ganzen Menschen mit Leib, Seele und Geist. Diese schwarze Musik wurde zum Bestandteil der Rockmusik, gerade weil mit ihr gemeinsame Gefühle ausgedrückt werden können. Die Rockmusik hat viele Parallelen zu ihr. Sie ist Ausdruck der Solidarität für die junge Generation in ihrer Rebellion gegen das erstarrte »Establishment«; wie die schwarze Musik ist die Rockmusik nicht nur auf festliche Anlässe beschränkt, sondern wurde zum Bestandteil des Alltags; die Distanz zwischen Musikern und ihren Fans ist aufgehoben, weil die Rockstars aus den Reihen der Fans kamen und sich zu ihrem Sprachrohr machten. Auf diese Weise entwikkelte die rebellierende Jugend auch ihr eigenes Selbstbewußtsein, und die Rockmusik wurde zu einer Gegenkultur, die sich auch politisch artikulierte.

In die politische Geschichte der Rockmusik werden auch die Mammutkonzerte »Künstler für den Frieden« eingehen, für die Veranstalter Fritz Rau neben Udo Lindenberg, Peter Maffay, Joan Baez u.a. auch Harry Belafonte gewinnen konnte. Dieser bedankte sich 1982 vor mehr als hunderttausend Menschen in Bochum öffentlich bei Fritz Rau, der wiederum tief beeindruckt war von Belafontes Rede im Geiste Martin Luther Kings.

Nicht vergessen werden sollte das zugunsten der Afrika-Hilfe im Juli 1985 veranstaltete größte Rockkonzert aller Zeiten, das gleichzeitig in London und Philadelphia (USA) von 160 000 Fans und über einer Milliarde Fernsehzuschauern gesehen wurde. Alle weltbekannten Rockmusiker, die an diesem 16stündigen Festival beteiligt waren, verzichteten auf ihre Gage und erspielten einen Spendenbetrag von über 200 Millionen Mark, die für Projekte zur langfristigen Behebung der Hungersnot und zur Soforthilfe für die afrikanischen Hungergebiete eingingen.

Einige Jugendkultur-Experten weisen darauf hin, daß die Rockmusik auf einem Widerspruch aufbaue; sie sei gleichzeitig eine Quelle von Solidarität und aktiver Unzufriedenheit, aber auch eine Form von individueller Flucht; sie baue nicht bloß Aggressionen ab, sondern fördere sie manchmal auch. Ich frage Fritz Rau, wie er dieses Phänomen beurteilt.

Rau: »Hier setzt meine Kritik an einem Teilbereich der Rockmusik an, wo aus vordergründigen, vielleicht sogar kommerziellen Gründen Haß gepredigt wird, wo junge Leute einer überharten Rockmusik verfallen, die sich in dem journalistischen Begriff ›Heavy Metal–Rock‹ verselbständigt. Wo ein ›Highway to hell‹ (Straße zur Hölle) gepredigt wird, muß man sehr hellhörig werden. Natürlich muß man die vorhandene Bereitschaft zur Gewalt bei bestimmten jungen Leuten erkennen, aber zugleich fragen, wer diese Lust an Gewaltausübung bei ihnen verursacht hat.

Man sollte sich aber auch davor hüten, abschreckende Einzelbeispiele aus dem sogenannten Heavy Metal-Rock herauszuziehen und damit die Rockmusik zu diffamieren. Alle Musik, die nicht der Liebe dient, sondern dem Haß, ist vom Übel.

Es gab manche Verwirrungen in der Rockmusikgeschichte. In den frühen 60er Jahren haben einige Rocksänger, inspiriert von Timothy Leary, den Gebrauch von Drogen im Sinne einer Bewußtseinserweiterung propagiert, und einzelne sind daran zugrunde gegangen. Heute gilt der Satz von Udo Lindenberg: Die beste Droge ist der klare Kopf. Als Versündigung am eigenen Leben und am Mitmenschen würde ich auch die inzwischen bekannten negativen Auswirkungen der Parolen ›Trau keinem über dreißig‹ und ›ich sterbe jung‹ bezeichnen.

Man muß aber nicht alle Gewaltdarstellungen in der Rockmusik negativ beurteilen. Jimi Hendrix hat z.B. aus seinem Lied ›Star Spangled Banner‹ – eine Verunglimpfung der amerikanischen Nationalhymne – eine Apokalypse gemacht, indem er Bombenterror und Tieffliegerangriffe musikalisch imitierte, um an den Vietnamkrieg zu erinnern. Es war keine Gewaltverherrlichung, sondern ein Aufschrei, eine Entlarvung, ein Meisterwerk der Verfremdung. Diese Demonstration musikalischer Gewalt war die Überwindung der körperlichen Gewalt.

Gefährlich wird die Musik dann, wenn Inhaber von Macht sie mißbrauchen, nicht Außenseiter oder junge Menschen, die zum akustischen Widerstand gegen einen unmenschlichen Krieg aufrufen. Wenn aber – wie im Dritten Reich – ein diabolisch-genialischer Propagandaminister ganz harmlos erscheinende Durchhaltelieder wie ›Ich weiß, es wird einmal ein Wunder geschehen‹ zur Erweiterung und Erhaltung von Macht über andere Menschen und Völker einsetzt, beginnt politische Gefährdung.«

US-Rockidol Bruce Springsteen: »Ich habe keine Antwort«

Als Amerikas Rock-Idol Bruce Springsteen 1981 erstmals nach Deutschland kam, mußte Fritz Rau den Superstar, der keiner sein will, mit einem alten VW-Bus vom Frankfurter Flughafen abholen. Im ersten McDonalds-Restaurant, an dem sie vorbeikamen, bestellte sich der millionenschwere Rocksänger eine Coca-Cola und einen Big Mac. Er raucht nicht, trinkt keinen Alkohol und führt ein solides Leben.

Der Arbeitersohn aus New Jersey glaubt an den amerikanischen Traum und an traditionelle Werte wie Familie, Freundschaft und Zuversicht. Als der 35jährige »Rock-Heiland« (Der Spiegel) 1985 auf Europa-Tournee war und auch in Deutschland die größten Stadien wie das Frankfurter Waldstadion und das

Münchener Olympiastadion füllte, verkündete er: »Ich habe für niemanden eine Antwort parat, nicht einmal für mich. Aber das Publikum der 60er Jahre war so naiv, Antworten zu erwarten. Das Publikum der 80er Jahre weiß, daß es keine gibt.« – Wie beurteilt der Konzertveranstalter diese »Haltung«?

Rau: »Am Anfang der Philosophie steht die Frage. Wer eine Frage aufwirft, erzielt bereits einen gewaltigen Fortschritt. Antworten können gefährlich sein, weil sie dem Menschen das Denken abnehmen und ihm etwas suggerieren, was vielleicht gar nicht stimmt. Es gibt keine dummen Fragen, aber dumme Antworten. Dieses Verhalten ist natürlich unreligiös und unchristlich; denn der christliche Glaube gibt uns Antwort auf quälendste Fragen: Woher wir kommen, wozu wir leben, wohin wir gehen. Da ist von Gnade, Liebe, Erlösung, Auferstehung und ewigem Leben die Rede.

Ein Künstler stellt Situationen in Frage und weckt das Bedürfnis, Antworten zu suchen und zu finden. Darin besteht sein Dienst an Menschen.«

Klempnauer: »Dabei denke ich an Peter Maffays Lied ›Lieber Gott, wenn es dich gibt‹, das die Frage aufwirft, ob es Gott gibt. Immer wieder habe ich junge Menschen gefragt, ob es nicht besser wäre, wenn Maffay singen würde: ›Lieber Gott, es gibt dich.‹ Ihre Antworten waren fast einstimmig: »Er soll uns ins Fragen bringen und nicht manipulieren. Wir wollen selbst die Antwort finden.«

Rau: »In Maffays Lied wird die Möglichkeit der Existenz Gottes angesprochen. Glaube beruht nicht auf Zweifel, sondern auf völliger Hingabe. Dennoch ist Peters Ansprache an Gott so gehalten, daß er seinen Fans jetzt nicht eine Wahrheit, die er für richtig hält, in den Kopf setzt, sondern einen Denk- und Glaubensprozeß in Gang setzt, sich einmal mit Gott zu beschäftigen.

In der Bibel steht das Wort: ›Weil du aber lau bist und weder warm noch kalt, werde ich dich ausspeien aus meinem Munde‹ (Offenbarung 3,16). Für mich sind die Schlimmen nicht die Atheisten, die Gott zwar leugnen, aber sich intensiv mit ihm auseinandersetzen und oft kurz vor ihrem Tod plötzlich ihre Haltung ändern. Schlimm sind für mich die Lauen, die gedankenlos dahinleben und sich davor drücken, die Frage nach Gott zu stellen; denn sie drängt sich jedem Menschen auf, wird aber verdrängt. Und Maffays Lied gibt mir einen Anstoß, die Verdrängung zu beenden und mich Gott zu stellen.«

Klempnauer: »Der Kirchenvater Augustinus hat einmal gesagt: ›Wir sind zu Gott hin geschaffen, und unser Herz ist solange unruhig, bis es ruht in dir, o Gott.‹«

Rau: »Das ist Gnade, wenn man Gott gefunden hat.«

Klempnauer: »Ist es nicht ein gewisser Stolz und das Vertrauenwollen auf die eigene Stärke, die mich daran hindern, Gott zu glauben?«

Rau: »Ich bewundere jeden Menschen, der sich dem Glauben an Gott hingibt. Aber ich habe für mich den Weg gewählt, mich dieser Gnade noch zu verschließen. Ich habe bisher nicht die Antwort gefunden. Ich suche.«

Hingabe an die Musik und den Menschen

Klempnauer: »Die Hingabe spielt in Ihrem Leben eine sehr entscheidende Rolle. Der Theologe Paul Tillich hat den Gottesbegriff so umschrieben: ›Ergriffensein von dem, was mich unbedingt angeht‹. Ihre Ergriffenheit beschränkt sich meines Erachtens auf die Musik bzw. auf jene Menschen, die ›himmlische‹ Musik machen, die Sie ›verzaubern‹. In Ihrem Buch ›Buchhalter der Träume‹ schreiben Sie: ›Meine Hingabe an Udo Lindenberg oder Bob Dylan war nicht nur mitmenschliche Fürsorge für den Künstler, es war totale Hingabe an das Genie mit dem insgeheimen Wunsch, gewissermaßen als Mond von der strahlenden Sonne selber ein wenig erleuchtet zu werden.‹«

Rau: »Die Hingabe an den Künstler und an das Konzertpublikum erfüllt mein Leben. Ich lebe nach der Prämisse: Liebe deinen Nächsten wie dich selbst. Oder anders ausgedrückt: Diene deinem Nächsten, wie man dir dienen soll. Die Dienstleistung ist heute im Zeitalter der Technik ein zentrales Problem. Es gibt Diener, aber keine Herren. Meine Mitarbeiter dienen mit mir zusammen einer Sache: gute Konzerte zu machen. Das ist meine Religion.«

Klempnauer: »Der 1970 verstorbene drogenabhängige Rockstar Jimi Hendrix machte die Musik zu seiner Religion und wollte vielleicht auch dem Publikum dienen. Auf dem Höhepunkt seiner Karriere erfuhr er auf schmerzliche Weise, daß er von seinen Fans gar nicht mehr als Mensch, der geliebt werden möchte, angenommen wurde. Auf der Bühne sagte er kurz vor seinem Tod: ›Da sitzen Tausende von euch. Seid ihr wirklich gekommen, um mich zu sehen, oder seid ihr gekommen, den Star Jimi Hendrix zu sehen und ›Foxy Lady‹ zu hören?«

Rau: »Ich habe Jimi Hendrix persönlich gut gekannt. Er liebte sein Publikum und demonstrierte meines Erachtens keinen Ego-Trip. Er wurde von seinem Manager stark ausgebeutet und war zu gutmütig für das harte Show-Geschäft. Er konnte seinem Manager keinen Wunsch abschlagen, machte sich kaputt und wurde schließlich rauschgiftsüchtig. Wenn ein Künstler wie Jimi Hendrix sich seinem Publikum total hingibt, kommt es zwangsläufig zur Vereinsamung.

Ein Rockstar, der ein Massenpublikum hat, muß von seinem Betreuer aus Gründen des Selbstschutzes abgeschirmt werden. Die äußeren Zwänge verbieten es dem Bühnenstar, persönliche Kontakte mit jedem einzelnen Zuschauer aufzunehmen. Wer sich ständig für andere Menschen aufopfert, findet keine Zeit mehr für seine eigenen Probleme und wird irgendwann unfähig, sich selber noch zu begegnen und zu helfen. Ich hatte das gleiche Problem: Als Konzertveranstalter kümmerte ich mich zeitweise nur um den Künstler und um optimale Bedingungen für seinen Auftritt und blieb als Familienvater und Ehemann auf der Strecke.«

Der Seiltänzer ohne doppelten Boden

Klempnauer: »Das von Ihnen genannte Gebot: ›Du sollst deinen Nächsten lieben wie dich selbst‹ hat noch einen wichtigen Vorspann: ›Du sollst den Herrn, deinen Gott, lieben von ganzem Herzen, von ganzer Seele und von ganzem Gemüt.‹ (Matthäus 22,37.39) Wo ich mich von Gott geliebt weiß und diese Liebe erwidere, fällt es mir leichter, auch meinen Nächsten zu lieben wie mich selbst. Und wo ich andere Menschen oder mich selbst nicht mehr als liebenswert empfinde, fühle ich mich dennoch geborgen in der unverdienten Liebe Gottes.

Ich sagte mal in einer Predigt: ›Christen gleichen einem Seiltänzer mit doppeltem Boden. Wenn sie versagen oder verzagen, stürzen sie nicht in den Abgrund der Verzweiflung, sondern wissen sich aufgehoben in der tröstlichen Gewißheit der Liebe Gottes‹.

Am Ende Ihrer Lebenserinnerungen berichten Sie über den tragischen Tod Ihrer Frau Hildegard (1983) und schauen zugleich dankbar zurück auf sechs Jahre (1958–1964) Ihres Lebens, ›in denen meine Frau und die Kinder das Sicherheitsnetz waren, in das ich mich voller Vertrauen hineinfallen lassen konnte, wenn ich mir mal an der Sonne die Flügel verbrannt hatte‹. – Braucht nicht jeder Mensch eine letzte Geborgenheit, um nicht zu verzweifeln, wenn das menschliche Sicherheitsnetz zerreißt?«

Rau: »Ich gebe zu, daß mir diese letzte Geborgenheit fehlt; darin besteht meine Verzweiflung und damit hängt auch meine ständige Auseinandersetzung mit dem Suizid (Selbstmord) zusammen. Meine Hingabe an den Künstler und an das Konzertpublikum haben mir bisher die Kraft gegeben, so zu leben, daß ich eigentlich immer wieder aus allen Verzweiflungen herausgekommen bin. Mein Maßstab ist der Dienst am Menschen, nicht das Geldverdienen. Ich habe keinen Respekt vor Leuten, die einen ungeliebten Beruf ausüben und nach Feierabend ihre Erfüllung woanders suchen. Ich fühle mich in der Gnade, daß ich den ganzen Tag das tun kann, woran mein Herz hängt. Mir tun Materialisten und reiche Leute leid, die ihre Potenz aus dem wirtschaftlichen Reichtum beziehen. Ich habe keine Angst, mein materielles Vermögen heute zu verlieren, weil ich das geistige Vermögen habe, morgen wieder von vorne anzufangen. Das gibt eine ungeheure Kraft. Ich habe keine Lebensangst.«

Klempnauer: »Und doch ist da eine Erwartungsangst; denn das Bild vom ›verdammten Seiltänzer ohne Netz und doppelten Boden‹ läßt Sie nicht los, auch nicht im Zusammenhang mit Ihrem geliebten Beruf, mit der Veranstaltung eines Konzerts. Weil irgend etwas schief gehen könnte, kommen Sie sich nicht nur wie ein Seiltänzer, sondern auch ›wie ein Bergsteiger vor – wie der Messner, der ohne Sauerstoffgerät fast manisch auf den Achttausender rauf muß. Im Grunde bin ich kein Spieler. Trotzdem spiele ich mit jedem Konzert. Aber ich lasse die Kugel nicht nur rollen, sondern ich sitze auch noch in der Kugel drin.‹ (F. Rau, S. 237f.) Ist da nicht auch die Angst, eines Tages nicht mehr von der Sonne Ihres Rockstars beschienen zu werden?

Wie war das, als der Superstar Jimi Hendrix starb, dessen letztes Open-Air-Konzert Sie im Herbst 1970 auf der Insel Fehmarn veranstaltet hatten?«

Hunger nach Liebe und Zärtlichkeit

Rau: »Leider fehlt mir die Fähigkeit einer letzten Hingabe an einen guten Freund genauso, wie ich als Ehemann und Vater meinen Platz nicht voll ausgefüllt habe. So habe ich mich auch nicht dem Menschen Jimi Hendrix hingegeben, dessen Tod ich heute noch betraure, sondern dem, was dieser Rocksänger bewirkt hat. Sein Lied ›Star Spangled Banner‹ lebt weiter. Sein Tod hat in mir die Hingabe an die Musik nicht ad absurdum geführt, und seine Konzerte und Schallplatten sind in meinem Bewußtsein vorhanden. Deshalb bleibt es meine Aufgabe, das von mir als notwendig empfundene Lebensmittel und Überlebensmittel, nämlich die Musik und ihre Künstler, dem Publikum optimal anzubieten. So haben auch Hendrix' Balladen und Blues für mich etwas mit Wohlklang, Wohlbefinden und Zärtlichkeit zu tun. Ich fühlte mich von seiner Musik wie gestreichelt. Ich werde nie vergessen, als wir nach einem Konzert ins Hotel zurückgingen, und Jim im Zimmer sich auszieht, einen Farbkasten auspackt und sich mit einem nassen Pinsel anmalt – mit langsamen zärtlichen Strichen streichelt er mit dem Pinsel seine Haut. Ein Hunger nach Liebe und Zärtlichkeit.«

Klempnauer: »Sie haben als Kind auf solche Zärtlichkeiten vergeblich gewartet. Den frühen Tod Ihrer krebskranken Mutter haben Sie als achtjähriger Junge als ›eine Art Befreiung‹ empfunden, weil sie Ihnen durch ihre übertriebene Fürsorge ›die Luft zum Atmen‹ nahm und Sie für Ihre Mutter letztlich nur ein Ersatzobjekt ihrer krankhaften Selbstliebe waren. Das Gefühl der Geborgenheit blieb aus.«

Rau: »Das war halt so und wirkt nach, und man muß sehr viel an sich arbeiten, um die Zärtlichkeit zu entwickeln; ich mußte sie mir woanders holen. Was andere Menschen von der Mutter in

Fleisch und Blut mitbekommen haben, ist für mich die Musik. Jetzt werden sie vielleicht lächeln. Aber die Musik ist für mich das, was ich als Atheist mit Gott anfangen kann. Wenn es einen Gott gibt, dann ist die Musik die schönste Spur, die er uns gibt, nämlich die Fähigkeit, mit Klängen Träume und Zärtlichkeit zu wecken. Das spüre ich.«

Klempnauer: »Gewiß können musikalische Klänge einen Menschen vorübergehend verzaubern und ein augenblickliches Wohlbefinden auslösen. Ich kann mich in einen Klangrausch einhüllen lassen und für eine Zeitlang meine Alltagswirklichkeit vergessen. Sicherlich hat die Musik auch vielfältige heilende und soziale Funktionen, über die wir bereits gesprochen haben, aber sie wird mir wohl kaum eine Antwort geben auf meine quälendsten Fragen und auch nicht das Sicherheitsnetz ersetzen.

Ist das nicht auch – zumindest unbewußt – ein Grund Ihrer beneidenswerten Offenheit für kritische Fragen und für die Auseinandersetzung mit religiösen und philosophischen Anschauungen? In Ihrer Studentenzeit haben Sie sich intensiv mit dem französischen Existentialismus, vor allem mit Albert Camus und Jean-Paul Sartre, beschäftigt.«

Rau: »Für mich war der Existentialismus eine genauso radikale Hingabe. Meine Freunde und ich haben 1955 Eigentum für Diebstahl erklärt und alles verkauft, auch unsere Bücher. Großen Einfluß hat auf mich ›Der Mythos von Sisyphos‹ gehabt, wo Camus seiner Vorstellung vom Menschen, der – in einer absurden Welt auf sich selbst zurückgeworfen – dennoch durchhalten müsse, philosophisch Ausdruck gab. Oder ich denke an das wunderbare Buch ›Die Wörter‹ von Sartre, in dem er seine elsässische Jugend beschreibt.«

Klempnauer: »Der 1980 verstorbene Sartre erinnert mich in seiner Biographie ›Die Wörter‹ an Ihre Lebensgeschichte. Von seinen Eltern verstoßen, verabscheute Sartre seine Kindheit. Er mußte bei seinem autoritären, katholischen Großvater aufwachsen, der nach Sartre ›Gott aus seinem Leben fernhielt, weil er sicher war, ihm in der Todesstunde zu begegnen‹. Der Junge sehnte sich nach seinen eigenen Worten nach einem Weltschöpfer, nach seiner Liebe und Geborgenheit, aber ihm wurde Gott als Oberbefehlshaber vorgesetzt, der ihm Angst einflößte. 50 Jahre später bedauerte Sartre immer noch, ›daß zwischen Gott und mir damals nichts gewesen ist‹.

Der frustrierte Intellektuelle mußte notgedrungen ein Weltbild ohne Gott entwerfen: ›Der Mensch ist zur Freiheit verurteilt und kann nur existieren, wenn er sich selbst verwirklicht.‹ Sartre betrachtete seine literarische Arbeit als eine Art religiöse Ersatzfunktion: ›Ich habe das geistliche Gewand abgelehnt. Ich schreibe, was sollte ich sonst tun.‹ – Gab es diese Oberbefehlshaberfunktion nicht auch in Ihrer Jugendzeit?«

Rau: »In meiner Kindheit war meine Mutter Marie dieser Oberbefehlshaber, nach ihrem Tod Walter Rau und natürlich Adolf Hitler. Es mag tatsächlich eine sinnliche Abneigung gegen eine gottähnliche Figur dazu geführt haben, daß ich aufgrund dieser Unterdrückung die oberste göttliche Autorität nicht mehr akzeptieren konnte.«

Klempnauer: »Trotz Ihrer berechtigten Vorbehalte gegen Unterordnung im zwischenmenschlichen Bereich ließ Sie die Sehnsucht nach Gott nie ganz los. Nach dem Zusammenbruch des Hitlerreiches entschlossen Sie sich selbst zur Konfirmation in der evangelischen Kirche und engagierten sich auch im Religionsunterricht solange, bis Sie auf den erbitterten Widerstand des lehrenden Pfarrers stießen, weil Sie wissen wollten, wieso ein Pfarrer sich nicht gegen die Nazis gewehrt und die Kirche die Waffen gesegnet hatte. Der zuständige Oberkirchenrat stellte vergeblich den Antrag, ›den aufmüpfigen Fritz Rau von der Schule zu weisen‹.

Aus verständlicher Enttäuschung kehrten Sie der Kirche und wohl auch Gott den Rücken und entdeckten die Erlösungsmacht Musik, die Ihre innere Leere ausfüllte. Was für Sartre das Schreiben war, ist für Sie die Musik geworden.«

Rau: »Die Musik ist für mich nicht Gott, aber eine göttliche Gnade, d.h. die Erlösung von allen Übeln. Ich bin immer wieder Menschen begegnet, von denen ich Liebe empfangen und denen ich Liebe gegeben habe. Aber die größte Gnade meines Lebens ist die Begegnung mit der Musik und die Erlösung durch Musik. Doch die Musiker sind für mich keine Götter, und darum kann die Musik für mich auch kein Gottesersatz sein. Ich würde eher mit dem Philosophen Martin Heidegger sagen: Die Musik ist für mich ›der Vorschein eines göttlichen Wirkens‹, das ich nicht erklären kann.«

Klempnauer: »Für mich ist die Musik eine wunderbare göttliche Gabe, die Menschen erheben und beglücken, aber niemals eine erlösende Funktion haben kann.«

Martin Heidegger sagte in einem Interview mit dem ›Spiegel‹-Herausgeber Rudolf Augstein kurz vor seinem Tode: ›Die Philosophie und alles bloß menschliche Sinnen und Trachten sind am Ende. Nur noch ein Gott kann uns retten. Uns bleibt die einzige Möglichkeit, im Denken und im Dichten eine Bereitschaft vorzubereiten für die Erscheinung Gottes oder für die Abwesenheit Gottes im Untergang.‹«

Rau: »Das sagen sie alle, wenn sie sterben. Vielleicht sage ich es in 10 Jahren auch. Ich habe 10 Monate um das Leben meiner Frau gekämpft und verloren, und dabei bin ich Gott näher gekommen. Ich bin noch nicht am Ende; denn Atheismus bedeutet nicht, eine Antwort oder eine Lösung zu haben, sondern weiter zu suchen. Nach meinem heutigen Bewußtseinsstand bin ich noch nicht bereit, die Gnade der Hingabe an Gott zu empfangen. Ich nehme viele ganz depressive Stimmungen und Verzweiflungen in Kauf und habe noch die Kraft, damit zu leben.«

Udo Lindenberg

Panische Zeiten: Vom »totalen Paradies« zum »Finale« des Weltuntergangs

»Wenn die Mütter morgens in der Zeitung lesen, daß wir kommen, kriegen die 'n Schock: O Tochter, geh da bloß nicht hin. Die spielen doch diesen wilden animalischen Rock.« Gemeint ist Udo Lindenberg mit seinem »Panikorchester«, der mit seinen selbstverfaßten satirischen Songs, die seine Lebenserfahrungen widerspiegeln, unsere Gesellschaft herausfordern will: »Er steht auf der Bühne, und sie nennen ihn Rock'n'Roll-Raubtier. Und er hat ja auch die Leopardenhose an. Was er säuft und schluckt und raucht, wieviel Bräute er verbraucht, steht in jeder Zeitung drin, und heute ist er hier.«

Heute ist »Udo 85« hier in der Siegerlandhalle. Ich habe mit dem 38jährigen »amtierenden deutschen Meister des Rock'n'Roll« ein Interview vereinbart und beobachte den »Jodelzigeuner« zunächst aus gebührender Distanz in lockeren Gesprächen mit »Lindi«-Fans, Roadies und Managern, stets bewacht von einem kahlgeschorenen Leibwächter, der den cool wirkenden Superstar pausenlos mit Cocadosen und Zigaretten versorgt. Alkohol ist nicht mehr drin. Vor sechs Jahren sang er noch: »Er brannte wie ein Feuerwerk, das glit-

Udo Lindenberg ©Polydor Deutsche Grammophon Gesellschaft mbH, Hamburg

zert und funkelt und knallt, zwischen Suff und Drogen ist er abgestürzt; er war erst 32 Jahre alt.«

Udo mit Hut, den er auch in seinen Gesprächen mit Bundespräsident Richard von Weizsäcker, Willy Brandt und Olof Palme nicht abnimmt, gibt sich natürlich und leutselig, hört engagiert zu, wenn junge Rocker ihren Alltagsfrust bei ihm abladen, lächelt freundlich Fotografen zu und diskutiert leidenschaftlich über die »schöne neue Welt, die bald erschöpft ist«. Er schimpft auf die Mächtigen im Kreml und im Pentagon, ist stolz darauf, daß er auf Einladung der Sowjetregierung 1985 Friedenslieder in Moskau singen konnte, und wartet immer noch auf den »Sonderzug nach Pankow« (Titel eines Songs), um mit »Honey« (Erich Honecker) Freundschaft zu schließen: »Ich weiß genau, ich habe furchtbar viele Freunde in der DDR, und stündlich werden es mehr. Erich, ey, bist du denn wirklich so ein sturer Schrat, warum läßt du mich nicht singen im Arbeiter- und Bauernstaat.«

Alles, was Udo Lindenberg inszeniert, ist spektakulär, anstößig, oft skandalös und manchmal himmelschreiend.

»Panische Zeiten« mit Bundeskanzler Udo L.

Udo will Aufsehen erregen, koste es, was es wolle. Vor mir steht ein selbstbewußter, gewaltloser Revoluzzer in hautenger Lederhose und schwarzem Hut mit Stern. Auf der unübersehbaren Gürtelschnalle stehen fünf große Buchstaben »PANIK«. Im August 1973 gründete Udo sein berühmt-berüchtigtes Panikorchester. Die Rock'n'Roll-Rakete wurde gestartet und fliegt seitdem mit mehr oder weniger lautem Getöse durch den deutschen Rockhimmel. Panik bedeutet für Udo »Aufruhr, Unruhe, Kontroversen«. Er möchte in die müde deutsche Musikszene »harten Sturm reinblasen«, den »Spießern angst machen und ihnen die Peitsche geben«.

Was er meint, kommt am besten in seinem 1980 gedrehten Unterhaltungsfilm »Panische Zeiten« zum Ausdruck, für den der Schallplattenmillionär zwei Millionen Mark investieren mußte. (Beim Publikum kam der Film nicht an.) Der Rocksänger agiert in diesem abendfüllenden Kinofilm als Produzent, Regisseur und Hauptdarsteller in der Doppelrolle als Detektiv Carl Coolmann und Bundeskanzler.

Diese Welt ist für den aggressiven Rocksänger ein Schlachtfeld der Supermächte, der konkurrierenden Wirtschaftskonzerne, der seelenlosen Bürokraten und Wissenschaftler, deren egoistischen Machtinteressen die Volksmassen zum Opfer fallen.

Udo selbst pendelt zwischen Allmachtsphantasien und Ohnmachtsgefühlen, Wahn und Wirklichkeit, hemmungsloser Lebensgier und Sehnsucht nach Geborgenheit, zwischen Gott und Teufel.

Er macht sich zum Sprachrohr einer frustrierten Generation, die letztlich nicht mehr weiß, was sie will und wohin die Reise geht.

Der Rocksänger spielt bewußt verrückt, um die verrückten Ideen in einer verrückten Welt wieder zu verrücken.

Odyssee – und keiner weiß, wohin die Reise geht

An verrücken Ideen mangelt es Udo nicht. Lindenberg-Rockkonzert 1983: Im Scheinwerferlicht taucht eine perfekte Schiffskulisse auf. Auf der Kommandobrücke steht Kapitän »Wahnsinn« am Steuerrad, auf dem Oberdeck Passagiere auf Liegestühlen, im Unterdeck panikerprobte Musiker in Matrosenkluft. Aus den Lautsprechern dröhnt Udos Lied »Odyssee« in Anlehnung an das Heldenepos des griechischen Dichters Homer, der die Irrfahrten des Odysseus auf den Weltmeeren schildert. Auf Lindenbergs Schiff ist die Hölle los: Valium-Cocktails werden serviert, gierige, fette Passagiere spielen American-Poker und Russisch-Roulett, auf den kugelsicheren Kommandobrücken stehen kranke alte Männer an eisernen Krücken, der Kompaß klemmt, und die Navigatoren haben schon lange jede Richtung verloren. Seit Jahren ist kein Land in Sicht. Der Song endet mit den Worten: »Und Kinder starren an der Reling auf das Abendrot am Horizont, und sie haben Angst vor der ewigen Nacht, daß die Sonne morgen früh nicht wiederkommt. Odyssee – und keiner weiß, wohin die Reise geht.«

In einer andern Rockbühnenshow kündigen Nebelschwaden und zuckende Blitze die Landung von Commander Udo Lindenberg auf fernen Galaxien an, um auf der Erde den Kampf gegen »Fuzzis, Glattmänner und Kriegstreiber« aufzunehmen. Udo tritt vors Mikrofon und singt den Titelsong »Affenstern«, in dem es heißt: »Ihr wohnt zwar nicht mehr auf den Bäumen, doch die Affen seid ihr immer noch. Statt mit Bananen schmeißt ihr jetzt mit Waffen, ihr da unten auf dem Planeten der Affen.«

Die »Landung« dauert zwei volle Stunden: Wesen aus dem All wirbeln über die Bühne, prominente Politiker aus Ost und West torkeln als überdimensionale Styrioköpfe durch die Gegend, um schließlich von Udo ins All geschossen zu werden.

Mit dem Mut der Verzweiflung versucht er seine Fans wachzurütteln: »Leute, steht auf, macht was. Die Welt geht unter, wenn ihr nichts unternehmt.«

Zusammen mit einem 10jährigen Jungen fragt Udo in seinem Lied »Wozu sind Kriege da«: »Herr Präsident, ich bin jetzt 10 Jahre alt und fürchte mich in diesem Atomraketenwald. Sag mir die Wahrheit, sag mir das jetzt: Wofür wird mein Leben aufs Spiel gesetzt?«

In seiner entwaffnenden, scheinbar kindlichen Einfalt feiert der Rocksänger den Einmarsch der Russen in Berlin: »In 15 Minuten sind die Russen auf dem Kurfürstendamm, sie lassen ihre Panzer im Parkhaus steh'n und wollen im Cafe Kranzler die Sahnetörtchen seh'n.«

Wenn Lindenberg mit der traditionellen Russenangst sein Spiel treibt, fährt ein Papp-Panzer auf, aus dem Sowjetsoldaten überdimensionale Wodkaflaschen herausreichen und das Kanonenrohr abmontieren, das als Blumenvase herumgegeben wird. Mit solchen Späßen will er die Absurdität der derzeitigen Weltpolitik verständlich machen.

Der Politrocker ist seit Jahren darin geübt, die jeweilige politische und wirtschaftliche Atmosphäre in der Jugend darzustellen und auf sich aufmerksam zu machen. Lobenswert ist gewiß auch sein Engagement für die Arbeitslosen; Udo verzichtete im Rahmen seiner Konzerttournee 1985 auf die Einnahmen von 30 000 Mark in seiner Heimatstadt Gronau zugunsten der Unterstützung arbeitsloser Jugendlicher.

Für Udo Lindenberg drückt sich in der Rockmusik und seinen Texten das Lebensgefühl einer Generation aus, ihre »spontanen Träume, Sehnsüchte und Rebellion gegen eine verkrustete Gesellschaft«.

Wie hat das alles für ihn angefangen?

In seinem Buch »Rock'n'Roll und Rebellion« heißt es: »Wer euch die Geschichte des Rock'n'Roll erzählen will, muß auch die Revolten der Jugend beschreiben, die den Rock'n'Roll erst zu ihrer Musik gemacht haben.«

In der kleinbürgerlichen westfälischen Stadt Gronau aufgewachsen, fühlte sich Udo bereits als 11jähriger 1957 von dem amerikanischen Rock'n'Roll-Sänger Elvis Presley angezogen: »Er hat uns mit seiner Musik gegen unsere Eltern, denen ja sonst alles gehörte, etwas Eigenes gegeben. Bald hatte ich eine Sammlung von Platten mit ›Amigeheul und Negermusik‹, und meine Oma fiel in Ohnmacht.« Als Gegenpol zu Elvis Presley entdeckte Udo den amerikanischen Protestsänger Bob Dylan, dessen »radikale Protestsongs immer aus konkreten Begebenheiten entstanden, wo es z.B. um die Diskriminierung der Schwarzen oder das Unrecht gegenüber den gesellschaftlich Schwachen ging«.

Dylans Gesellschaftskritik beeindruckte den ebenfalls mit seiner Umgebung unzufriedenen Udo, der Gronau für ein »kleinkariertes, miefiges Nest« hielt, »wo wirklich nicht viel passiert«.

Udo wollte anders leben als seine Eltern »in ihrem spießbürgerlichen Milieu«. Sein Vater sei zwar ein tüchtiger Handwerker gewesen, konnte aber nur richtig lustig sein, »wenn er gesoffen hatte«. Seine Mutter habe sich ihr ganzes Leben abgerackert. Manchmal habe er für seine Eltern so eine Art Mitleid empfunden, niemals Zorn.

Udo wollte jedenfalls die Abenteuer des Lebens nicht nur im Fernsehen erleben, »und ich hab' den Eindruck gehabt, über die Musik könnte man es ganz gut machen«.

Sein älterer Bruder nahm ihn zu Jazzband-Veranstaltungen mit, und als 12jähriger saß er zum erstenmal an einem Schlagzeug.

Nach der Mittleren Reife tingelte der Musikbesessene durch die Provinz, bis der inzwischen 17jährige als Schlagzeuger von einem amerikanischen Soldaten-Club in Tripolis für ein Jahr angeheuert wurde. Dort wurde er alkoholkrank und mußte nach seiner Rückkehr vorübergehend den Nervenarzt konsultieren.

Es folgten eine abgebrochene Kellnerlehre, eine Stippvisite in der Musikhochschule in Münster, Gelegenheitsjobs in Hamburg als Trommler bei der Folkloregruppe »City-Preachers«, Studioarbeit, Auftritte mit Knut Kiesewetter und vieles andere mehr, bis 1972 seine erste deutschsprachige LP »Daumen im Wind« erschien. Den heißersehnten Durchbruch schaffte er mit seiner LP »Andrea Doria« 1973, und im selben Jahr ging Lindenberg mit seinem neugegründeten Panikorchester erstmals auf Konzert-Tournee. Dann begann sich das Erfolgsrad unaufhaltsam zu drehen.

Sündenknall

Seit jener Zeit sind Millionen von Schallplatten von Lindenberg produziert und verkauft worden. Z.B. von der LP »Sündenknall« aus dem Jahre 1985. Wieder spektakuläre, teilweise schamlose Songs. Der Rocksänger macht sich lustig über Bundeskanzler Helmut Kohl, mitverantwortlich für den Rüstungswettlauf, schildert eine Liebesaffäre mit dem Politiker, die mit den Worten endet: »Nun sitzt du wieder in der Schaumburg-Villa und bist nicht nur ein Ladykiller, nein, auch für manchen Mann ein echter Thriller, Helmut Owiewohl – mein Sex-Idol.«

Andere Songs mit gesellschaftspolitischer Brisanz, Reizwörter unserer Zeit: TOTALES PARADIES! SAMENBANK! DATENBANK!

Thematische Einstiegsdroge in die Platte ist die Erschöpfung der Erde und ein gotteslästerlicher Spruch »des großen Mannes mit dem weißen Bart«. Nach der »Erschöpfung der Erde« endet der Song: »1985 – die Menschheit dacht sich: Jetzt erschaffen wir Gott. Jetzt sind wir selber Gott.« Dann folgt das »Totale Paradies«: »Der neue Himmel ist das Gen-Labor, Top-Modelle aus dem Genie-Tresor. Perfekte Engel.« Zum Thema »Samenbank« fallen dem Zyniker Lindenberg folgende Gedanken ein: »Möchten Sie Ihr Kind genialisch intelell, konstruieren wir Ihnen das Albert-Einstein-Modell oder 'n Musikgenie, von der Retorte geküßt, in dessen Kopf die Unvollendete schon vollendet ist ... Jetzt brauchen wir nur noch 'n paar Daten für die Datenbank.«

»Was willst du mit deinen Liedern eigentlich erreichen?« Wie oft mag er diese Frage schon beantwortet haben. Spontan antwortete er mir: »Ein bißchen wacheres Bewußtsein für die Umwelt. Sagen wir mal, so 'ne Art Transformator, dann Informationssänger und jemand, der gemeinsam mit andern Leuten versucht, ein kräftigeres Bewußtsein für die Realität herzustellen. Power machen. Wir müssen kritischer umgehen mit den Institutionen, mit den Regenten, den Lehrern, den Eltern und den Kirchen. Meine Lieder sind natürlich verbunden mit sehr viel Späßchen. Das ist sehr wichtig; denn Freude ist 'ne Energiequelle. Immer nur mit einem langen Gesicht rumlaufen, das törnt ja nicht.«

Ich frage ihn: »Udo, was bedeutet dir in diesem Zusammenhang die Rockmusik?«

Lindenberg: »Rockmusik ist sehr populär und deshalb sehr geeignet als Transportmittel für Gedanken und Gedankenaustausch. Kürzlich war ich in Moskau und hab' zusammen mit russischen Künstlern Konzerte gemacht.«

Auf die Frage, was ihn an der Rockmusik vor allem fasziniert, antwortet er: »Diese Musik ist nach allen Seiten sehr offen. Da gibt es Experimente, Fusionen mit Symphonik, mit allen möglichen gewagten Rhythmen, mit E-Musik (ernster Musik) und anderer Harmonik. Es gibt Jazz-Rock, Country-Rock, Folk-Rock. Eine bunte Vielfalt, nicht nur Heavy Metal oder Hard-Rock.«

In Lindenbergs Rockmusik spielt der harte Rockrhythmus keine unwesentliche Rolle. Deshalb frage ich ihn nach dessen Bedeutung. Lindenberg: »Die Elemente ›Heavy Metal‹ und ›Hard-Rock‹ finde ich manchmal total gut, wenn sie dramaturgisch eingesetzt werden. Dann kommt bei dem Zuhörer eine unheimliche Geschlossenheit rüber, fast ein militanter Ton, der aber durch unsere Texte, die Gewaltlosigkeit predigen, keine Gewaltaktionen auslöst. Im Gegensatz zu vielen Heavy Metals-Bands kann ich doch keine Gewalt propagieren. Ich bin ein Freund von konstruktivem, positivem Vorgehen.«

»Worauf führst du es zurück, daß die Rockbands mit destruktivem Einschlag, die Satanic- und Death-Rockbands, wie Pilze aus dem Boden schießen?«

Lindenberg: »Das ist irgendwie so ein Endzeitgefühl, das viele Jugendliche angesichts dieser hoffnungslos verfahrenen politischen und wirtschaftlichen Misere draufhaben. Und wenn es so weitergeht, droht das nukleare Desaster. Diese Lebens- und Todesangst kriegen die jungen Leute irgendwie mit; sie sehen, wie die Umwelt plattgemacht wird und daß es kaum noch Ideale gibt, für die man fighten(kämpfen) kann. Auch die Friedensbewegung hat schlappgemacht. Die jungen Leute resignieren und sagen: Wir sind kleine Fuzzis und können ja doch nichts ausrichten. Die Hoffnungslosen und Enttäuschten handeln nach dem Motto: Wenn die Erde schon untergeht, dann auch richtig. Dann feiern wir eben fröhliche Vulkan-Tanzparties. Davon halte ich gar nichts.«

»Willkommen zum Grande Finale«

Nun hat Udo Lindenberg selbst ein Lied geschrieben, nämlich »Grande Finale«, in dem er den Weltuntergang feiert: »In sieben Tagen schuf Gott die Welt. Doch sieben Tage sind echt zu knapp. Am achten Tage fand er das auch, schmiß sie ins Klo und zog ab.« In widerlichem Ton lädt der Rocksänger ein zum »Großen Finale«, das so »inszeniert wird, daß jeder krepiert. Immer lustig und vergnügt, bis der Arsch im Sarge liegt.«

Ich möchte von Udo wissen, was er sich eigentlich dabei denkt.

Lindenberg: »Das sind satirische Songs, finstere Fiktionen, menschliche Vorstellungen, mit denen man spielen kann. Ich will erreichen, daß beim Zuhören aus dem makabren Spaß ein heilsames Erschrecken wird, eine existentielle Betroffenheit: Was machen wir eigentlich? Was ist das für eine Art von Narrentanz, auf den wir uns eingelassen haben und an dem wir beteiligt sind? Das kann ein sehr starkes sinnliches Erlebnis sein, auch ein Kopferlebnis, das die Leute wachmacht.

Wenn ich mich heute auf die Bühne stelle und immer nur singe: ›Es ist so schlimm in dieser Welt. Wir haben soviele Raketen stationiert!‹ Das sage ich zwar auch in vielen Interviews. Aber das weiß doch jeder. Wer hört denn da noch hin? Bert Brecht hat sicherlich auch recht: ›Auch wenn diese Worte, tausendmal gesagt, wie Asche im Mund liegen, muß man es noch ein weiteres Mal sagen, damit nie wieder ein Krieg losgeht.‹ Aber für mich ist die Form der Satire (witzige Darstellung menschlicher Schwächen) ein geeignetes Mittel, um inflationierte Themen wieder zur Sprache zu bringen. Wenn man normal darüber redet, schrauben sich die Leute die Ohren ab.«

»Udo, hoffst du auf eine bessere Zukunft?«

Lindenberg: »Ich halte mich an den Spruch von Martin Luther: ›Wenn die Welt morgen unterginge, würde ich heute noch einen Apfelbaum pflanzen.‹ Also Optimismus auch als Strategie; denn ohne Optimismus kann man irgendwie gleich einpacken. Wir können doch nicht vor den Pathologen auf den Kommandobrükken in Washington und in Moskau kapitulieren. Ich glaube, da muß ganz viel Power von unten kommen. Es hat in der Vergangenheit gute Ansätze gegeben in der Vietnam-Bewegung, in der Bürgerrechtsbewegung von Martin Luther King. Im Augenblick ist die Luft raus.«

»Born to be wild«

In seinem Buch »Rock'n'Roll und Rebellion« gibt Udo ehrlich zu, daß es »so Zeiten gibt, da verläßt mich die Hoffnung, der Mut, da verzweifle ich an der Bekloppttheit der Menschen ... Ich sauf ab in einem Ozean der Depression.« Dann redet er sich gut zu: »Hey, du bist doch einer von den ›wilden Jungs‹, die nicht kleinzukriegen sind.«

Was Udo unter einem »wilden Jungen« versteht, drückt er in seinem Lied »Born to be wild« aus: »Hallo Mädchen, hör mal zu, morgen früh so gegen vier komm ich, um dich abzuholen.« Das Mädchen soll einen Abschiedsbrief an den Küchenschrank hängen: »Liebe Eltern, 1000 Dank! Doch Eure Welt, die macht mich krank.« Im Refrain heißt es: »Wir fahren durch die leeren Straßen weit raus auf die Autobahn. Wo die zu Ende ist, fängt unser Horizont an.«

Schon als junger Mann träumte der Rocksänger von einem Leben jenseits der »bürgerlichen Moral« und der Routine des Alltags. »Ich wollte einfach locker leben. Ich steh' auf diesem Leben; es muß viel los sein. Das normale Leben hasse ich wie die Pest. Lieber flipp ich schon aus.« Solche »Glaubensbekenntnisse« finden sich in zahlreichen Interviews mit dem 20- und 38jährigen »Lebenskünstler«, der das Leben auskosten will.

Wer seine »Highligen Schriften« (alle Songtexte von 1946–1984, Reinbek 1984) aufmerksam studiert, stößt immer wieder auf Variationen über das Kneipenmilieu, auf »Wein, Weib und

Gesang« (Lindenberg). Über seine Lieblingskneipe »Onkel Pö« schrieb er 1973 den Song »Alles klar auf der Andrea Doria«: Rosa tanzt auf dem Tisch wie ein Go-Go-Girl. Paula aus St. Pauli zieht sich immer aus. Gottfried heißt der Knabe hinter dem Klavier, und für jede Nummer Ragtime kriegt er 'n Korn und 'n Bier ... Jetzt kommt noch einer rüber aus der Dröhndiskothek, und ich glaub', daß unser Dampfer bald untergeht, aber sonst ist heute wieder alles klar auf der Andrea Doria.«

Als der »verlorene Sohn« seiner Heimatstadt gerade 17jährig den Rücken kehrte, um als Schlagzeuger die große Freiheit zu finden, lernte Udo »Lady Whisky« kennen, »seine hochprozentige Braut, die er wahnsinnig berauschend und am nächsten Morgen zum Kotzen fand«. Sie begleitete ihn all die Jahre hindurch, wenn er traurig war, war sie immer für ihn da, wenn die Welt so höllisch und der Himmel verschlossen und der liebe Gott mal wieder auf fernen Reisen war«. Und am Ende seines Songs »Lady Whisky« heißt es: »Lady Whisky, du falsche Schlange. Du sprichst vom Leben und machst mich langsam tot.«

Heute sagt Udo, der sich notgedrungen vom Alkohol verabschieden mußte: »Mir hat Alkohol nichts mehr gebracht. Ich hab' das Thema richtig heavy durch.«

In Gronau träumte Udo von einem tabufreien Leben, wozu er auch die Abkehr von den gesellschaftlichen sexuellen Normen verstand. Seine ersten sexuellen Erfahrungen macht der 17jährige im nordafrikanischen Tripolis, und zwar in einem Freudenhaus, wo er eigentlich »den Jungs von der Band nur beweisen wollte, daß er ein richtiger Mann« sei. Es war für Udo ein widerliches Erlebnis. »Da saß man im Wartesaal und hörte arabische Musik, und irgendwann kam sie und sagte: ›Bitte der nächste.‹« Dennoch wurde das Sexualerlebnis für Udo zu einem bedeutsamen Höhepunkt, aber auch zu einem Tiefpunkt, zu einer Widersprüchlichkeit und Haßliebe. Seine satirischen Songs, die ja nicht losgelöst von seinen Lebenserfahrungen zu verstehen sind, aber auch seine vielfältigen, eindeutigen, oft schamlosen Äußerungen in Interviews bestätigen diesen Eindruck.

In manchen Liedtexten wird die Sexualität geradezu vergötzt, wenn Udo z.B. in seinem Song »Geile Götter« singt: »Wir sind Götter der Lust, und wir killen – den Höllenfrust ... und wir holen uns munter den Himmel auf die Erde runter.« In einem andern Song (»Angelika«) schildert der Sänger die Gefühle eines der zahlreichen Groupies nach dem Konzert eines Rockstars im Hotelzimmer: »Sie küßt den Sternenstaub von seiner schwitzigen Haut und denkt, sie umarmt das Universum.«

Unumwunden gibt Udo zu, daß »so Groupie-Geschichten mit so Schnellservicemädels eigentlich nichts wesentlich anderes ist, als irgendwo 'n Drink zu nehmen, das Glas wieder hinzustellen und in die nächste Kneipe zu geh'n.«

Andererseits würde er von einer Freundin »absolute Treue« verlangen, »weil ich auch davon ausgeh', daß bei Mädchen so was meistens etwas anders abläuft als bei so Zigeunerknaben wie mir.«

Im übrigen hat der sexerfahrene Rockstar längst bemerkt, was der Psychotherapeut Viktor Frankl so formuliert hat: »Wem es nur um die Lust geht, dem vergeht sie schließlich.«

Udo singt (»Körper«): »Ja warum trag' ich vorzugsweise ein so trauriges Gesicht? Weil – sie wollen immer alle nur meinen Körper, meine Seele wollen sie nicht.« Der Sänger sehnt sich nach »Vitaminen für die Seele«: »Diese Dramen mit den Damen ... machen dich fix und foxy. So was kann dich fast zerstör'n, und dann hängst du da rum ...«

Der zwiespältige Rockstar macht keinen Hehl aus seiner Sehnsucht nach einer echten Liebesbeziehung: »Nur zu dir fallen mir solche schönen Träume ein (sich im Petersdom trauen lassen und eine 13köpfige Familie gründen). Ich will jede Sekunde nur noch mit dir zusammen sein bis ans Ende der Welt, wenn es das gibt ...«

»denn sie wissen nicht, was sie tun«

Es gibt viele Ungereimtheiten in der Lebensgeschichte eines Menschen. Auch bei Udo Lindenberg. Im Gespräch lernte ich zunächst einen sehr selbstbewußten Rockstar kennen, der alle routinemäßigen Fragen flüssig beantworten konnte und zunächst einen sehr »coolen« Eindruck machte. Nach seinen eigenen Worten schlüpft »Lindi« gern in die Rolle des »Carl Coolmann«, um gewisse Unsicherheiten zu verbergen. Hinter seiner rauhen

Schale wird manchmal ein weicher Kern sichtbar. In einem Lied (»Ganz egal«) erwähnt Udo James Dean, der in dem Jugendkultfilm »denn sie wissen nicht, was sie tun« einen Rebellen spielt: »Er war der erste, der geweint hat auf der Leinwand.«

Wie James Dean weiß auch Udo manchmal nicht, was er tut und warum er das tut. »Und wieder zog er los, der sizilianische Werwolf, und er riß sich die Beute, die Schnell-Service-Bräute in den Jagdgründen ... Irgendwie verstand er es gar nicht, denn er liebte seine Frau so richtig. Und wenn sie weinte, sagte er: ›Er ist das Tier in mir. Ich kann nichts dafür!‹« »Der sizilianische Werwolf« (Songtitel) fühlt sich von einer Macht bedroht, die stärker ist als sein eigener Wille. »›Oh bitte, führe mich nicht in Versuchung‹, flehte sie mich an. ›Erlöse mich von dem Bösen!‹« So läßt der Rocksänger das »Kentucky-Mädchen« (Titel-Song) sprechen. Der angesprochene Mann antwortet: »Das ist genau das, was ich nicht kann.«

Als Rocksänger schlüpft Udo in die Rolle des »Wotan Wahnwitz« (Titelsong): »Er wurde high von der Musik, sehr schnell kam er in Rage. Der Satan saß ihm im Genick und trieb ihn zur Ekstase ...«

In Anlehnung an den Song der Rolling Stones »Sympathy for the devil« singt Udo Lindenberg: »Erlauben Sie, daß ich mich vorstell'. Ich bin ein Mann von Welt und Stil. Ich gehe um seit einer Ewigkeit, raube Seelen, kenne kein Gefühl. Ich war da, als Jesus voller Zweifel war und er rief in seiner Qual ... In vielen Kriegen war ich Panzergeneral und machte aus der Welt ein blutiges Tal ... Was Sie irritiert, ist mein Handeln ohne Sinn.«

Der Teufel ist in Udo Lindenbergs Liedern überall los, im weltpolitischen wie im privaten (»Wein, Weib und Gesang«) Bereich.

Als Siebzehnjähriger war er ausgezogen aus seiner Heimatstadt um jenseits gesellschaftlicher Moral ein tabufreies Leben zu führen. Glücklich scheint er dabei nicht geworden zu sein, wenn man seinen Song »Desperado« auf Udo Lindenberg bezieht. Desperado ist ein zu jeder Verzweiflungstat entschlossener politischer Abenteurer, der »nun schon seit Jahren allein und verloren durch die Prärie reitet« und sich doch in der Einsamkeit nie findet. »Desperado, du belügst dich und du wirst nicht jünger. Schmerzen und Hunger brechen dich bald, und Freiheit, Freiheit, so nennen es die andern ... und du lehnst dich an deine Träume an. Desperado, merkst du nicht, daß es hier draußen keine Spur Hoffnung mehr für dich gibt?« Der Song schließt mit den Worten: »Noch bist du nicht verloren. Zu Hause wartet schon lange jemand, der dich sehr liebt.«

»Und was ist mit Gott?«

Die Erfahrungen des Desperado erinnern an das biblische Gleichnis vom verlorenen Sohn, der sein Leben nach eigener Willkür gestalten wollte, die Geborgenheit des Vaterhauses gegen die erhoffte totale Freiheit eintauschte und am Ende ein Sklave seiner Einsamkeit und Leidenschaften wurde, bis er sich nach der Liebe seines Vaters zu sehnen anfing.

Und Udo spricht immer wieder von der »Sehnsucht nach irgendeinem Halt«, und dabei schaut er mich fast hilfesuchend an. Er beklagt die »immer unheimlicher werdende zwischenmenschliche Kälte«; »das Einzelfighterwesen nimmt immer fürchterlichere Formen an. Wo kann man sich heute noch aufgehoben fühlen?«

Trotz seiner Kritik an ihrem »spießbürgerlichen« Lebensstil vermißt Udo seine Eltern, die bereits gestorben sind. Hin und wieder trägt er einen großen schwarzen Ring, ein Erbstück seines Vaters und eine Art Talisman. Udo freut sich auf ein Wiedersehen mit ihm und glaubt, daß »sein Vater die ganze Geschichte jetzt mitverfolgt«.

Seit dem Tode seines Vaters Gustav 1971 wurde das Verhältnis zu seiner Mutter Hermine immer herzlicher. »Ich war immer unheimlich froh, wenn ich meine Mutter anrufen und ihr erzählen konnte, daß wieder irgend etwas so richtig schön funktioniert hatte.« Der mit dem Rocksänger befreundete Journalist K. E. Siegfried berichtet, was Udo 1975 nach dem Tod seiner Mutter für sie empfunden hat: »›Meine Mutter Hermine ist die einzige Frau, die ich in meinem Leben wirklich geliebt habe, der ich völlig vertraute‹, erzählte mir Udo einmal. Auf das Urteil seiner Mutter gab Udo immer sehr viel. Wenn er an einem neuen Songtext arbeitete, ließ er sich auch von ihr beraten. ›Wenn sie meinte, ich sei zu weit gegangen oder hätte das Problem noch nicht richtig im Griff, dann hörte ich auf sie und bastelte so lange an den Sachen, bis meine Mutter damit zufrieden war‹, erzählte Udo. ›Meine Mutter weiß ständig, wo ich gerade bin oder was ich mache, welche Sorgen und Probleme ich gerade habe.‹«

Udo fühlte wohl schon als kleiner Junge intuitiv, daß es neben dem mitmenschlichen Vertrauensverhältnis eine übergeordnete Glaubensbindung an Gott geben muß, wenn der Mensch sinnvoll leben will. In seinem Lied »Kleiner Junge« stellt der Junge seiner Mutter viele Warum-Fragen, die ihn quälen. Schließlich fragt er: »Was ist mit Gott?« Und seine Mutter sagt: »Der hat den Himmel zugemacht, ist abgereist, ist ganz weit weg und kümmert sich 'n Dreck.«

Udo erinnert sich, daß er als Sechsjähriger seinen Großvater fragte: »Wo kommen wir denn eigentlich her oder was ist der Urknall?« Seine religiösen Fragen blieben unbeantwortet, obwohl Udo auf Wunsch der »glaubensfesten« Großmutter mit neun Jahren getauft und später konfirmiert wurde. Lindenberg: »Ich muß sagen, so gegähnt wie da hab ich schon lange nicht mehr. Vieles davon hab ich überhaupt nicht verstanden.«

Mit der Institution Kirche steht Udo bis heute auf Kriegsfuß. Ganz schlimm findet er den Papst wegen seiner »verklemmten Sexmoral« und dem Verbot der Empfängnisverhütung. Hingegen lobt er einige »fortschrittliche Würdenträger in Lateinamerika, die von Rom leider zurückgepfiffen werden«. Daß der Nachrüstungsbeschluß zustande kam, hängt nach Udo Lindenberg auch mit dem Machteinfluß der Kirchen zusammen. Dabei denkt er an die »Knarrenabsegnung in der Nazizeit.«

Und doch sehnt sich der Kirchenkritiker nach einer glaubwürdigen Kirche, nach glaubwürdigen Christen.

»Glaubst du an Gott?« frage ich ihn.

Lindenberg: »Da ich ja so realistisch wie möglich an alles herangehe, sag' ich: Gott kann es geben. Ich weiß es nicht so genau. Manchmal hab' ich irgend so ein Gefühl, irgend so eine Ahnung. Wenn ich durchhänge, brauche ich mehr Halt, irgendeine Art von Trost. Dann merk' ich, daß ich bereiter bin, mich auf Gott einzulassen. In andern Zeiten bin ich wieder weniger bereit und sage: Darin liegt auch ein Risiko, und zwar folgendes: Gott, der Barmherzige und Allmächtige, macht schon alles richtig; denn es ist alles gottgewollt und gottgefügt. Wir rattern dann unser Gebet ab und haben unsere Schuldigkeit getan. Man sollte nicht die Kirchen als eine Art Verschiebebahnhof für Verantwortlichkeit benutzen. Ich glaub', viele Menschen tun das. Das ist eine große Gefahr, ein großes Risiko. Ich finde, daß unsere politische Arbeit für mehr Gerechtigkeit, für mehr Fairneß auf der Welt ganz wichtig ist, was natürlich nicht ausschließt, daß es einen Gott gibt.«

Ich frage den Rockstar, was er von dem Ausspruch des weltberühmten Soziologieprofessors Max Horkheimer halte, der mir kurz vor seinem Tode in einem mitternächtlichen Gespräch sagte: »Die Rebellion der heutigen Jugend ist letztlich ein Zeichen der ungestillten religiösen Sehnsucht.«

Lindenberg: »Das kann ich verstehen, weil es immer weniger Geborgenheit in unserer Gesellschaft gibt. Jeder Mensch braucht einen inneren Halt.«

Der Schrei nach Gott, »die Sehnsucht nach dem ganz anderen«, wie es Horkheimer einmal ausdrückte, die Ahnung, daß diese Welt einmal anders gewesen sein muß, drückt Lindenberg in zahlreichen Liedern aus. »Sündenknall« heißt ein typischer Song, den Lindenberg voller Zynismus und Wut im Bauch vorträgt: »Früher war die Welt ein riesiger Garten für Adam und für Evi und überhaupt für jeden.« Er spricht vom »trouble« im Paradies und klagt: »Nun haben wir den Salat, der Globus macht es nicht mehr lange, und das alles wegen so 'nem blöden Appel und so 'ner albernen Klapperschlange.« Das Ende vom Lied heißt: »1985 – die Menschheit dacht' sich: Jetzt erschaffen wir Gott. Jetzt sind wir selber Gott.«

Man wird an den von Udo Lindenberg gelegentlich gelesenen Philosophen Friedrich Nietzsche erinnert: »Gott ist tot, es lebe der Übermensch.« Solche Allmachtsphantasien glossiert der Rocksänger auf einem Foto, das ihn mit einer von ihm umschlossenen Weltkugel zeigt. Darunter stehen die Worte: »Bei den Göttern herrscht Panik. Gehört Udo bald die ganze Welt?«

In einem andern Gespräch wurde Udo gefragt, ob sein Glaube an ein Leben nach dem Tod ihn nicht dazu verleitet, manchmal unvorsichtig zu sein. Lindenberg antwortete: »Das ist Quatsch! Aber vielleicht ist es diese Überzeugung, daß hinter dem ganzen

Geheimnis des Seins mehr steckt als der rein biologische Vorgang, daß ich mir meiner Verantwortung bewußt bin. Wenn mir dann später jemand die Rechnung präsentiert und sagt: ›Also, Udo, du hattest Möglichkeiten, die Leute haben dir zugehört, und was hast du aus der Chance gemacht? Hast du den Leuten die Wahrheit gesagt? Warst du ehrlich?‹ Und wenn ich dann auf so 'ne richtige Schmalz-Produktion zurückblicken müßte, Mensch, das wäre wirklich Scheiße.«

Freilich drängt sich dem bloßen Beobachter der Eindruck auf, als treibe der Rocksänger sein frivoles Spiel mit dem heiligen Gott. Der Teufel sitzt im Nacken, die Welt geht vor die Hunde, und Udo macht sich zum Sprachrohr unzähliger orientierungsloser Menschen, die im Zorn auf diese gottlose Welt zurückschauen und in ihrer Wut und Ohnmacht mit dem Rocksänger Gott anklagen: »Wir rufen seinen Namen, doch er hört uns nicht.« In einem andern unveröffentlichten Lied stellt er sich vor, Jesus käme wieder auf die Welt und würde dieselben Wunder tun wie damals. Im nächsten Vers singt er weiter: »Wenn das nicht passiert, und zwar möglichst bald. Dann ist das Loblied bald verhallt. Dann wird die Kirche abgeschafft. Scheinchristen sind so abgeschlafft.«

Noch einmal soll Friedrich Nietzsche zu Wort kommen: »Christen müßten erlöster aussehen, wenn ich an ihren Erlöser glauben sollte.« Udo Lindenberg drückt das auf seine Art in einem Interview mit Steve Peinemann aus: »Ich habe damals wie auch heute noch große Stücke auf Jesus Christus gehalten, weil ich seine Botschaft für ganz wichtig halte. Aber ich finde es ziemlich traurig, daß die Menschen aus dieser Möglichkeit so wenig gemacht haben und die message (Botschaft) entweder gar nicht oder nur sehr lustig praktizieren.«

Ich mache Udo auf die Worte des weltbekannten Zukunftsforschers Robert Jungk aufmerksam, der mir sinngemäß sagte: »Wenn wir nicht endlich anfangen, die biblischen Zehn Gebote und die Botschaft von Jesus Christus auszuleben, werden wir das Jahr 2000 nicht erreichen.«

Der Rocksänger beklagt in diesem Zusammenhang den Verlust der »alten, weisen Männer«, die »früher Orientierungshilfen« waren. Und er nennt den verstorbenen Bundespräsidenten Gustav Heinemann. – Ich knüpfe an unsern Gesprächsfaden an, indem ich dem erstaunten Lindenberg die Antwort des Bundespräsidenten kurz vor seinem Tod auf meine Frage, was Jesus ihm bedeute, wiedergebe: »Jesus ist für mich der Weg, die Wahrheit und das Leben.«

Udo wurde immer hellhöriger, und die Unruhe und Hektik in seiner Garderobe hinter der Rockbühne immer größer. Unsere Gesprächszeit war längst abgelaufen, aber Lindenberg wollte unbedingt noch von mir wissen, was das Besondere an Jesus sei im Unterschied zu anderen Gottesvorstellungen und Religionen.

Sinngemäß antwortete ich ihm dasselbe, was sein großes Vorbild Martin Luther King als Vermächtnis dieser Welt hinterlassen hat: »Es ist der Glaube, der uns einen Weg gezeigt hat, wo es keinen Weg zu geben schien. Es ist der Glaube . . ., der den Sieg Jesu Christi über die Welt bringt. Mit diesem Glauben werden wir fähig sein, vom Berg der Verzweiflung einen Stein der Hoffnung abzutragen.« (Martin Luther King, Der Traum vom Frieden, Gütersloh 1983, S. 25) »Dieser Glaube gibt uns zugleich die Kraft, tapfer zu tragen, was wir nicht ändern können, und Enttäuschungen und Sorgen gelassen auf uns zu nehmen, ohne je die Hoffnung zu verlieren. Gott ist mächtig! Diese Gewißheit gibt uns den Mut, in eine ungewisse Zukunft zu gehen. Sie verleiht unsern Füßen neue Kraft.

Wir finden aber Gott nur in Jesus Christus, dem Herrn unseres Lebens. Er ist die Sprache der Ewigkeit in zeitliche Worte gefaßt. Wenn wir nicht ernsthaft und geduldig an ihn glauben, werden wir machtlos sein vor Enttäuschungen und Schicksalsschlägen. Wir müssen es deshalb ihm erlauben, unser Leben zu ändern.« (aus Reden von Martin Luther King)

Literatur:

Udo Lindenberg, Rock'n'Roll und Rebellion, München 1984
Udo Lindenberg/Steve Peinemann, Hinter all den Postern, Reinbek 1979

Schallplatten:

»Götterhämmerung«, »Odyssee«, »Sündenknall« (alle Polydor); »Panische Zeiten«, »Daumen im Wind«, »Alles klar auf der Andrea Doria«, »Panische Nächte« (alle Teldec).

Johnny Cash

»Der da oben war mal ganz tief unten«

Auf dem »Country- und Rock'n'Roll-Music-Festival 1985« in der Berliner Deutschlandhalle wird der inzwischen 54jährige Amerikaner Johnny Cash immer noch als »König der Country-Musik« stürmisch gefeiert. Er bereist seit nunmehr 30 Jahren mit seiner »Show-Band« fast alle Kontinente und hat nahezu 100 Millionen Schallplatten verkauft.

Der Künstler hat wie kaum ein anderer Höhen und Tiefen erlebt; er macht aus seinen Schwächen keinen Hehl, weiß sich aber letztlich von Gott gehalten und gesteht mir in einem Londoner Hotel: »Viel wichtiger als meine Karriere ist mein Wunsch, Gottes Willen in meinem Leben zu erkennen und zu tun.«

»Ich gehe meinen Weg«

»Der da oben war mal ganz tief unten«, sagt eine lebhafte, blonde Frau neben mir auf den vollbesetzten Rängen der Dortmunder Westfalenhalle. Sie bewundert ihren Superstar unentwegt mit einem Fernglas auf der nur 15 Meter entfernten Bühne. Mißtrauisch schaut sie mich an, als ich behaupte, Johnny Cash habe wie ein Ertrinkender die rettenden Arme Gottes ergriffen und dadurch wieder Boden unter die Füße bekommen.

Auf der Bühne steht ein routinierter Showstar mit ungeheurer Ausstrahlungskraft. In seinen Country-Songs macht sich der sympathische Sänger und Gitarrist zum Sprachrohr der Cowboys in der Prärie oder der Baumwollpflücker auf den Feldern des amerikanischen Südens, wo er selbst herkommt. »Der Robin Hood des Atomzeitalters«, wie man ihn hin und wieder nennt, vergißt auch die Kokainsüchtigen in den Slums oder die Gestrauchelten in den Gefängnissen nicht.

Im Grunde läßt Johnny Cash in seinen schlichten, stark gefühlsbetonten Country-, Rock- und Gospelsongs die Zuhörer an seinen eigenen Lebenserfolgen und Niederlagen teilhaben.

Als Johnny Cash sich vor etwa 25 Jahren über sein Leben Gedanken machte, sagte er zu seinem Freund Carl Perkins: »Ich möchte ein Lied schreiben, das etwas aussagt. Ein Lied, das andern und auch mir selbst Mut macht.« Später erzählte er: »In den nächsten Augenblicken sprudelt das Lied einfach aus mir heraus. Die Worte kommen so schnell, wie ich schreiben kann, und in 20 Minuten habe ich es fertig. Ich nenne es ›I walk the line‹.«

»I walk the line« wurde Johnny Cashs größter Erfolgsschlager. Da heißt es u.a.: »Ich höre wachsam in mein Herz hinein und lasse meine Augen offen sein ... Ich gehe meinen Weg.«

Johnny Cash geht seinen Weg. Aber dieser Weg war zunächst keineswegs verheißungsvoll. Er führte durch dunkle Täler der

Johnny Cash ©CBS

Verzweiflung und Hoffnungslosigkeit. Es war ein Weg durch die Hölle, wie Cash rückblickend bekennt.

Müde Knochen und verbrannte Haut

Zum ersten Mal sitze ich dem breitschultrigen und hochgewachsenen Unterhaltungskünstler gegenüber – in einem Londoner Hotel am Hyde Park – und lasse mir seine Lebensgeschichte erzählen.

Am 26. Februar 1932 nahe Kingsland im amerikanischen Bundesstaat Arkansas geboren, stand Johnny als Sohn eines armen Farmers nicht gerade auf der Sonnenseite des Lebens. Als 12jähriger schrieb er seine ersten Lieder; er sang von den müden Knochen und der verbrannten Haut, die er von den Feldern mitbrachte. Seine Eltern gehörten zu einer evangelisch-freikirchlichen Gemeinde, wo der 12jährige anläßlich einer missionarischen Woche vom Evangelium innerlich gepackt wurde. Johnny Cash erzählt mir:

»Schließlich faßte ich mir ein Herz und bekannte öffentlich, daß ich Jesus Christus in mein Herz aufnehmen wollte. Das geschah ohne großes Geschrei. Ich fühlte mich erleichtert. Ich hatte endlich den Punkt erreicht, von dem ich schon immer wußte, daß er einmal kommen würde. Es war nicht die Bekehrung eines Säufers, sondern die Kapitulation eines Jungen vor Gott. Als ich an diesem Abend die Kirche verließ, fühlte ich mich so wohl wie ein Fisch im Wasser.«

Aber die folgenden 27 Jahre wurden für Johnny Cash oft zur Hölle, weil er sich als junger Mann wieder von Gott entfernte und seinen eigenen Weg ging.

Als 18jähriger leistete er seinen Wehrdienst bei der US-Army in Süddeutschland ab, wo er sich sehr verlassen fühlte und dem Alkohol verfiel. Unehrenhaft aus der Army entlassen, trampte Cash als Hausierer, Discjockey und gelegentlicher Sänger durch den amerikanischen Süden. Bereits 1955 trat der immer bekannter werdende Sänger in einer Elvis Presley-Show auf, und ein Jahr später wurde sein Lied »I walk the line« ein Welthit.

Er fuhr Autos zu Schrott und demolierte Hotelzimmer

Das Erfolgsrad begann sich nun unaufhaltsam zu drehen. Johnny Cash wurde zum verheißungsvollsten Sänger Amerikas gewählt. Aber mit seinen persönlichen Problemen wurde er überhaupt nicht fertig. Sieben verzweifelte Jahre taumelte er im Teufelskreis von Alkohol und Drogen herum. Sein Drogenkonsum steigerte sich auf 100 Pillen Tageskonsum, und zwar gefährliche Aufputschmittel, die ihn total kaputtmachten.

Rückblickend sagt Johnny Cash: »Die Mischung von Amphetaminen und Alkohol war ein Gift, daß mich fast zum Wahnsinn trieb. Mein großer Fehler bestand darin, daß ich mich nie völlig Gott übergeben hatte. Ich hielt an meinem männlichen Stolz fest und redete mir ein: So schlecht bist du ja gar nicht.«

In jenen sieben Jahren stand der Verzweifelte mit Gott und der Welt auf Kriegsfuß. In dieser Zeit fuhr er alle seine Autos zu Schrott, zerstampfte nach zahlreichen Konzerten seine Gitarren und demolierte Hotelzimmer. Er mißhandelte seine Frau und seine Kinder, die sich von ihm trennten.

Endlich faßte der total ruinierte und lebensmüde Künstler während einer Gefängnisnacht in Georgia den Entschluß, mit Gottes Hilfe ein neues Leben zu beginnen.

In seiner damaligen Kollegin June Carter, bekannt als »First Lady der Country Musik«, fand Johnny Cash eine verständnisvolle Lebens- und Glaubenspartnerin. Mit June Carter ist er seit 1968 glücklich verheiratet.

»Ich spreche jeden Tag mit Jesus«

Auf der Bühne der Dortmunder Westfalenhalle erscheint die charmante Country-Sängerin June Carter, die Hand in Hand mit ihrem Ehemann Love-Songs singt, manchmal ein bißchen sentimental: »Wenn ich vor dir sterbe, werde ich auf der andern Seite auf dich warten.« Kurz darauf begeistern sich die beiden typischen, unkomplizierten Amerikaner für Jesus: »Jesus is in my soul«, singen sie. »Jesus ist in meinem Herzen, was Besseres kann ich mir nicht vorstellen.«

Am liebsten singen sie ihr gemeinsames Glaubensbekenntnis

»I talk to Jesus every day«, ich spreche mit Jesus jeden Tag. In dem Lied heißt es u.a.: »Es mag Leute geben, die sehr stolz sind auf ihre Kontakte zu Superstars. Aber ich kenne einen, der viel größer ist: Ich spreche jeden Tag mit Jesus. Er interessiert sich für jedes Wort, das ich ihm sage. Er ist immer für mich da.«

Man spürt es dem Künstlerehepaar ab: Beide haben beglükkende Glaubenserfahrungen mit Jesus gemacht und können sich ein Leben ohne ihn nicht mehr vorstellen.

Ich frage Johnny Cash, ob er sich wieder einer Kirche angeschlossen habe. Und dann begeistert er sich für seinen evangelischen Gemeindepastor Snow in Nashville, seinem Heimatort im amerikanischen Bundesstaat Tennessee. Pastor Snow sei früher auch ein bekannter Country-Sänger gewesen. Wenn er die Bibel auslege, habe er oft den Eindruck, als ob Gottes Geist durch Pastor Snow spreche.

Unvergessen bleibt Johnny Cash und June Carter ein Familiengottesdienst, in dem Pastor Snow die Anwesenden zu einem öffentlichen Christusbekenntnis aufforderte.

Johnny Cash berichtet: »In jenem Gottesdienst dachte ich an die Zeit, als ich mit 12 Jahren zum Altar vorgegangen war und mich für Jesus entschieden hatte. 27 Jahre waren seitdem vergangen. Ich hatte die vollkommene Vergebung erfahren. Wie herrlich zu wissen, daß Jesus die Schuld dieser Jahre ausgelöscht hatte.«

Johnny und June knieten vor dem Altar nieder und weihten ihr Leben Gott. Sie schlossen sich dieser Gemeinde an. Johnny Cash erklärt das so: »Ich muß hier auf dieser Erde eine geistliche Heimat haben. Ich bin auf die Gebete von Pastor Snow und seiner Gemeinde angewiesen. Ich brauche einen Glaubensanker, nach dem ich greifen und an dem ich mich festhalten kann, wenn mich die Flut wegzutreiben droht. Außerdem ist das intensive Hören auf Gottes Wort wichtig für mein geistliches Wachstum. Ich habe erlebt, daß Gottes Wort eine Weisheit vermittelt, auf die man täglich angewiesen ist – ob man nun Prediger oder Gitarrenzupfer ist.«

»Der Mann in Schwarz in St. Quentin«

Mit diesem radikalen Gesinnungswandel ihres Superstars sind

die nichtchristlichen Produzenten und Veranstalter von Johnny Cash gar nicht einverstanden.

Johnny Cash ist darüber traurig und meint: »Mir scheint, meine Plattenfirma hätte es lieber, ich säße im Gefängnis statt in der Kirche. Meine Kollegen hätten mich lieber so, wie ich früher war. Sie wollen mich fluchen hören, hätten gern, daß ich mein Auto zu Schrott fahre ... Sie tun so, als versteckten sie ihren Whisky und ihr Marihuana, wenn ich in ihre Garderobe komme, und dann machen sie sich lustig über meinen Glauben ... Diese Leute können oder wollen nicht verstehen, daß ich ohne meine Hinkehr zu Gott, ohne diese Wandlung, gar nicht mehr unter den Lebenden wäre.«

June Carter träumte vor einigen Jahren, Johnny Cash stehe auf einem galiläischen Berg und verkündige die freimachende Botschaft des gekreuzigten und auferstandenen Christus. Daraufhin entstand der in Israel von Cash produzierte und finanzierte Spielfilm »Gospel-Road«, in dem er u.a. mit June Carter die Geschichte Jesu in Lied und Wort darzustellen versucht. Freudestrahlend erzählt er: »Gospel-Road« ist inzwischen in jedem amerikanischen Zuchthaus von New York bis Kalifornien vor etwa 150 000 Gefangenen aufgeführt worden.

Auf die Frage, warum er, »der Mann in Schwarz« jährlich zehn Gefängniskonzerte gibt, antwortet Johnny Cash: »Ich möchte die Inhaftierten wissen lassen: Da draußen in der Freiheit sind Leute, die nehmen an eurem Schicksal Anteil.«

Besonders dankbar ist Cash für Briefe der Gefängnisinsassen.

Da schreibt z.B. einer: »Lieber Johnny, ich weiß jetzt, was Jesus meinte, als er sagte, er sei zu den Gefangenen gesandt, weil er mir heute in dir begegnet ist.«

Ich denke an den oft zitierten Brief von Arthur Rowley an Johnny Cash, der kurz vor seinem letzten Gang in die Gaskammern von San Quentin, entstanden ist: »Johnny Cash war hier und hat für uns gesungen. Nun wird alles nicht mehr so schlimm sein.«

»Hello Sue« und das SOS-Kinderdorf auf Jamaika

Seine Sympathie und Solidarität mit Ausgestoßenen und Enttäuschten begründet der engagierte Künstler mit der wichtigsten Erfahrung seines Lebens: »Gott hat mich lieb.«

Seine sozialen Aktionen reichen von der Unterstützung Gefangener und Süchtiger bis hin zur Gründung von SOS-Kinderdörfern.

Ein Beispiel von vielen: Vor einigen Jahren machte der neue Johnny Cash Urlaub auf der Insel Jamaika. Von einem schmalen Bergpfad aus bewunderte er die herrliche Montego Bay. Plötzlich stand ein sechsjähriges Mädchen vor ihm und rief: »Hello Sue«. Das kleine Mädchen aus den Slums von Barett Town kannte Johnny Cash von einem Fernseher her, den ein Warenhaus aufgestellt hatte, um Kunden anzulocken. Sie hatte Cash »hello Sue« singen hören. »Wo wohnst du denn?« fragte Johnny das Mädchen. »Nirgends«, antwortete das elternlose Kind. Er stellte Nachforschungen an und erfuhr, daß zahllose Babys aus der überbewölkerten Antilleninsel von ihren Eltern ausgesetzt werden und mutterseelenallein bettelnd durch die Straßen laufen. Daraufhin gründete Johnny Cash auf Jamaika ein SOS-Kinderdorf.

Worauf es ankommt

Kehren wir noch einmal auf die mit riesigen Lautsprecherboxen und Spotlights ausgestattete Bühne der Dortmunder Westfalenhalle zurück. Nachdem der gitarrespielende Sänger und einfallsreiche Unterhaltungskünstler seine fast andächtig lauschenden Fans drei Stunden in Atem gehalten hat, drängen sich am Schluß gestandene Männer mit Cowboyhüten, elegante Damen und lässig gekleidete Twens an den Bühnenrand, überreichen Johnny Cash Blumensträuße und erbitten Autogramme.

Johnny Cash singt mit religiöser Inbrunst »O when the Saints go marchin' in.« – »Oh, wenn die Heiligen in den Himmel kommen, Herr, laß mich auch dabei sein.« Er schüttelt unzählige Hände und verabschiedet sich von den 13 000 jubelnden Fans mit den Worten: »God bless you«, Gott segne euch.

Die blonde Frau, die zu Beginn des Konzerts gesagt hat: »Der da oben war mal ganz tief unten«, kommt aufgeregt hinter mir her und fragt, ob Johnny wirklich Christ geworden sei.

Ich antworte ihr mit denselben Worten, die Johnny Cash seinerzeit in London kurz vor seinem Auftritt im Wembley Stadion gebraucht hat:

»Wissen Sie, ich habe als Sänger, Schauspieler und Unterhalter keine allzu großen Möglichkeiten, das Evangelium weiterzusagen, obwohl ich in jedem Konzert auch Gospelsongs singe. Ich glaube aber, daß meine Glaubensbeziehung zu Jesus Christus mich selbst verändert hat und sich auch positiv auf meine Mitmenschen auswirkt. Darauf kommt es an.«

Literatur:

Charles Paul Conn, The new Johnny Cash, London 1973
Günther Klempnauer, Ich bin tot, gib mir Leben, Wuppertal 1976
Tibor Kneif, Rockmusik, Reinbek 1982
Tony Palmer, All you need is love, München 1979
Selbstbiographie: Johnny Cash, Der Mann in Schwarz, Aßlar ^{3}1982

Rundfunksendung »Pro spective: Johnny Cash« (e.r.f. junge welle) am 10. 6. 1980 von Günther Klempnauer

Schallplatten:
»Johnny Cash's Hits«, Vol. 1; »International Superstar Johnny Cash«; »Ring of Fire«; »Country & Western Superstar Johnny Cash«; »Hymns by Johnny Cash« (geistliche Songs); »The Gospel Road« (Geschichte Jesu, gesungen und erzählt) (alle CBS)

Rockmusiker auf Teufel komm raus

Warum Satan, Sex und Gewalt verherrlicht werden

»Bei dem Symbol des Erschaffers schwöre ich, fortan ein zuverlässiger Diener des einflußreichsten und mächtigsten Erzengels, des Fürsten Luzifer, zu sein, den der Erschaffer bestimmt hat zum

Herrscher dieser Welt. Amen! Ich verleugne Jesus Christus, den Betrüger, und ich schwöre dem christlichen Glauben ab und verachte alle christlichen Werke . . .«

Mit diesem gotteslästerlichen Schwur beginnen die dämonischen Rocktexte der Langspielplatte »Don't break the oath« (Kopenhagen 1984), »Brich nicht den Schwur!«, produziert von der Heavy Metal-Rockband »Mercyful Fate«, deren Bandleader und Sänger »King Diamond« freimütig bekennt: »Ich glaube an die Macht der Dunkelheit. Wer mich richtig kennt, weiß, daß dies keine Show ist.« King Diamond macht sich zum Sprachrohr einiger Rockmusikgruppen, die Satan, Sex und Gewalt verherrlichen und eine chaotische Welt befürworten.

Natürlich gibt es auch andere Rocksänger wie den Amerikaner Ronnie James Dio, »die Stimme des Heavy Metal«, der auch vom Bösen singt, sich aber bewußt von der Satansverherrlichung distanziert: »Wenn ich vom Bösen singe, ist das als Warnung an die Adresse der Hörer gemeint. Ich für meinen Teil will nie etwas mit Leuten zu tun haben, die den Teufel preisen, aber so tun, als würden sie ihn damit entlarven.« (»Crash« Nr. 9/1985) Er habe die meiste Zeit seines Lebens damit verbracht, die schlechten Seiten der Menschen zu studieren. Seine Texte seien vielmehr Parabeln auf die Gegenwart, um den Leuten den Spiegel vors Gesicht zu halten. Im übrigen glaube er, daß man »mit bloßen Macho- und Gewaltspielen (macho = übertrieben männlich – überlegen) die Zuschauer nicht mehr reizen könne.« (»Metal Hammer« Nr. 7/8/1985)

Daneben existieren Rockgruppen, die sich aus werbepsychologischen Gründen ein »satanisches Image« zugelegt haben, wie z.B. die Heavy Metal-Band »Running Wild«, die seit 1980 in Lederklamotten, Ketten und zwei Totenköpfen auf der Bühne auftritt. In einem Interview mit »Rock Power« (Nr. 11/1985) gibt »Running Wild«-Drummer Rasche zu, man werfe ihnen oft vor, sie beteten Satan an und verherrlichten Gewalt. Um dieses Mißverständnis zu vermeiden, »erscheint auf unserer neuen LP überhaupt nichts mehr in Richtung ›Satan‹ und ›Hölle‹. Wenn du dir die Szene in Hamburg anschaust, wo die Leute schon wirklich den Teufel anbeten und okkulte Messen halten, finde ich das pervers. Wenn sich Bands wie ›Destruction‹ über uns lustig machen, nur weil unser Manager in einer Kirchenrock-Band spielt, finde ich das einfach hirnlos. Ich bin selbst katholisch erzogen . . ., glaube aber nicht an den lieben Gott. Aber ich finde die Kirche als Institution toll und jeden ein mieses, dummes Schwein, der sie in den Dreck zieht; denn die Kirche tut viel für andere Leute, und man sollte nicht das Böse heraufbeschwören und anbeten.«

Der Teufel in der Musikgeschichte

Nach einem alten Volksglauben gilt Satan als »Erfinder der Musik«. Je größer das Unbehagen an der Welt und damit der Zweifel an Gott als ihrem allmächtigen Schöpfer ist, um so verführerischer erscheint sein großer Widersacher Satan, der immer wieder salonfähig gemacht worden ist.

Die Zeitschrift »Musik + Medizin« (Nr. 9/1977) bietet dafür interessante Beispiele: Da wird der italienische Violinvirtuose Paganini (1782–1840) vorgestellt, der mit dem Teufel im Bund gestanden haben soll. Goethe, der ihn bei einem Konzert in Weimar erlebte, hatte die Halluzination »einer Säule von Flammen«, glaubte geheimnisvolle Stimmen zu hören und hatte das Gefühl eines in unendlichen Fernen vorüberziehenden Meteors. Der Dichter Heinrich Heine sah bei Paganinis Spiel »die Häupter der entfesselten Dämonen« aus Salomos eisernen Töpfen aufmarschieren, »Ungetüme von fabelhafter Häßlichkeit«. Und in sein Gesicht hatten sich nach Heine die »unauslöschlichen Zeichen von Kummer, Genie und Hölle« geprägt.

In der Kunst des 19. Jahrhunderts kann man erkennen, daß sich parallel zur sittlichen Aufwertung Satans der Verfall der Moral und der Kunst vollzieht. Es ist der Reiz des Abenteuerlichen und Anrüchigen, sich auf Satan einzulassen. »Das Böse gewinnt magische Anziehungskraft, und der Schrecken wird ein Gesellschaftsspiel. Eine innere Bereitschaft, sich in den Abgrund sinken zu lassen, die Seele absichtlich zu vergiften und sich dem Bösen auszuliefern, breitet sich wie eine ansteckende Krankheit aus.«

Während Goethe noch sagen konnte: »Eine Musik, die den heiligen und profanen Charakter vermischt, ist gottlos«, hält der Dichter und Komponist E. T. A. Hoffmann (1776–1822) den »Teufel für einen guten Adjudanten des Künstlers«. Der Komponist flüchtet in einen verzweifelten Humor, wenn er »die Faxen des ganzen Daseins hienieden erkennt und sich daran ergötzt«, die Gefahr einer dämonischen, teuflischen Musik spürt, von der man ganz »verschluckt« werden kann. Hoffmann empfiehlt den Wahnsinnigen und Narren das »Studium des eigenen Ichs«, um das »in uns Verborgene« zu durchschauen, die schauerlichsten Tiefen der Natur.

Sein französischer Kollege, der Komponist Hector Berlioz (1803–1869), versuchte, dem satanischen Geist mit rein musikalischen Mitteln Ausdruck zu verschaffen. Er komponiert ein Oratorium über Goethes Faust. (Dr. Faust möchte erkennen, was die Welt im Innersten zusammenhält. Bald sieht er ein, daß auch der klügste Menschenverstand nicht reicht. Deshalb verschreibt er sich dem Teufel, der ihm in Gestalt des Mephistoles erscheint.) Berlioz' Oratorium trägt den Titel »Fausts Verdammnis«; der Komponist ist fasziniert vom Starren in ein dunkles Chaos, das voll von erschreckenden Ungeheuern ist. Die Freude am Diabolischen ist für ihn Selbstzweck, und er will die Musik bis zum »musikalischen Zusammenbruch« vorantreiben. – In Goethes Faust reiten die Hexen auf Besen in der Walpurgisnacht zu ihren Sexorgien. Während Faust mit einer Nackten tanzt, ist Gretchen, seine Geliebte, im Kerker dem Wahnsinn verfallen.

Wie faszinierend die Gestalt des Dr. Faust, der sich mit seinem Blut dem Teufel verschrieben haben soll, bis zum heutigen Tag ist, zeigt sich auch darin, daß über den »Faust« rund 20 000 Bücher in mehr als 20 Sprachen geschrieben worden sind. Und wie attraktiv die »Walpurgisnacht« auf der politischen Bühne in Bonn ist, konnte man bei den Bundestagswahlen 1980 beobachten. Das alljährlich stattfindende »Kanzlerfest« mit 6 000 geladenen Gästen stand unter dem Motto »Wa(h)lpurgisnacht«, ein durchgängig auf »Faust« eingestimmtes literarisches und musikalisches Programm mit Mephisto, Blocksberg, Ziegenböcken und »Tanz auf Deiwel komm raus«.

Bestialischer musikalischer Aufschrei

Wie die Alten sungen, so zwitschern auch die Jungen! Der satanische Geist ist geblieben, nur die technischen Ausdrucksmittel sind raffinierter und die Phonzahlen stärker geworden. Wie für den klassischen Komponisten Hector Berlioz ist für viele Heavy Metal-Bands die Rockmusik zum dämonischen Selbstzweck geworden. Sie muß bis zum totalen musikalischen Zusammenbruch erbarmungslos vorangetrieben werden.

Die Verherrlichung Satans und die Vergötzung der Musik gehen bei etlichen Rockmusikern Hand in Hand. Die australische Hardrock-Band AC/DC, berüchtigt wegen ihrer satanischen Rockgesänge, besingt in Anlehnung an die biblische Schöpfungsgeschichte die lebensnotwendige Entstehung des »Rock«: »Am Anfang – vor 1955 – kannte die Menschheit keine Rock'n'Roll-Show ... Aber Tschaikowski hatte eine Neuigkeit. Er sagte: ›Es werde ein Sound‹ – und es wurde ein Sound. ›Es werde Licht‹ – und es wurde Licht. ›Es werden Schlagzeuge‹ – und es wurden Schlagzeuge. ›Es werde eine Gitarre‹ – und es wurde eine Gitarre. ›Es werde Rockmusik‹ – und der Rock wurde geboren, und bald gab es in jedem Land eine Rockband ...«

Auf den »Schöpfungsbericht« (1. Mose 1–2) folgt der »Sündenfall« (1. Mose 3), der zum Größenwahn des Menschen führt, dem »Turmbau zu Babel« (1. Mose 11). Die amerikanische Rocksängerin Patti Smith »leidet mit dem ›Architekten von Babylon‹, der in Tränen ausbrach, als sein Turm zusammenstürzte«. Aber sie habe »Gott und seiner Bewußtseinspolizei« eines gegenüberzusetzen: »nämlich die ungebrochene Vehemenz des Rock'n'Roll, als angemessenes Ausdrucksmittel der schöpferischen Gesetzlosigkeit des Individuums«. Konsequenterweise sei nach Patti Smith Satan demnach nichts anderes als der »erste absolute Künstler«; denn »er fiel als erster aus der Rolle«, hatte die »Vision einer Existenz, die über die ihm zugeordnete hinausging«. Satan sei in Ungnade gefallen, »nicht weil er böse war, sondern weil er die unstete, leidenschaftliche Rücksichtslosigkeit des Künstlers an den Tag legte«.

In ihren Rockkonzerten greift die militante Rocksängerin das herrschende Gesellschaftssystem an, indem sie triumphierend ihre Gitarre wie eine Siegesfahne schwenkt: »Dieses Ding mag vielleicht ein wenig beängstigend aussehen, aber das haben wir anstelle eurer Bajonette, das ist für unsere Generation die einzige Waffe, die wir uns nicht nehmen lassen ... Wir kämpfen mit

Sound, und ich weiß, es tut euch in den Ohren weh und es treibt euch zum Wahnsinn ...« (Rock Session 2, Reinbek 1978, S. 93ff.)

In einer Rockband spielen zu dürfen, scheint für viele Heavy Metal-Bands das höchste Glück zu sein. So haben die »Männer des Krieges« von der Rockband »Manowar« einen heiligen Eid geschworen (1982), solange zusammenzubleiben und nicht eher locker zu lassen, bis »Manowar« alle andern Heavy-Bands überrundet hat. Ihren ersten Plattenvertrag unterschrieb die Band mit ihrem eigenen Blut. Für diese schmerzhafte Zeremonie ließ sie sich eigens ein rasierklingenscharfes Schwert schmieden. Als ewige Erinnerung an die blutige Gründungsszene hat sie ihr Schwertritual beim Song »The Oath« (Der Schwur) in ihre Bühnenshow eingebaut.

Was sich auf den Rockbühnen vieler Heavy-Bands abspielt, beschreibt der Sänger Nasty Ronnie von der amerikanischen Band »Nasty Savage« so: »Ich verspreche dir, unsere Show wirst du niemals vergessen. Auf der Bühne bin ich wirklich ›nasty‹ (zu deutsch: widerlich, ekelhaft, unanständig). Wirklich! Ich weiß manchmal selbst nicht, was auf der Bühne über mich kommt. Ich verwandle mich in eine andere Person. Da ist ein ständig wachsendes Verlangen in mir, das mich zur Raserei bringt. Um dies zu verstehen, müßtest du uns einmal live sehen, die Aufregung am eigenen Leib spüren.« Auf die Frage des »Metal Hammer«-Interviews (Nr. 7/8/1985), warum sie ihre Fans so faszinieren, antwortet Nasty Ronnie: »Weil wir ohne Sympathie, ohne Mitgefühl töten. Aha. Die Fans fühlen und sehen die Musik ... Du hast eine wirklich wilde Show gesehen, die dich total befriedigt. Komm mal vorbei und überzeuge dich selbst.«

Für den Rocksänger Sammy Hagar bedeutet Heavy Metal »volles Volumen, alles aus den Instrumenten herauszuholen und so deinen Aggressionen freien Lauf lassen« (Rock Power Nr. 7/1984). Und die Schweizer Gruppe »Bloody Six«, deren erste LP den Titel »Jenseits von Gut und Böse« trägt, möchte auf der Bühne Musik von der Straße für Leute von der Straße machen: »Unsere Power und Gefühle leben wir mit der Band aus und lassen die Sau raus: Let it Rock.«

Andere Rockmusiker vergleichen ihre Show mit einer »Panzerschlacht« oder mit einer »Bombenexplosion«. »Speedmetal« nennt die Gruppe »Metallica« ihren Hochgeschwindigkeitssound. Ihre Songs wie »Kill them all« (Tötet sie alle) fahren den Fans so in die Knochen, daß einige von ihnen in Schüttellähmung verfallen und minutenlang geistig völlig wegtreten. Der Motor hinter dem Wahnsinns-Stakkato, mit dem die Band aus Los Angeles »abräumt«, ist der Bassist Cliff Burton, der hin und wieder während des Konzerts bewußtlos zusammenbricht.

Während in den 70er Jahren die militanten Heavy Metal-Bands ihre frustrierten Fans bloß in einen musikalischen Rausch versetzten und revolutionäre Stimmung erzeugten, provozierten sie Mitte der 80er Jahre ihre erregten Anhänger teilweise zu Mord und Totschlag. Im Jahre 1985 hat die TV-Nachrichtensendung »20/20« (USA) berichtet, daß ein Drittel aller Verbrechen in Verbindung mit satanischen Kulten in den USA auf das Konto von Heavy Metal-Fans gehe.

Daß nicht alle Heavy Metal-Fans mit dieser grausamen Entwicklung einverstanden sind, zeigt ein Leserbrief, den Europas größte Heavy-Metal-Zeitschrift »Metal Hammer« (Nr. 7/8/1985) erstaunlicherweise abgedruckt hat: »Die Verherrlichung von Gewalt, Horror, Sex (sexuelle Unmoral), Hexen- und Satanskult, Militarismus und sonstigen unmenschlichen Sachen in Texten, Covern und auch in der Bühnenshow müßten endlich verschwinden. Damit wäre auch die Konzertatmosphäre entgiftet ... Sonst sehe ich schwarz für die Zukunft der Rockmusik.«

Rebellion einer verlorenen Generation

Wer die tragischen Lebensgeschichten der berüchtigten Heavy Metal-Band-Musiker aufmerksam studiert, wird vorsichtiger und barmherziger in der Beurteilung dieses erschreckenden Phänomens. Ihre zur Schau gestellte Gefährlichkeit ist Ausdruck eines abgrundtiefen Unwertgefühls angesichts einer konsumorientierten Gesellschaft, die den Menschen nur nach materiellem Wohlstand und Leistungsvermögen beurteilt und anerkennt. Die Zahl der jungen Rebellen, der Arbeitslosen und Hoffnungslosen, wird immer größer, und damit ihr Haß auf diese Gesellschaft und ihre Normen. Diese jungen Leute fühlen sich ohnmächtig gegenüber »der Gesellschaft«, ohne die Chance, mehr aus ihrem Leben zu machen, als eine »verlorene Generation«.

Die Rebellion richtet sich aber nicht nur gegen das bestehende Gesellschaftssystem und seine Gesetze, sondern auch gegen Kirche und Gott. Besonders die Doppelmoral amerikanischer Fernsehkirchen erregt bei den Stars der Heavy Metal-Bands Wut und Entsetzen. Kurz vor seiner Deutschland-Tournee 1986 hat Gitarrist Duck Walter von der berüchtigten Rockband »AC/DC« in einem Interview (»Metal Hammer« Nr. 1/1986) u.a. gesagt: »Oh, diese scheiß Religionsfreaks im amerikanischen Fernsehen. Das ist doch alles so idiotisch. Ich kann einfach nicht glauben, daß tausende von Menschen sich diese ›fuckin' idiots‹ ansehen, mit ihren Rollex-Uhren, den Massenchören und diesen Kirchen, die von speziellen Designern gestylt werden. Sie manipulieren die Menschen solange, bis sie ihnen all ihr Geld schicken. Ich sage dir, das ist echte Pornographie! Einer dieser Typen fing so an: ›Letzte Nacht habe ich Gott gesehen, er kam im Traum zu mir und sprach mich an!‹ So was ist doch verdammte Blasphemie! Wenn Gott erscheinen und mit irgendwem reden würde, dann wohl zuletzt mit einem, der einen Haufen Cadillacs vor der Tür stehen hat . . .«

King Diamond von der Gruppe »Merycful Fate« prangert die »Hexenverfolgung der Christen vor 300–400 Jahren« an: »Die Christen haben jeden gefoltert und ermordet, der nicht an Gott glaubte. Als Kontrast haben wir ein Plattencover gemacht, auf dem ein Satanist eine Nonne am Kreuz verbrennt. Das Christentum hält sich für heilig, ist aber mit Sicherheit alles andere.« (»Rock Power« Nr. 11/1985)

Hier wird Schuld der christlichen Kirchen verallgemeinert und meines Erachtens als Alibi benutzt, um sich dem göttlichen Anspruch und seinen Geboten entziehen zu können. Letztlich ist es aber auch die Unglaubwürdigkeit der sogenannten christlichen Erwachsenenwelt, deren Gott in den Augen dieser enttäuschten jungen Rebellen versagt haben muß.

Welcher Freiraum bietet sich für diese verlorene Generation noch an? Ein Hamburger Punkrocker gibt zu Protokoll: »Wenn es dir dreckig geht, ist Musik das letzte Ding, das du machen kannst.« (»Der Spiegel« Nr. 44, 1981) In der Kreuzberger Kneipe

»Chaos« findet sich ein hingeschmierter Wandspruch: »Die Musik muß laut genug sein, damit wir nicht hören, wie die Welt zusammenbricht.« Der Rockmusikwissenschaftler Tibor Kneif hat sicher recht, wenn er die Rockmusik als ein Symbol der jugendlichen Auflehnung gegen die bestehende Erwachsenenwelt darstellt. Ferner erfülle sie die Aufgabe, eine Phantasiewelt zu sein, in die man sich einschließt.

»Das Sich-Austoben bei lauten, aggressiven Rockklängen hat ... die Bedeutung eines dem Betroffenen gar nicht bewußten Kampfrituals, in welchem er im Sinne einer älteren, auf Faustrecht beruhenden Gesellschaft sein Recht behauptet und den Verursacher seiner Misere besiegt.« (Tibor Kneif, Rockmusik, Reinbek 1982)

Rockmusik als Erlösungsmacht

Wo die Musik zur Rauschdroge und zum Heilmittel entartet, nicht mehr Ausdruck der Lebensfreude ist, sondern zum Selbstzweck wird, nimmt sie pseudo-religiöse Züge an. Der amerikanische Rockstar Jimi Hendrix hat Ende der 60er Jahre schon ausgesprochen, was das Glaubensbekenntnis mancher Rockstars beinhaltet: »Religion, na ja, die Musik ist meine Religion. Heute glaube ich mehr an mich selbst als an alles andere. Meine Musik ist elektronische Kirchenmusik. Wenn Sie unter ›Kirche‹ Religion verstehen, dann bin ich allerdings eine elektronische Religion, das heißt ein Religionsstifter.« Und seinen Fans rief er jedesmal von der Bühne zu: »Wenn ich spiele, Mensch, dann steige ich hinauf in einem Weltraumschiff. Ich weiß nicht, wohin ich gehe, aber ihr könnt alle mit mir kommen. Jeder von euch. Begleitet mich in meinem Schiff.«

Die Macht der Rockmusik sieht Gitarrist Pete Townshend von der Rockgruppe »The Who« darin, »die Menschen stehend freihändig in Raserei zu bringen und sie einfach zu überwältigen.«

In den heidnischen Religionen gilt die Musik vielfach als ein zur Ekstase erregendes Mittel. »Die Zuhörer, vor allem die Priester, geraten in Raserei und darin in Kontakt mit höheren Mächten. Flöten-, Trommel- und Vokalmusik versetzen in kreisende

Bewegungen und heben für den, der sich da mitreißen läßt, die Schwerkraft auf. Die Musik trägt in ein Jenseits von Zeit und Raum«. (Holger Hoffmann, Gott im Untergrund, Reinbek, 1972, S. 46f.)

Auch die Rockmusik kann einen Menschen »verzaubern«, wie Chester Anderson (nach H. Hoffmann S. 45) zu erklären versucht: »Der Rockmusiker spielt den Körper eines Zuhörers wie eine geschmeidige Gitarre.« Tiefe Töne im Baß, elektronisch verstärkt, würden im Unterleib als Vibration erfahren. Ein anhaltender Baßton vermittele Vertrauen und Zufriedenheit. Ein harter, kurzer Baßton könne den Zuhörer von nervöser Heiterkeit bis zum äußersten Wahnsinn treiben. Rhythmen beeinflussen das Herz, die Muskeln und motorische Nerven. Wiederholte Muster und Vibration koppelten den Verstand mit der vorhandenen Musik. Lange, offene Akkorde senkten den Blutdruck, scharfe, wiederholte Akkorde ließen ihn steigen.

Verständlicherweise übt die Rockmusik eine ungeheure Faszination auf junge Leute aus, aber sie wird auch zu einer drohenden Gefahr, wo sie unkontrolliert konsumiert und als Allheilmittel mißbraucht wird.

In vielen Gesprächen vor, während oder nach Rockkonzerten begegnete ich musikbesessenen Rockfans, die ihrem Idol total verfallen sind und alles tun würden, um mit ihm einmal zusammen sein zu dürfen. Was ich bereits Anfang der 70er Jahre am Beispiel von Jimi Hendrix veröffentlichte (G.Klempnauer, Ich bin tot, gib mir Leben, Wuppertal 1976, S. 34f.), gilt leider auch noch für die 80er Jahre, nicht nur in der Heavy Metal-Rockszene: »Überall, wo Jimi Hendrix hinkam, mußte seine Leibgarde ihn vor hysterischen Mädchen schützen. Nur wenige Auserwählte durften sich ihm total hingeben, an jedem Ort andere. Man nennt sie (diese Mädchen) in der Rockwelt ›Groupies‹ und meint die Leibeigenen der Rockstars. Jimi Hendrix sagte von ihnen: Groupies sind die Jünger einer Religion, die Musik heißt . . .«

Frank Zappa, ein Kenner der internationalen Rockszene, kommentiert das ›Groupie-Problem‹ so: »Die Mädchen fühlen, daß sie der Rockmusik irgend etwas schulden. Also üben sie die letzte Geste der Anbetung: das menschliche Selbstopfer. Sie bieten ihren Körper der Musik, verkörpert durch die Sänger und Instrumentalisten. Man wird an die Tempeldirnen der Naturreligionen erinnert, die sich dem Gott der Fruchtbarkeit weihten.«

Auch zahlreiche Rockidole haben ihrerseits Leib und Seele der Musik geopfert und sind dadurch ein Todesopfer ihres »Götzen« geworden. Janis Joplin, die »Hurengöttin der Rockmusik«, sagte kurz vor ihrem Herointod: »Vielleicht dauert meine Karriere nicht so lang wie die anderer Sänger. Wenn ich mich jetzt zügele, bin ich nicht gut. Mann, wenn es nicht um die Musik gegangen wäre, hätte ich mich vermutlich umgebracht.«

Und Jimi Hendrix war der Meinung: »Je tiefer man in die Musik eindringen will, desto mehr Opfer muß man bringen, vielleicht sogar die eigene Persönlichkeit. Ich widme mein ganzes Leben dieser ganzen Kunst ...«

Ziel dieser totalen Hingabe an die Rockmusik scheint mir vor allem die Sehnsucht nach einem erfüllten Leben zu sein, das Bedürfnis nach Lebensqualität, nach Lebensfreude und Vitalität, nach Aufwertung der eigenen Persönlichkeit, nach Bewußtseinserweiterung und Sinnfindung. Man möchte sich an die Musik verlieren, um sich selbst zu finden. Wie Peter Hamel in seinem Buch »Durch Musik zum Selbst« schreibt: »Die suggestiven Kräfte musikalischer Schwingungen werden wieder empfunden und wecken schlummernde Möglichkeiten der Erfahrungen.« (nach Rock Session 1, Reinbek 1977, S. 303f.) Er spricht von der »Cosmic-Rock-Music«, die ihren »Kosmos« nicht in den Welten der Milchstraße, sondern im eigenen Bewußtsein, im Selbst suche. Die Rockmusik bekommt hier Heilsbedeutung und nimmt »kosmische« Dimensionen an.

»Ich liebe nur mein herrliches Ich«

Punkrockmusiker Richard Hell, nach seinen eigenen Worten von der Gesellschaft als Null eingestuft, sieht die vornehmliche Aufgabe als Rockkünstler darin, narzistisch zu sein. In der griechischen Mythologie war Narziß ein schöner Jüngling, der die Liebe zu einer Nymphe verschmähte, dafür mit unstillbarer Selbstliebe bestraft wurde und sich in Sehnsucht nach seinem Bilde, das er im Wasser erblickt hatte, verzehrte. Richard Hell: »Was ich wieder in den Rock'n'Roll einbringen wollte, war das Bewußtsein, daß du dich selbst erfindest. Deshalb hab' ich meinen Namen geändert (hell = Hölle). Wenn man sich selbst erfindet, liebt man sich selbst. Für mich ist das ein total positiver Trip. Bis ich zum Rock'n'Roll kam, wäre kein Mensch auf die Idee gekommen, mich hübsch zu finden.« (Rock Session 2, S. 118) Diese Erfahrung sei für Hell die »entscheidende Botschaft. Wenn du den Mut aufbringst, der dazu notwendig ist, kannst du dich vollkommen neu erfinden. Du kannst dein eigener Held sein.«

»Tue, was du willst«

Am deutlichsten hat dieses »Glaubensbekenntnis« die Hardrock-Gruppe »AC/DC« in ihrer internationalen Hymne »Highway to hell« (Schnellstraße zur Hölle) ausgedrückt: »Leichtes Leben, freie Liebe. Keine Fragen, laß mich sein ... Keine Stoppschilder, kein Tempolimit. Niemand, der mich bremsen kann ... Hey, Satan, ich zahle meine Schulden; denn ich spiel' in einer Rockband. Hey, Mama, schau' mich an. Ich bin auf dem Weg ins gelobte Land ... Ich geh' meinen Weg bis zum Ende auf der Schnellstraße in die Hölle.«

Am 19. Februar 1980 trifft die Band und ihre Fans ein schwerer Schlag. AC/DC-Sänger Ron Scott wird tot im Wagen eines Freundes gefunden, gestorben an einer Überdosis Tabletten und Alkohol.

Am Ende sind jene bedauernswerten Menschen, die sich dem Bösen hingeben, stets die Betrogenen. Das Unglück ihres Lebens besteht nicht darin, daß sie etwa nicht erreichen, was sie wollen, sondern daß sie tatsächlich das bekommen, was sie möchten.

Der lateinamerikanische Priester Ernesto Cardenal versucht, diese von Gott losgelöste, zügellose Freiheit als Selbstbetrug aufzudecken: »Viele denken, sie sind frei, weil sie machen können, was sie wollen, und merken doch nicht, daß sie ihre Diktatur in sich selbst tragen. Und es ist diese Diktatur, die ihren Willen lenkt und sie veranlaßt, das zu tun, was sie eigentlich gar nicht tun wollten, obwohl sie glauben, daß sie es wollten. Der Tyrann steckt so im Mittelpunkt ihres Seins, daß sie denken, sie wären selbst der Tyrann und sind doch nichts anderes als Sklaven.« (Ernesto Cardenal, Das Buch von der Liebe, Wuppertal 1967, S. 62)

Ist der von Natur aus maßlose Wille des Menschen zum Glück nicht mehr auf die Person Gottes gerichtet, dann wird er in den Sog des Bösen, auf die »Schnellstraße zur Hölle«, gezogen. Der Psychoanalytiker Sigmund Freud hat bereits festgestellt, daß der Mensch keineswegs »Herr im eigenen Hause« sei. Und da der »Teufel« von den Rockidolen selbst ins Spiel gebracht wird, gilt es, sich diesem Phänomen zu stellen. Man mag darüber lächeln. Immerhin hat der Psychologe C. G. Jung dem aufgeklärten Zeitgenossen folgendes zu sagen: »Was wir ›Illusion‹ nennen, ist vielleicht eine seelische Tatsächlichkeit von überragender Bedeutung. Die Seele kümmert sich wahrscheinlich nicht um unsere Wirklichkeitskategorien. Für sie scheint in erster Linie wirklich zu sein, was wirkt.«

Aus der Urangst steigen Dämonen auf

Wo der Mensch sich selbst verwirklichen will, ohne Gott, wo er sein will wie Gott, tun, was er will, ohne nach Gottes Geboten zu leben, da verfehlt er sich selbst und wird ein Opfer des Bösen. Dies ist der Kern der biblischen Sündenfallgeschichte. »Sünde« heißt Trennung von Gott, d.h. der Mensch gibt seine schöpfungsmäßig angelegte Liebesbeziehung zu Gott, seinem Schöpfer, aus freiem Willen auf und lebt im wahrsten Sinne des Wortes »auf Teufel komm raus.« Weil Gott ein Gott der Liebe und der Freiheit ist, kann er das Nein eines freien Willens nicht in ein Ja verwandeln. Da Gott kein Mörder ist und die Grenze der Freiheit, die er selbst gesetzt hat, nicht überschreitet, hat er auch Satan, dem von Gott abgefallenen Engelfürsten, seine Wirksamkeit belassen (Lukas 10,18). Das allein ist der letzte Grund alles Bösen, das in der Welt ist, wenn wir Menschen nein zum Guten und ja zum Bösen sagen. Der Kirchenvater Augustin hat einmal gesagt: »Unter dem Teufel aber stehen nach dem Gerichtsspruch Gottes alle mit der Sünde Geborenen, wenn sie nicht in Christus wiedergeboren werden.« (Vgl. I. Hofgärtner, Teufel und Dämonen, München 1985, S. 91ff.) Die Bibel läßt die Frage nach dem Woher des Bösen offen. Das bedeutet, daß wir nicht darüber spekulieren sollen.

In einer gottlosen Welt wird nicht mehr von Gott, aber viel vom »Teufel« geredet. In Carl Zuckmayers Theaterstück »Des

Teufels General« heißt es: »Ob es einen Gott gibt, das weiß ich nicht, aber den Teufel gibt es, dem bin ich begegnet.«

In ihrem ironischen Song »Sympathy for the devil« (Sympathie für den Teufel) sympathisieren die Rolling Stones und auch der deutsche Rocksänger Udo Lindenberg mit dem Teufel (Lindenberg hat den Text ins Deutsche übersetzt). »Erlauben Sie, daß ich mich vorstell': Ich bin ein Mann von Welt und Stil. Ich gehe um seit einer Ewigkeit, raube Seelen, habe kein Gefühl ... In vielen Kriegen war ich Panzergeneral und machte aus der Welt ein blutiges Tal ... Angenehm, erraten Sie, wer ich bin. Was Sie irritiert, ist mein Handeln ohne Sinn.«

Ohne Gott wird die Welt immer unheimlicher. Wo das Ur-Vertrauen (zu Gott) schwindet, wächst die Urangst. Die Angst ist jene Macht, die uns dahin führt, zu »sündigen«, d.h. von unserm eigentlichen Lebensplan abzuweichen, uns immer mehr von uns selbst zu entfremden und »Gott« sein zu wollen. Die Angst verstellt mir den Blick für Gott, meinen Schöpfer und Erhalter, und ich kann mich nur noch so erkennen, wie ich ohne Gott bin. Das ist die Tragödie der Sündenfallgeschichte.

»Das Gefühl der Angst bläht alles auf. Es zwingt den Menschen, seinen Anspruch an sich selbst höher und höher zu schrauben, und je haltloser sich jemand fühlt, desto reicher, mächtiger und potenter wird er sich zu geben suchen ... Das Gefühl seiner Wertlosigkeit und Minderwertigkeit zwingt ihm immer drastischere Formen der Überkompensation (mehr als ein Ausgleich) auf, bis es ihm aus lauter Angst so geht wie dem Frosch in der berühmten antiken Fabel, der es einem Stier an Macht und Größe gleichtun wollte und sich dabei so heftig aufblies, daß er platzte. Das Böse ist identisch mit dem englischen Wort boast = prahlen, aufblähen. Dies entspricht der biblischen Deutung. Der Stolz ist der Ursprung der Sünde. Stolz ist die Reaktionsbildung auf das Gefühl der eigenen Minderwertigkeit ... Nur die Angst zwingt den Menschen dazu, sein Maß zu verlieren und mehr sein zu wollen, als er ist.« (Eugen Drewermann, Strukturen des Bösen, München 1982, Bd. III, S. LXXVII)

Wo der Mensch sich anmaßt, Gottes Thron zu besetzen und nach seiner eigenen Willkür zu herrschen, gehen alle Sinn- und Wertvorstellungen verloren, und es erfolgt eine »Umwertung aller Dinge«; der Mensch wird zum Unmenschen. Was passiert, wenn der gottlose Mensch seine Triebinstinkte hemmungslos auslebt, veranschaulicht der französische Schriftsteller Marquis de Sade (1740–1814): Er hält die Gottesvorstellung des Menschen für das größte Verbrechen und fordert das Recht des Menschen auf absoluten Egoismus. Sein Denken führt ihn in eine Welt ohne Gesetz, wo allein die maßlose Kraft der Begierde herrscht, die hemmungslose Freiheit der Instinkte. Man müsse seine Begierde auf die Spitze treiben, um alles zu beherrschen. Im Haß liege die wahre Erfüllung des Lebens. (Zitiert nach Albert Camus, Der Mensch in der Revolte, Reinbek 1953, S. 33f.)

Luther hat einmal kurz formuliert: »Entweder wird der Mensch von Gott oder vom Teufel geritten.«

Leadsänger »Judas Priest« von der gleichnamigen britischen Heavy Metal-Band, beschwört seine Fans: »Brecht das Gesetz«. Er möchte in seinem Song »Devil's child« ein Kind des Teufels sein und bittet ihn: »Hypnotisiere mich, magnetisiere mich, füll' mich mit deiner Macht . . .«

Auf einer »Judas Priest«-LP ist ein Tempel abgebildet, über dessen Eingang ein Totenkopf hängt. Darunter stehen die Worte »Sin after Sin« (Sünde auf Sünde). Hinter der Tempelfassade breitet sich unter grauem Himmel ein Meer ohne Horizont aus, an dessen Ufer ein Totenschädel liegt.

In der Garderobe der Rudi-Sedlmayer-Halle in München erzählt »Judas Priest«-Sänger Rob Haldorf dem deutschen Journalisten Sandro Baretta nach einem Heavy Metal-Konzert (1984): »Ich bin davon überzeugt, daß dunkle Mächte hinter uns her sind.« Während auf der Bühne die Gruppe »Access« ihren Schwermetall-Sound ins Publikum pumpt, hat Rob seine schwarzen Stiefel, die nietengespickten Lederarmbänder sowie die verchromten Hüftketten noch nicht abgelegt. »Schwarzes Leder ist für mich eine Art Rüstung. Es gibt mir die Kraft, die schlechten Schwingungen von manchen Menschen abzuwehren.« Rob berichtet dann von unerklärlichen Zwischenfällen der Band auf US-Tournee: »Einmal kam während der Show statt messerscharfer Soli von Gitarrist K. Downing für kurze Zeit der Klang von Totenglocken aus der Lautsprecheranlage. In Oregon löste sich plötzlich der Stern über der Bühne aus der Verankerung und hätte mich beinahe unter sich begraben.« Der fast zwei Tonnen schwere fünfzackige Stern, Pentagramm genannt, wird von magischen Zirkeln oft für Teufelsbeschwörungen verwendet.

Teufelspakt

Das Spiel mit dem Bösen wird zu einem Spiel mit dem Feuer. Oder wie es Goethe sagt: »Die Geister, die ich rief, die werd' ich nicht mehr los.« Wenn der Feind zu mächtig wird und ich dem Angreifer zu unterliegen drohe, gibt es in der Regel nur noch eine Möglichkeit, die Identifikation mit dem Angreifer. Du mußt deinen Feind zu deinem Freund machen, dich mit ihm verbünden. Anders kannst du ihn nicht ertragen. Die Lebensphilosophie des an einer Überdosis Kokain früh verstorbenen Filmregisseurs Rainer Werner Fassbinder hieß: »Um den Abgrund meiner Sinnlosigkeit ertragen zu können, muß ich ihn verherrlichen.« Sein letztes Werk war die Verfilmung von »Querelle« nach dem gleichnamigen Skandalroman von Jean Genet, von dem die Worte stammen: »Um dem Grauen zu entkommen, muß man sich ganz darin versenken.« Dieses Genet-Zitat steht als Geleitwort über einem Song der amerikanischen Rocksängerin Patti Smith, die sich zum Sprachrohr mancher Kollegen macht.

King Diamond von der dänischen Heavy Metal-Band »Mercyful Fate«, der seine Fans schwören läßt, »Jesus, den Betrüger, zu verachten und Satan Treue zu geloben«, sagt: »Das Volk liebt das Grauen.« Auf der Bühne fletscht er die Zähne, stampft auf den Boden und beschwört mit ohrenbetäubendem Lärm Tod und Teufel. Während seines Songs »Don't break the oath« (Brich nicht den Schwur!) werfen die Fans ihre handgeschnittenen Holzkreuze auf die Bühne, King Diamond zu Füßen. Wie vom Leibhaftigen besessen, schleudert der »Priester des Bösen« Blicke wie Blitze ins schreckensstarre Publikum und küßt zärtlich einen richtigen Totenschädel.

In einem Interview mit »Attack Metal« (Nr. 2/85) lehnt King Diamond die Priesterrolle ab: »Wer in mir einen Priester sieht, irrt. Die Maske, mein Kostüm, die Schädel und Knochen – das alles flößt natürlich Furcht ein ... Um den Kids die Angst wieder zu nehmen, steige ich während der Show hinunter und gebe den Leuten die Hand. Und sie können mit dem beruhigenden Gefühl nach Hause gehen, daß ich eben doch ein Mensch bin und kein Dämon.«

In vielen andern Interviews legt er großen Wert auf die Feststellung, daß seine Liebäugelei mit dem Satan kein aufgesetzter Werbegag sei; denn er beschäftige sich ernsthaft mit dem Okkultismus, sei ein Satansanhänger und lasse sich von den Mächten der Finsternis inspirieren. Sein Begleitmusiker Lemmy weiß zu berichten, daß King Diamond jeden Abend die Band um sich versammle und ihnen aus einem kleinen schwarzen Buch »Neues aus dem Reich der Finsternis« vorlese.

Nach King Diamonds eigenen Worten steht in nahezu jedem Fanbrief das Bekenntnis »KD is God« (King Diamond ist Gott). Nach jeder Show sitzt er eine Stunde vor dem Spiegel und darf nicht gestört werden. Was geht in solchen Augenblicken in ihm vor? »Ich verarbeite das gerade Erlebte ... Außerdem brauche ich die Zeit, um mich selber wieder zu finden. Auf der Bühne steht ein anderer, King Diamond.« – King Diamond ist sein Künstlername. (»Desaster« Nr. 2/1985)

Kind Diamond, der ausdrücklich davor warnt, mit den »Mächten der Finsternis zu spielen«, will in Zukunft in seinen Texten den »Satan« mit andern Worten umschreiben, um seine Fans noch mehr zu verwirren.

Der auf der Bühne grausam angemalte »Priester des Satans«, wie er immer wieder genannt wird, fordert seine Fans auf (»Come to the Sabbat«): »Kommt zum Sabbat, zur schwarzen Messe, unten bei der eingestürzten Brücke ... Später wird der Meister aus dem Herzen der Hölle uns um sich scharen. Zuerst werden wir ein Feuer entzünden und dann unsern ›Lord‹ willkommen heißen. Dann stellen wir eine schwarze und eine weiße Kerze auf den Altar, Hohepriester beschwören den Teufel, und höllische Namen werden genannt ... Kommt zum Sabbat ... Wir kommen jetzt.« Im Refrain heißt es: »Wenn du ›Himmel‹

sagst, sage ich ›Schloß der Lügen«. Wenn du ›vergib ihm‹ sagst, sage ich ›nimm Rache‹. Mein geliebter Satan. Du bist einzigartig.« (LP Mercyful Fate, Don't break the oath, RR 9835)

Die Heavy Metal-Band »Venom« (Schlangengift) wählt für ihre LP (NEAT 1015/1984) die Überschrift »At War With Satan«, gemeint ist ein Kriegsbündnis mit Satan. Man sieht auf dem LP-Album u.a. ein brennendes Kreuz mit den erklärenden Worten: »Obwohl manche Nächte mich gemartert haben, wird dein Exorzismus (Teufelsaustreibung) mißlingen. Obwohl das Kruzifix mein Fleisch versengt, werde ich mich dir doch nicht ausliefern, bis ich sterbe.«

Dann folgt eine Lobeshymne auf Satan, so gotteslästerlich und obszön formuliert, daß ich nur die harmlosesten Sätze wiedergebe: »Die Himmel befinden sich in den letzten Todeswehen ... Dämonen schmieden ein Komplott, um den Himmel in Staub zu verwandeln ... Unser Herr der Hölle muß Gottes Thron einnehmen ... Die Verbrennung Gottes müssen alle sehen. Der Himmel ist zur Hölle geworden ...«

Des Menschen Wille ist auch seine Hölle

Des Menschen Wille ist sein Himmelreich, wo er sich willentlich dem guten Willen Gottes unterstellt und Gott allein anbetet. Erliegt der Mensch aber der teuflischen Versuchung, sein zu wollen wie Gott und selbst zu bestimmen, was gut und böse ist, verfällt er zwangsläufig der unheimlichen Macht des Bösen. Insofern ist des Menschen Wille auch seine Hölle. Was in den oben genannten Texten zum Ausdruck kommt, ist die Rache des ungelebten Lebens an sich selbst, die Verzweiflung der Hoffnungslosen, denen nur noch der Mut zur Vernichtung bleibt. Haß und Neid der Todgeweihten steigern sich bis zum Wahnsinn. Unter teuflischem Vorzeichen wird aus Liebe Haß, aus Wahrheit Lüge, aus Kosmos (Ordnung) Chaos, aus dem Geschöpf Gottes ein Unmensch, aus der Anbetung Gottes die Anbetung Satans.

Der Atheist Sigmund Freud hat sich bereits Gedanken gemacht über die unheimlichen Mächte im Menschen; er kommt zu dem Schluß, daß im Menschen der Lebenstrieb, aber auch der Todestrieb herrschen. Für ihn ist mit dem Menschen selbst schon die Macht des Bösen gesetzt, der Drang zur Auflösung, das Ziel der Zerstörung. Wenn Gottes Geist nicht mehr den Menschen bestimmt, nimmt der Todestrieb überhand, und das Böse oder der Böse zieht mich in seinen unheimlichen Bann.

Die »magische« Fähigkeit spielt im musikalischen Bereich eine wichtige Rolle, nicht nur in der Rockmusik. »Magie des Taktstockes« heißt ein vielbeachtetes Buch unserer Tage, in dem die größten Dirigenten der Welt vorgestellt werden. »Ihre Faszination besteht nicht in der vollendeten Beherrschung der Partitur, sondern in der magischen Fähigkeit, sich als Orchesterleiter mit den spielenden Musikern, mit dem lauschenden Publikum, mit den Chormassen auf das innigste zu verbinden. Wo dieses Aufheben des Getrennten, dieses Ineinanderfließen zu einer großen harmonischen Ineinssetzung nicht gelingt, wird die letzte künstlerische Reife und Höhe nicht erreicht.« (Adolf Köberle, Heilung und Hilfe, Moers 1985, S. 46)

Von dieser geheimnisvollen magischen Kraft wissen auch die Heavy Metal-Bands ein Lied zu singen, allen voran die »Scorpions«, die ihre erfolgreiche Karriere nach Auskunft ihres Songschreibers und Musikers Rudolf Schenker auf folgende Erfahrung zurückführen: »Alles, was bei uns zählt, ist die Musik und die Energie, die wir beim Publikum geben. Und wir bekommen eine Menge Power von ihnen zurück. Das läßt den Streß vergessen. Bei uns gibt es nur eins, was zählt: Der Kontakt zu den Fans. Das ist das A und O, das garantiert den Erfolg.« (»Desaster« Nr. 2/1985) Immer wieder lese ich in Musikzeitschriften, was ich in meinen Interviews mit den Rockstars und ihren Fans bestätigt finde: Der Erfolg einer Band gründet sich in erster Linie auf einer direkten Kommunikation zwischen Band und Publikum.

Wenn dann Rockmusiker mit der Gesinnung des »Zauberer Simon« in selbstsüchtiger und dämonischer Machtbesessenheit auf ihre verzückten Fans »einhämmern« und sich mit ihnen gefühlsmäßig »verschmelzen«, erfolgt eine unheimliche Manipulation bis tief ins Unterbewußtsein, das ja unser Denken und Handeln weitgehend bestimmt.

Wenn aus Liebe sexuelle Gier wird

Der unter seiner Ohnmacht und Sinnlosigkeit leidende gottlose

Mensch schließt oft deshalb einen »Pakt mit dem Teufel«, um ungeahnte Energiequellen anzuzapfen und dadurch einen Machtzuwachs zu erlangen. Dies gilt besonders für die sexuelle Energie; denn die sexuelle Lustbefriedigung kann mit einer außerordentlichen Steigerung des Lebensgefühls verbunden sein und bewirkt oft einen leibseelischen Aufschwung. Wo allerdings die vom Schöpfer geschaffene Geschlechtlichkeit aus der Ganzheit des Menschen herausgebrochen wird, wo die Geschlechtlichkeit nicht mehr Ausdruck der Liebesbeziehung von Mann und Frau ist, und nur noch als Mittel zur nackten, selbstsüchtigen Lustbefriedigung und Selbstverwirklichung dient, verliert sie ihre Sinnerfüllung und entartet zu einer unersättlichen Gier.

Es ist gut, daß die Musik den ganzen Menschen mit Leib, Seele und Geist anspricht. Gefährlich werden allerdings jene Heavy Metal- und Hardrock-Bands, deren »Bauch ihr Gott« ist (Römerbrief 16,18). Der Musikwissenschaftler Tibor Kneif definiert Hardrock als »eine Musik des ästhetisch verklärten Terrors, der sein Opfer mit der Seelenkenntnis des behandelnden Arztes immer wieder ins Schaudern zu versetzen weiß . . . Seine Erschütterungen sprechen den ganzen Körper an, vor allem die Bauchregion, was die vielgepriesene sexuelle Stimulation erklärt.« Wenn man sich auch vor solchen Pauschalurteilen hüten sollte, steckt doch viel Wahrheit darin. Selbst die gemäßigten Heavy Metal-Bands wie die »Scorpions« geben unumwunden zu: »Klar, unsere Musik geht voll unter die Gürtellinie.«

Was den Menschen böse macht, sind nicht seine Triebe, sondern der verantwortungslose Umgang mit seinen Trieben. Wer nicht Gott über sich herrschen läßt, wird zum Sklaven seiner Triebe, die zu einem maßlosen Verlangen entarten. Sex-Kult und Lustvergötzung sind die Folgen. So ist es nicht verwunderlich, daß die Heavy Metal-Band »Bon Jovi« von der amerikanischen Ostküste freimütig bekennt: »Unsere Songs handeln von Lust und nicht von Liebe. Jedes Lied erzählt die Geschichte einer Leidenschaft.« (»Metal Hammer« Nr. 4/1984) Die Rockmusiker wollen nicht »niedlich, sondern schmutzig sein«.

Die Frankfurter »Straßenjungen« (LP »Dauerlutscher«, CBS Nr. 82361/1977), 1986 in der ZDF-Hitparade umjubelt, animieren ihre Fans mit folgenden Sex-Geschichten: »Erzähl mir nicht dein Leben, ich will nicht länger reden. Ich will nur das Eine zwischen deinen Beinen. Ich mach' nicht auf Liebe, ich bin mehr für Triebe. Und wenn du die nicht hast, dann hau' ab.«

»Wenn Rock unter den Rock geht« hieß ein »stern«-Artikel 1985, in dem amerikanische Mütter gegen die schamlose Diktatur der Schallplattenindustrie mit folgendem Lasterkatalog protestieren: »Verherrlichung von Gewalt und Rebellion, Drogensucht und Teufelskult, Frauenverachtung und vor allem fehlgeleiteter Sex wie Inzest, Fellatio, Sado- und Masochismus.«

Die Gruppe »Mötley Crüe« schwelgt in blutrünstigen Mordphantasien und beschreibt in »10 Seconds to Love« (10 Sekunden bis zur »Liebe«) Schnell-Sex-Imbiß in einem Aufzug.

Es ist nur folgerichtig, daß Sexkult und Teufelskult oft dicht beieinander liegen. Schwarze Messen, in denen der Teufel angebetet wird, enden fast immer in Sexorgien. Die amerikanische Rocksängerin Patti Smith haßt Gott und liebt den Teufel, raucht Opium, ergötzt sich an pornographischen Büchern und experimentiert mit Sex in allen abartigen Variationen bis zum Exzeß, um eine »neue Ebene in ihrem Unterbewußtsein zu durchstoßen«. Und am Ende steht die sexbesessene Patti nach ihren eigenen Worten vor einem »bodenlosen Abgrund«. (Vgl. Rock Session 2, S. 85ff.)

Durch Teufelsbeschwörung erhofft sich der gottlose Mensch eine Steigerung seiner sexuellen Energien, um sein verpfuschtes Leben in den Griff zu bekommen.

Wo aber die isolierte, vergötzte Sexualität durch menschliche Möglichkeiten keine Befriedigung erfährt, versucht man, in die kosmische Dimension (Cosmic-Rock) vorzustoßen und verbündet sich mit dämonischen Mächten (Satanic-Rock), die an der Lust des Menschen ansetzen. Wer sich an dämonische Mächte bindet, meint zunächst, er würde aus einem goldenen Becher trinken, aber danach sticht die Otter (vgl. Sprüche 23,30ff.)

Der dänische Philosoph Sören Kierkegaard hat richtig erkannt, daß das Böse zwar »verzweifelte Lebenslust und Kraft verleihe,« aber am Ende ins Chaos führe. »Die Aufgabe und der Wert des Glaubens an Jesus Christus liegt nicht darin, die Sehnsucht nach Freude und Lust am Leben im Namen Gottes zu unterdrücken, sondern darin, dem Menschen die Angst zu nehmen, die ihn daran hindert, sich frei und unverstellt dem Leben zuzuwenden. Es geht im Glauben darum, die Mauern der Verzweiflung aufzusprengen, in denen der Mensch ohne Gott dazu verurteilt ist, sich selbst als freies Wesen abzuschaffen und sich an Dingen festzusaugen, die ihn in seiner Gier nach Glück nur immer tiefer in das Unglück stürzen müssen.« (Eugen Drewermann, S. 537)

Aleister Crowley – geistiger Vater der satanischen Rockszene

Wer Gott an seinem eigenen Dilemma die Schuld gibt, sollte sich von Jakobus (1,13) belehren lassen: »Wenn ein Mensch in Versuchung geführt wird, darf er nicht sagen: ›Gott hat mich in Versuchung geführt.‹ Gott kann nicht zum Bösen verführt werden; und er selbst verführt keinen. Es sind die eigenen Wünsche, die den Menschen ködern und fangen. Wenn einer ihnen nachgibt, wird sein Begehren gleichsam schwanger und gebiert die Sünde. Und wenn die Sünde sich auswächst, führt sie zum Tod.«

Ein praktisches Beispiel für diese Sätze aus dem Jakobusbrief liefert ein Song der Heavy Metal-Band »Celtic Frost«. Das Lied heißt »Necromantical Screams« (Schreie zum Totlachen, die der Schwarzen Kunst-Zauberei – entstammen) und ist letztlich eine Bankrotterklärung ihrer dämonischen Lebensphilosophie: »Du hast den Tod angefleht, die Antwort wird kommen ... Verneint das Leben, Todessucht ... Die Seele ist gefroren, das Fleisch ist schwach ... Respekt und Gedanken, vor langer Zeit begraben. Wir bitten dringend um das Ende. Blind und stumm werden wir nicht fühlen, daß es mehr geben könnte. Ich werde allein in der Dunkelheit bleiben ...«

Das todbringende Spiel mit dem Teufel, von »Celtic Frost« Mitte der 80er Jahre aufgeschrieben, fand bereits Ende der 60er Jahre Eingang in die Rockmusikszene. Aufschlußreich sind in diesem Zusammenhang die Dokumentationen von Siegfried Schmidt-Joos in »Rocksession 1 + 2«, auf die ich mich in den nachfolgenden Abschnitten vor allem beziehe.

Der geistige Vater des Satanismus in der Rockmusik ist der Schotte Aleister Crowley (1875–1947), der den Kernsatz seiner satanischen Lehre so formuliert: »Tue, was du willst. Darin besteht das ganze Gesetz.« In seinem Hauptwerk »Book of the Law« (Buch des Gesetzes) wird der gefallene Engel Luzifer als der große Lichtbringer verherrlicht, der die christliche Moral abgeschafft hat. Während seines ganzen Lebens hat Crowley mit Drogen wie Haschisch, Kokain und Heroin experimentiert; Sex galt ihm als »Einstieg zur Unsterblichkeit«.

Crowleys Erbe trat der 1932 in Kalifornien geborene Kenneth Anger an, der in einigen Filmen Crowleys Aussagen über Magie, Sexualität und Gewalt verarbeitet hat. Sein Lieblingsprojekt ist der Film »Lucifer Rising« (Luzifers Aufstieg), dessen Dreharbeiten schon 1967 begonnen haben und wohl bis heute aus mysteriösen Gründen noch nicht abgeschlossen sind. Im Mittelpunkt des Filmgeschehens steht eine Schwarze Messe mit Dämonenbeschwörung. Sein erster Filmdarsteller war ein fünfjähriger Junge, der aus einem Dachfenster stürzte und starb.

Danach versuchte es Anger mit dem 19jährigen Gitarristen Robert Beausoleil von der Rockgruppe Love, der sich nach kurzzeitigen Dreharbeiten mit Anger überwarf und einen Teil des »Lucifer«-Filmmaterials verschwinden ließ. Daraufhin verfluchte der Satanist den Rockmusiker, »indem er ein Medaillon anfertigte, das auf der Vorderseite das Beausoleil-Portrait trug. Auf der Rückseite war die Inschrift eingraviert: ›Bob Beausoleil, der in eine Kröte verwandelt wurde von Kenneth Anger.‹« Zwei Jahre später wurde Beausoleil »im juristischen Umfeld der Charles Manson-Morde zu lebenslänglichem Zuchthaus verurteilt, weil er seinen Herbergsvater, den 30jährigen Musiklehrer Gary Hinman, getötet hatte. Der Mörder nahm aus dem Gefängnis den Briefwechsel mit Anger wieder auf und unterzeichnete seine Botschaften mit »Lucifer«.

Anger hielt nun Ausschau nach einem dritten Filmdarsteller und interessierte sich für Mick Jagger von den »Rolling Stones«, der schon seit geraumer Zeit mit ihm befreundet war und unter seinem Einfluß sein Lied »Sympathy for the devil« (Sympathie für den Teufel) u.a. geschrieben hatte.

Während des Rockfestivals am 6. Dezember 1969 in Altamont (USA) wurde der 18jährige Schwarze Meredith Hunter durch die Hell's Angels (Höllenengel) erstochen – und zwar vor den Augen Mick Jaggers, der in jenem Augenblick »Sympathy for the devil«

sang. Das von 300 000 Rockfans besuchte Konzert endete im Chaos.

Mick Jagger von den Rolling Stones war von dem praktizierten Satanismus derart erschüttert, daß er den Kontakt zu Anger abbrach. Verärgert reagierte Anger: »Mick hatte zuvor die ganze Magie wohl bloß als Spiel verstanden, aber nun wurde es auf eine Art Wirklichkeit, die die Gruppe zerstören konnte ... Als er Bianca heiratete, trug Mick ein christliches Kreuz. Klar, eine Menge Huren tragen Kreuze ...«

Rocksänger Graham Bond, der sich für Aleister Crowleys unehelichen Sohn hielt, wurde von einer Londoner Untergrundbahn erfaßt und total verstümmelt. Nur sein magisches Silberamulett blieb unverletzt. Seine Freundin Diane Stewart berichtete dem »Musical Express«, Bond habe bei seiner letzten Plattenaufnahme das Crowleysche Teufelsritual zelebriert und dabei sei plötzlich und ohne erkennbaren Grund die ganze Studiowand in Flammen aufgegangen. Danach habe er sich von dem Satanic-Rock abgewandt und gesagt: »Ich habe zu viele Beschwörungen und zu wenig Exorzismus (Teufelsaustreibung) gemacht.«

Barry McGuire: »Die Wahrheit hat mich freigemacht«

Der amerikanische Protestsänger Barry McGuire stand Ende der 60er Jahre auf dem Höhepunkt seiner Karriere mit seinem Welthit »Eve of destruction« (Abend der Zerstörung, der nicht nur die kaputte Welt um ihn herum, sondern vor allem die kaputte Welt in ihm selbst symbolisierte. Damals machte sich der heute in Neuseeland lebende christliche Rocksänger zum Sprachrohr zahlreicher Rockstars: »Mein Leben war eine Sackgasse. Ich wollte Gutes schaffen und sackte immer wieder auf den Nullpunkt. Dauernd unterwegs mit dem Flugzeug von einer Veranstaltung zur andern. Schon am frühen Morgen mußte ich Marihuana rauchen, um fit zu bleiben. Dann stieg ich auf härtere Drogen um. Meinen Drogenkonsum verstand ich als Suche nach geistlicher Erfahrung. Der Erfolgsrausch dauerte immer nur wenige Tage oder Stunden. Das Showgeschäft gleicht einem Jahrmarkt. Du fährst im Karusell vielleicht ein Dutzend mal und dann stinkt's dich an, wie BB King es in einem Blues gesungen hat: ›the thrill is gone‹, der Reiz ist weg. Und wenn man das raus hat, warum soll man dann noch weitermachen? Innerhalb von vier Jahren haben vierzehn Freunde Selbstmord begangen, weil sie an diesen Nullpunkt kamen.« (G. Klempnauer, Ich bin tot, S. 21ff.)

Wer sprengt diesen Teufelskreis? Diese für Barry McGuire entscheidende Frage beantwortete ihm ein junger Mann in Hollywood: »Ich traf mal einen Typ, der sagte: ›Weißt du, Barry, ich diene Gott nicht, weil ich einmal in den Himmel kommen möchte, und auch nicht aus Angst vor der Hölle. Der Grund ist ganz einfach: Seine Liebe stillt meine Sehnsucht.« Barry fiel es wie Schuppen von den Augen, und er ging das Wagnis des Glaubens an Gott ein: »Da fiel kein Blitz vom Himmel. Da fand eine kleine Hochzeitszeremonie statt. Ich vertraute mich Jesus an.« Anläßlich einer Deutschland-Tournee 1984 begeisterte der christliche Rockmusiker seine jugendlichen Zuhörer mit seinen lebensbejahenden Songs und seiner positiven Ausstrahlung. Immer wieder wies er auf seine veränderte Lebenshaltung hin: »Meine Wünsche sind jetzt anders geworden: Liebe Gott, deinen Herrn, von ganzem Herzen und deinen Nächsten wie dich selbst.« Wie anders wäre wohl sein Leben verlaufen, wenn er sich gegen Gott entschieden hätte?

Damals, unmittelbar vor seiner Bekehrung zu Christus, sympathisierte Barry McGuire mit dem berüchtigten Hippieführer Charles Manson, in dessen Kommune er oft verkehrte. Rückblikkend sagte er über den zu lebenslänglichem Zuchthaus verurteilten Manson: »Manson ging unsere Straße bis zum bitteren Ende. Er lebte das aus, was er propagierte. Wenn es keinen Gott gibt, spielt es keine Rolle, ob man jemand tötet oder nicht.«

Christusglaube sprengt den Teufelskreis

Es gibt wohl kaum ein abschreckenderes Beispiel für die entsetzlichen Auswirkungen des Teufelskultes in der jüngeren Geschichte als die bestialischen Morde der Manson-Kommune in Hollywood. (Ausführlicher Bericht in G. Klempnauer, Gesucht: Anerkennung, Geborgenheit, Freiheit – Manson-Protokolle und Versuchung Jesu, Wuppertal 1972). Auf einer ruinenhaften Ranch im »Tal des Todes« hatte der damals 35jährige Charles

Manson von der Wohlstandsgesellschaft enttäuschte junge Leute um sich geschart und sich von ihnen mal als Satan, mal als Jesus verehren lassen. Manson wollte jenseits von Gut und Böse leben und jeder sollte das tun, was ihm Spaß machte. Fast täglich veranstaltete er mit seinen Kommunarden Sex- und Rauschgiftorgien, schwarze Messen und Mörderspiele. Im Mittelpunkt stand eine gotteslästerliche Zeremonie, die mit der Einnahme von LSD begann und mit sadistischen Sexspielen endete. Manson ließ sich an ein Kreuz binden und hauchte mit sanfter Stimme: »Heute nacht stirbt Jesus am Kreuz – aber er wird wieder auferstehen.« Die ungeheure Realität der Kreuzigung Christi wird höhnend kopiert, und es entstand eine totale Perversion. Darin drückt sich der uralte Haß des Teufels auf die Kreuzigung Gottes aus, die ihm alle Menschen guten Willens entrissen hat. Da Jesus der Versuchung Satans widerstanden hat, ihn anzubeten (Versuchungsgeschichte, Matthäus 4), ist jede schwarze Messe ein verzweifelter Versuch, die Niederlage Satans in einen rauschhaften Sieg zu verwandeln.

Manson hatte sich dem Bösen total verschrieben und identifizierte sich in seinem Größenwahn mit Jesus und dem Teufel; deshalb übte er auf seine orientierungs- und haltlosen Anhänger eine unheimliche Faszination aus, der sie sich aus eigener Willenskraft nicht mehr entziehen konnten. Auf Mansons Befehl ermordeten sie 1969 in Hollywood sieben Menschen, unter ihnen die Schauspielerin Sharon Tate und ihre Partygäste, die ebenfalls schwarze Messen feierten. Sharon Tate war mit dem Filmregisseur Roman Polanski verheiratet, der in seinen Horrorfilmen den Satanskult verherrlichte. In seinem Film »Rosemary's Baby« spielt seine Ehefrau eine Hexe, die den »Sohn des Leibhaftigen« zur Welt bringt. Polanski äußerte einmal: »Die Leute von Hollywood haben den Ehrgeiz, die Filme, die sie drehen, selbst zu erleben.«

Zwei der zu lebenslänglichem Zuchthaus verurteilten Manson-Mörder haben im Gefängnis eine erstaunliche Wandlung erfahren.

Susan Atkins, die »Satansbraut«, hat darüber im Spezial-Sicherheitstrakt des Kalifornischen Frauengefängnisses ein Buch geschrieben (»Ich sollte sterben«, Schorndorf 1978). Zunächst beschreibt sie das Milieu einer amerikanischen Mittelstandsgesellschaft, in dem sie aufwuchs. Zu Hause zählten nur materielle Werte. Die Mutter erkrankte an Krebs, wurde zur Alkoholikerin und starb, als Susan 14 war. Der Vater verdiente sein Geld als Vertreter und wechselte ständig seine Jobs. Deshalb hatte er kaum Zeit für seine Tochter. Im jugendlichen Alter sehnte sie sich nach einer heilen Welt, aber zugleich verspürte sie den Trieb, Böses zu tun. Sie begann zu trinken, nahm Drogen und suchte im Sex ihr Heil. Am liebsten hörte sie die ausschweifenden Songs der Rocksängerin Janis Joplin. Dann landete Susan in der Hippie-Kommune von Charles Manson, der ihr versprach: »Ich werde dich nie fallen lassen.« Frei nach dem Beatle-Song »Sexy Sadie« gab Manson ihr den Namen »Sadie«. Sie sollte kein Mensch mehr sein, sondern ein Phantom, das Freude daran empfinden sollte, andern Schmerzen zu bereiten.

Erst im Gefängnis wurde ihr die Brutalität ihrer Verbrechen bewußt, und angeregt durch einen Briefwechsel mit dem ehemaligen Manson-Kumpel Bruce, der inzwischen eine Glaubensbeziehung zu Christus eingegangen war, geschah am 27. September 1974 folgendes: »Ich war in meiner Zelle eingeschlossen für die Nacht, und immer, wenn ich die Augen schloß, sah ich meine grausamen Verbrechen vor mir. Plötzlich kam mir ein Satz über die Lippen, etwas völlig Neues, das ich vorher nie gesagt hatte: ›Ich möchte, daß mir vergeben wird.‹ Eine Tür öffnete sich, und ein strahlendes Licht leuchtete mir entgegen. Ich hörte Jesus sagen: ›Susan, ich bin wirklich hier. Ich komme in dein Herz, um dort zu bleiben. In diesem Moment wirst du wiedergeboren, und du wirst mit mir im Himmel leben bis in alle Ewigkeit. Du bist jetzt ein Kind Gottes. Du bist reingewaschen, und deine Sünden sind dir vergeben . . .‹« Für Susan Atkins wurde die »Bibel das wichtigste Buch«, Zeugnis der unverdienten Liebe Gottes. »Das erste Mal in meinem Leben verstand ich, was wahre Liebe bedeutet. Ich konnte jetzt auch meine Mitgefangenen und meine Aufseher lieben.«

Seitdem hat Susan eine rege Seelsorgetätigkeit entwickelt, und selbst ein hoher Gefängnisbeamter wehrt den Verdacht einer Show ab: »Wir beobachten Susan vierundzwanzig Stunden am Tag. Sie kann ihr neues Leben nicht jede Minute des Tages vortäuschen. Es muß echt sein.«

Auf halbem Wege zwischen Los Angeles und San Francisco befindet sich das Zuchthaus California Men's Colony, in dem Tex Watson als neunfacher Mörder der Manson-Bande einsitzt. Neun Jahre nach dem schrecklichen Blutbad besucht ihn »stern«-Reporter Walter Unger (»stern« Nr. 19/1978) und begegnet ihm zunächst in einem Gefängnisgottesdienst, wo er als Hilfsgeistlicher das Abendmahl austeilt. Watson: »Die Leute draußen sollen wissen, daß ich ein anderer Mensch geworden bin, daß ich zu Gott gefunden habe, daß Gott die Stärke besitzt, auch einem Menschen wie mir einen neuen Weg zu weisen.«

Für Tex Watson ist es immer noch unbegreiflich, wie die Macht des Bösen ihn so unmenschlich machen konnte, und dennoch weiß er: »Für alles, was ich getan habe, fühle ich mich absolut verantwortlich.« Seine teuflische Besessenheit wurde Watson erst bei der Gerichtsverhandlung bewußt: »Ich ging in die Bibelstunden des Gefängnisgeistlichen. Ich lag auf den Knien und schrie und weinte nach Gott. Meine Eltern hatten mich zwar religiös erzogen, aber in Wirklichkeit wußte ich nichts vom Geist und der Botschaft Jesu.«

Auf die skeptische Frage des Reporters, was ihm der Glaube an Jesus eingebracht habe, antwortet Tex Watson: »Oft liege ich nachts in meiner Zelle und kann mich selber nicht ertragen. Aber immer kann ich dann zurückkehren zu Jesus. Er läßt mich dann spüren, daß er in mir ist. Seine Liebe gibt mir die Kraft, diese Liebe auch andern zu geben. Denn alle, die hier sitzen, brauchen keinen Seelendoktor, der sie vom Verstand her anspricht; sie brauchen Gott, der ihre Herzen und ihren Willen verändert und sie dadurch befähigt, ein gutes Leben zu führen.« Watson weiß aus eigener Erfahrung, wie verhängnisvoll ein böser Einfluß sein kann: »Charles Manson hat mich programmiert. Was er dachte, dachte und tat ich. Ich war völlig besessen von Charly, dem Teufel und den Drogen. So, wie ich mich damals ganz dem Bösen hingegeben habe, weihe ich heute mein Leben Jesus Christus.«

Die frohe Botschaft des Evangeliums besteht in der beglükkenden Glaubenserfahrung, daß die Macht Gottes größer ist als die Macht des Teufels; »denn Jesus ist gekommen, um die Werke des Teufels zu zerstören« (1. Johannesbrief 3,8). Die konkurrenzlose Wohltat Jesu ist, daß er Dämonen und Mächte besiegt hat, über die sonst niemand Macht hat. Der an Christus glaubende Mensch erfährt die Befreiung von bösen Mächten, die seinen Willen und sein Gefühl terrorisierten und seine Existenz zerstörten. Erst in dem Augenblick, wo der hilflose, von Angst besessene Mensch die rettende Hand Gottes ergreift, erkennt er rückblikkend seine bisherige abgrundtiefe Sinnlosigkeit und Verdorbenheit, seine ausweglose Versklavung im Bösen, wie uns u.a. die Manson-Opfer Susan Atkins und Tex Watson lehren. In dem Augenblick, als Barry McGuire Christus die Regie seines Lebens übergab, erlebte er die befreiende Macht, die den Teufelskreis seiner ausweglosen Ängste und Hoffnungslosigkeit sprengte. Rückblickend fiel es ihm wie Schuppen von den Augen: »Ich habe die Wahrheit gefunden, und die Wahrheit hat mich freigemacht.«

Sehr eindrucksvoll formuliert der Apostel Paulus die Erlösungstat Jesu: »Er hat den Schuldbrief getilgt, der mit seinen Forderungen gegen uns war, und hat ihn weggetan und an das Kreuz geheftet. Er hat die Mächte und Gewalten ihrer Macht entkleidet und sie öffentlich zur Schau gestellt und hat einen Triumph aus ihnen gemacht in Christus.« (Kolosserbrief 2,14f.)

Warum die »Stryper« Gott verherrlichen

Wer die Erlösung von dem Bösen durch den Glauben an Christus immer wieder neu an sich erfährt, steht nicht mehr unter dem Zwang, das Böse in sich auf andere Menschen abzuwälzen. In der Menschheitsgeschichte waren Feindbild und Verteufelung des andern immer dann besonders ausgeprägt, wenn Gott und die Macht des Bösen verharmlost wurden. Notgedrungen muß man dann das eigene Böse verdrängen (Abwehrmechanismus), weil es zu einer übermächtigen Bedrohung wird, und »Sündenböcke« suchen, auf die man die eigene Schuld abwälzt, um sich selbst zu entlasten. Man verteufelt andere Menschen, Gruppen und Völker, um den »Teufel« in sich selbst loszuwerden.

Im Mittelalter wurden die Hexen, im Dritten Reich die Juden, in der kapitalistischen Gesellschaft die Kommunisten und in der kommunistischen Welt die Kapitalisten verteufelt. Heute stehen Christen in der Gefahr, jene Musiker und Gruppen zu verteufeln, die sich dem Teufel verschrieben haben. Christen sollten sich vielmehr fragen, inwieweit sie diese bedauernswerten Rockmusiker durch eigenes Versagen und mangelnde Hilfestellung in die Arme des Teufels getrieben haben.

King Diamond von der Heavy Metal-Band »Mercyful Fate«, der in einem Song dem »christlichen Glauben abschwört und »alle christlichen Werke verachtet«, sagt in einem Interview: »Ich kann nicht verstehen, wenn jemand sagt, er habe die Liebe Gottes im Herzen, und trotzdem im nächsten Moment Gewalt ausübt. Man kann nicht sonntags in der Kirche in der ersten Reihe sitzen und werktags alles wieder vergessen.« Wenn der halt- und orientierungslosen jungen Generation der christliche Gott ihrer Väter unglaubwürdig erscheint, muß man sich nicht wundern, wenn sie es aus einer gewissen Protesthaltung und Frustration heraus mit dem »Teufel« versuchen. Die verunsicherte Erwachsenenwelt reagiert mit Empörung und Verdammungsurteilen und übersieht den »Balken im eigenen Auge«. Der englische Skin (Skinheads sind jugendliche Außenseiter, die eine verzweifelt böse Lust am Verbotenen und Provokativen haben) Garry Johnson schreibt in seinem Buch »The Story of Oi«: »Wir existieren nur durch Euren Haß. Wenn Ihr uns lieben würdet, gäbe es uns gar nicht.« (»Deutsches Allgemeines Sonntagsblatt« Nr. 34/1984)

Man ist erstaunt, wie aufgeschlossen auch einige Rockmusiker mit »teuflischem Anstrich« für religiöse Fragen sind, wenn man ihnen mit Liebe begegnet. Mitglieder der christlichen Hardrock-Band »Resurrection« (Auferstehung) haben mit dem Sänger Brian Johnson von der wohl erfolgreichsten Hardrock-Band »AC/DC« u.a. folgendes Gespräch geführt:

Frage: »Beschäftigst du dich schon mal mit der Gottesfrage?«

Johnson: »Ja, aber das behalte ich für mich. Ich geh' manchmal in Kirchen rein, wenn niemand sonst drin ist.«

Frage: »Kannst du dir vorstellen, eines Tages Gott gegenüber zu stehen?«

Johnson: »Ich werde ihm begegnen müssen, ja. Sehr beängstigend, dieser Gedanke.«

Frage: »Wenn Gott dir begreiflich machen würde, daß Jesus Christus wirklich der Herr ist und wir uns zu ihm wenden sollen, weil er Schuld vergibt – würdest du das dann machen?«

Johnson: »Ich glaube, ja. Ich hab' genügend Angst, um es zu tun. Aber paß' auf. Mein Vater gehörte zur anglikanischen Kirche, und meine Mutter war katholisch, eine Italienerin. Als mein Vater in der Armee war, trat er zum Katholizismus über, um meine Mutter heiraten zu können. Er kniete in der Kirche und betete. Da kam sein Hauptmann rein und sagte: ›Johnson, stehen Sie auf und verschwinden Sie hier!‹ ›Wieso? Ich bin jetzt katholisch, Sir, ich . . .‹ ›Raus hier, sage ich. Das ist ein Befehl.‹ In dem Moment kam der Priester rein, und es entstand ein Riesenkrach, ein Handgemenge zwischen dem anglikanischen Hauptmann und dem katholischen Priester. Mein Vater ist seitdem Atheist . . .«

Frage: »Das können wir nachempfinden. Vielleicht wußten beide nicht viel von einem Leben mit Jesus . . . Wir können dir nur bezeugen, daß Jesus unser Leben verändert hat. Er hat es verdient, die Nummer eins in unserm Leben zu sein. Er ruft jeden Menschen. Es ist unsere Entscheidung, ob wir antworten.«

Johnson: »Ich respektiere eure Erfahrungen, weil ihr hier nichts aufsetzt vor Millionen Zuschauern (etwa in der amerikanischen Fernsehkirche). Meine Güte, wir sitzen hier in irgendeinem Hotel in Chicago, und ihr erzählt mir nicht . . ., wie schlimm wir sind, nichts. Solche Leute habe ich in den letzten Jahren kaum getroffen.«

Frage: »Es gibt noch ernsthafte Christen, und du solltest den christlichen Glauben nicht an den unlauteren Christen messen. Es geht nicht um andere, sondern um mein und dein Leben.«

Johnson: »Ich hab' zwei kleine Töchter zu Hause, die beten immer, bevor sie ins Bett gehen. Ich hab' auch schon mal abends gebetet.«

Frage: »Ernst gemeint?«

Johnson: »Doch, doch. Aber über so was reden ist nicht ›in‹ für einen Rockmusiker von AC/DC.« (Aus »Cornerstone«, zitiert nach »Pack's«.)

Journalisten der Heavy Metal-Zeitschriften »Desaster« (Nr. 11/1984/85) und »Metal Hammer« (Nr. 1/1986) schreiben u.a., es gebe immer noch »Zeichen und Wunder« inmitten des »wahren Booms von Satansverehrern, Blutmetallfetischisten, Höllenknaben und Totschlägerbands«. Gemeint ist die Heavy Metal-Band

»Stryper« aus Kalifornien, die bis 1983 noch auf der Satanswelle schwamm. Wie es zu dem totalen Umschwung kam, erzählt Schlagzeuger Robert Sweet: »Da kam ein junger Christ zu uns und riet uns, wir sollten Musik zur Ehre Gottes machen. Täten wir es nicht, so würden wir bald auseinanderbrechen. Hörten wir auf seinen Rat, dann würde wirklich etwas aus uns werden.« Inzwischen sind drei Jahre vergangen, und die »Stryper« kämpfen mit wachsender Begeisterung als Soldaten unter dem Kommando Jesu Christi (LP »Soldier under Command« 1985). Auf jeder Plattenhülle steht ihr Glaubensbekenntnis: »JESAJA 53,5: »Aber er (Jesus) ist um unserer Missetat willen verwundet und um unserer Sünde willen zerschlagen. Die Strafe liegt auf ihm, auf daß wir Frieden hätten, und durch seine Wunden sind wir geheilt.«

Trotz ihres Publikumserfolges stoßen die vier außergewöhnlichen Heavy Metal-Rockstars, die während ihrer Konzerte Bibeln und christliche Trakte verteilen sowie eine intensive anschließende Seelsorgearbeit betreiben, auf Unverständnis und Spott. Deshalb halten sie sich an das Wort des Apostels Paulus aus dem 2. Timotheusbrief (2,3f.), das auf der neuesten LP (Soldiers under Command) ausdrücklich vermerkt ist: »Leide mit als ein guter Streiter Christi Jesu. Wer in den Krieg zieht, verwickelt sich nicht in Geschäfte des täglichen Lebens, damit er dem gefalle, der ihn angeworben hat.« Doch »Stryper« Sänger Michael Sweet betont immer wieder: »Die Bibel sagt: ›Mit Gott ist alles möglich.‹ Daran glauben wir!«

Cliff Richard

Lebensperspektiven des »dienstältesten« Rock'n'Roll- und Popsängers

Man sagt, Cliff Richard sei schon zu Lebzeiten zur Legende geworden. Wie kein anderer Sänger der weltweiten Pop- und Rockmusikszene zählt der inzwischen 45jährige Engländer seit fast drei Jahrzehnten zu den beliebtesten und erfolgreichsten Künstlern. Mehrmals zum vorbildlichsten Popstar Europas gewählt, wird Englands begehrtester Junggeselle bereits Ende der 50er Jahre als britischer Rock'n'Roll-König gefeiert, repräsentiert Großbritannien in den 60er und 70er Jahren bei der internationalen Hitparade »Grand Prix Eurovision«, besucht als erster westlicher Popkünstler die Sowjetunion und beschäftigt in der zweiten Hälfte der 80er Jahre immer noch drei Manager, die sei-

Cliff Richard ©EMI Electrola GmbH, Köln

nen Terminkalender für Konzerte in aller Welt, Plattenaufnahmen und Wohltätigkeitsveranstaltungen koordinieren.

Ich bin dem »Star ohne Skandale« mit über 100 Erfolgshits wiederholt begegnet: in persönlichen Gesprächen, in Pop- und Gospel-Konzerten in Deutschland und England.

Bei unserem ersten Zusammentreffen im Sommer 1973 in der Londoner Earls Court Arena erzählte ich Cliff, viele junge Leute in Deutschland könnten einfach nicht verstehen, warum er von Jesus Christus so begeistert sei.

Cliff Richard reagierte spontan: »Und ich kann nicht verstehen, warum Menschen nicht an Christus glauben und seine Liebe nicht erwidern wollen. Gott existiert, und ich brauche nichts anderes zu tun, als ihm begegnen zu wollen. Diese Jugendlichen müßten mit mir schon etwas länger zusammenleben, um begreifen zu können, warum ich Christ bin.«

Der englische Elvis Preslsy

Bevor Cliff »die englische Antwort auf den amerikanischen Rock'n'Roll-König Elvis Presley« (»Sunday Times«) wird, macht er als Harry Webb, geboren am 14. 10. 1940 in Lucknow, in einer Vorstadt von Kalkutta, seine ersten Gehversuche. Hier lebt er mit seinen Eltern und drei jüngeren Schwestern bis zu seinem siebenten Lebensjahr. Seine Mutter ist in Indien geboren, sein Vater in Burma. Er arbeitet als Gebietmanager in einer Lebensmittelfirma. Wenn Harry Webb, der mit 18 Jahren seinen Künstlernamen Cliff Richard animmt, an seine unbeschwerte Kindheit in Indien zurückdenkt, läuft ihm das Wasser im Mund zusammen; denn seine Familie wohnte direkt über einer Schokoladenfabrik. Cliff singt als Chorknabe in einer roten Soutane mit weißer Halskrause in der St. Thomas-Kirchengemeinde mit. Jeden Sonntag geht die ganze Familie in den Gottesdienst, aber mehr aus Tradition.

Nachdem der Ausländerhaß in Indien immer unerträglicher wird, wandert die Familie nach England aus, wo sie zunächst bei Verwandten wohnt und sich nach drei Jahren eine eigene Wohnung leisten kann. Während seine »energische Mutter« sich zu den Zeugen Jehovas hält und der »dickköpfige Vater« meint, »die

Kirche ist nichts für Leute wie mich«, hält der 14jährige den Religionsunterricht für völlig bedeutungslos und entschließt sich, aus der Konfirmandenklasse der örtlichen anglikanischen Kirche auszutreten. »Es dauert zehn Jahre, bis ich wieder eine Kirche betreten habe«, erinnert sich Cliff.

Es ist die Rock'n'Roll-Musik, verkörpert durch den amerikanischen Sänger Elvis Presley, die ihn in ihren Bann zieht. Stundenlang steht er wie Millionen anderer Teenager vor dem Spiegel, kräuselt seine Lippen, wackelt mit den Hüften und schlakkert mit den Beinen. Cliff meint rückblickend: »Urplötzlich besaß das Leben eine neue Dimension. Wir sparten wie verrückt, um uns eine LP von Elvis kaufen zu können.«

Mit 14 Jahren gründet Cliff eine Schulband, singt Elvis Presley's Hit »Heartbreak Hotel« und spielt dazu auf der Gitarre, die sein Vater für zwei Pfund erworben hat. Nach seiner Schulzeit arbeitet Cliff wie sein Vater als Angestellter in einer Firma für Kreditkontrolle, bis der 17jährige als Rock'n'Roll-Sänger und Gitarrist mit seiner neugegründeten Band »The Drifters« über die Provinz hinaus auch in bekannten Londoner Clubs Aufsehen erregt.

Von nun steht das Erfolgsrad nicht mehr still. Der millionenschwere Produzent Norrie Paramor von der englischen Schallplattenfirma EMI bringt am 29. August 1958 die erste Single mit »Move it« heraus, die in den Hitparaden auf den ersten Plätzen landet. Der Produzent Paramor meint rückblickend: »Es war wunderbar, mit Cliff zu arbeiten. Der Grund für 20 erfolgreiche Jahre war Cliffs fester Glaube an die eigene Musik. Er ist ein großer Künstler, ein guter Freund und – vor allem – ein großartiger Mensch.«

Mit seiner umbenannten Band »The Shadows« tingelt der tänzerisch begabte und auf der Bühne quicklebendige Rock'n'Roll-Star durch Großbritannien und die Vereinigten Staaten. Drei Jahre lang trug er dieselbe Bühnenkleidung und machte dieselben Bewegungen: »Ich stand da, wackelte mit den Knien . . . und kräuselte die Lippen, wann immer ich daran dachte. Das Image sollte ernst und zornig sein, und meine Kleidung paßte perfekt dazu. Ein rosa, krankhaft langes Teddybär-Jackett, schwarzes Hemd, schwarze Hose, rosa Schlips, graue Wildlederschuhe und – als Krönung des Ganzen – leuchtend rosa Socken.« (Cliff

Richard, Ein Christ im Showgeschäft, Aßlar 1984, S. 54)

Überall wird der zu »Englands Sänger Nr. 1« gewählte Rock-Rebell stürmisch gefeiert, und nach anfänglichem Entsetzen kommen immer mehr Mütter und Väter in die Konzerte, weil die aggressiven Untertöne verschwinden und Cliff sich zu einem vielseitigen Unterhaltungskünstler wandelt. »Living Doll« heißt sein nächster Erfolgshit, der mehr als einemillionmal verkauft wird. Cliff bekommt vom BBC-Fernsehen eigene Shows angeboten und spielt in drei abendfüllenden Musical-Filmen die Hauptrolle.

Wie Gott in mein Leben kam

»Auf dem Höhepunkt meiner Karriere ließ mich das Gefühl einfach nicht los, daß mir das Wichtigste noch fehlte«, gesteht Cliff, der besonders durch den plötzlichen Tod seines Vaters 1963 anfängt, über den Sinn des Lebens nachzudenken.

Auf einer Tournee durch Australien hat er das unbändige Verlangen, mittels eines spiritistischen Mediums Kontakt mit seinem verstorbenen Vater aufzunehmen. Der Bassist seiner Band schlägt seine Bibel auf und zeigt dem erstaunten Cliff die Stelle aus dem 5. Buch Mose 18,10–11, wo vor Verwünschungen, Geisterbeschwörung und Totenbefragung gewarnt wird. Da die biblischen Schriften auch zu existentiellen Fragen Stellung nehmen, fängt der nach Orientierung suchende Popstar an, regelmäßig in der Bibel zu lesen. Er schließt sich einem Kreis von Christen an, die ihn eines Tages fragen: »Woher weißt du, daß du Christ bist?« Cliff wird zornig, weil er sich einerseits für einen Christen hält, der als Kind getauft und eine Zeitlang sogar im Kirchenchor mitgesungen hat, andererseits aber kein persönliches Verhältnis zu Christus hat. Er folgert: »Weil ich auf diese einfache Frage keine eindeutige Antwort wußte, stellte ich mir die nächste Frage: Wenn ich kein Christ bin, möchte ich dann einer werden? Ich bin bereit. Aber wie werde ich Christ?«

Cliff ist 23 Jahre alt, von Millionen Fans umjubelt und doch von dem dringenden Wunsch erfüllt, Jesus Christus kennenzulernen. Aber wie? Während der Filmarbeiten zu »Finder's Keepers« in den Pinewood Studios übernachtet er in dem Haus von

Bill Latham, dem Religionslehrer seiner jüngeren Schwester, mit dem er sich seit einem Jahr kritisch auseinandersetzt. Cliff erzählt: »Eines Abends las ich im letzten Buch der Bibel und stieß auf das 3. Kapitel (der Offenbarung, Vers 20): ›Siehe, ich stehe vor der Tür und klopfe an. Wenn jemand meine Stimme hören wird und die Tür auftun, zu dem werde ich hineingehen und das Abendmahl mit ihm halten und er mit mir.‹ In diesem Augenblick schlug wohl Gottes Stunde für mich. Erst jetzt erkannte ich, was ich theoretisch schon immer wußte, daß nämlich eine Beziehung von zwei Seiten aufgebaut wird; ich hatte meinerseits bisher nichts dafür getan. Ich lag in meinem Bett und stammelte ein Gebet, das sich ungefähr so anhörte: ›Jesus, ich spüre, daß du anklopfst. Komm' bitte herein und nimm' mich an.‹ Es war ganz einfach. Es fiel kein Blitz vom Himmel, ich hörte auch keine unsichtbaren Stimmen und hatte keine Visionen. Ich meinte es aber ernst und war bereit, die Folgen auf mich zu nehmen. Weil sich die Bibel immer wieder als Wahrheit erwiesen hat, nahm ich auch diese Worte Jesu ernst. Ich erkannte, daß ich Jesus nötig hatte, und ließ ihn eintreten in mein Leben. Das war der Wendepunkt meines Lebens.«

Neun Jahre später frage ich ihn, was ihm die Glaubensbeziehung in der zurückliegenden Zeit bedeutet habe.

Cliff: »Das Wichtigste für mich ist die Erfahrung, daß Jesus lebt und für mich da ist. Er begleitet mich in fröhlichen und traurigen Tagen. Selbst wenn ich niedergeschlagen oder erschöpft bin, bleibt eine tiefe Freude in meinem Herzen.

Es gab eine Zeit, in der ich am liebsten ins Wasser gesprungen wäre, wenn eine meiner Schallplatten nicht unter die ersten 10 kam. Aber nun hat Christus mir innere Zufriedenheit geschenkt, und wenn ich Mißerfolge habe, bricht für mich keine Welt zusammen.«

Popstar oder Religionslehrer

Im Jahr 1966 wird Cliff von dem amerikanischen Evangelisten Billy Graham gebeten, anläßlich seines Christus-Feldzuges in der Londoner Earls Court-Arena vor 20000 Zuhörern ein Glaubensbekenntnis abzulegen. Dies ist für den Popstar sein erster öffentlicher Auftritt als »christlicher Verkündiger«, und er tut diesen mutigen Schritt mit Zittern und Zagen. In Windeseile verbreiten die Massenmedien die fromme Sensation. Für die zahlreichen Fans stürzt der Rock'n'Roll-Himmel ein. Ich erinnere mich: Europas größte Jugendzeitschrift »Bravo« startet eine Unterschriftenaktion: »Cliff muß uns erhalten bleiben.« Dennoch löst Cliff seinen 40 000 Mitglieder zählenden Fan-Club in Großbritannien auf, wird Student an einem theologischen Lehrerseminar und erwirbt in einem Kurzlehrgang die Unterrichtsbefähigung als Religionslehrer.

In seinem christlichen Beraterkreis werden immer mehr Stimmen laut, die Cliff ermutigen, als Christ in der Showbranche zu bleiben. Hier habe er viel mehr Möglichkeiten, auf junge Menschen positiv und auch missionarisch einzuwirken. Es öffnen sich neue Türen: Sein Schallplattenproduzent schlägt Cliff vor, eine Langspielplatte mit geistlichen Liedern (Gospel Songs) herauszubringen, das BBC-Fernsehen bittet ihn um die Mitwirkung bei religiösen Sendungen und in mehreren amerikanischen christlichen Unterhaltungsfilmen soll er die Hauptrolle spielen. Cliff Richard bleibt Popsänger, verbringt aber in den folgenden Jahren mehr Zeit in Kirchen, Schulen, Universitäten und sozialen Einrichtungen als auf der Konzertbühne.

Für ihn beginnt eine harte Bewährungsprobe als Christ. Noch immer wird er gefragt, ob die Leute im Show-Geschäft ihn nicht für einen komischen Menschen halten. Cliff: »Das ist mir völlig egal. Wenn mich die Leute auslachen oder glauben, ich sei verrückt, dann kann ich damit ganz gut leben. Hätte ich vor 2000 Jahren gelebt, hätten mich die Christenverfolger nicht nur ausgelacht, sondern vielleicht auch den Löwen in Rom ausgesetzt.«

Auf die Frage, ob er als Showstar nicht größeren Konflikten ausgesetzt sei als etwa ein Bankkaufmann oder Pfarrer, antwortet er selbstbewußt: »Ich bin ein Mensch, der Jesus Christus und seine Botschaft angenommen hat und keine faulen Kompromisse mit seinem Glauben eingehen kann. Ich gebe zu, das Milieu in der Showbranche ist nicht unbedingt zuträglich für den christlichen Glauben. Aber ich möchte daran erinnern, daß Jesus sich auch auf Menschen eingelassen hat, die als unlautere Geschäftemacher (Zöllner), Prostituierte und Sünder bekannt waren. Das heißt aber nicht, im Showgeschäft gäbe es nur Prostituierte. Wir sollen wie Jesus ein Salz in dieser geschmacklosen Welt sein und dorthin gehen, wo wir gebraucht werden.«

Hin und wieder kommt es im Rundfunk oder Fernsehen zu spektakulären Streitgesprächen, wenn Cliff Atheisten gegenübersteht. Ich erinnere an die Diskussion mit dem Produzenten und Entdecker von »Genesis« und »The Rocky Horror Show«, Jonathan King, dem Cliff in einer Rundfunksendung vorhält: »Ein Atheist, der nicht an die Existenz eines Gottes glaubt, muß die Augen vor der Wirklichkeit verschließen. Für mich gibt es eine Vielzahl von Hinweisen auf die schöpferische Macht, die alle Dinge geschaffen hat und die wir ständig vor Augen haben. Das ist leichter einzusehen als alle atheistischen Theorien.«

Jonathan King schließt den lebhaften Meinungaustausch mit seinem unverwechselbaren Zynismus: »Nun, sollte ich eines Tages an das Himmelstor kommen, an die Tür klopfen und dort irgendein Gott mir den Einlaß verwehren, weil ich nicht an ihn geglaubt habe, so werde ich ihn bitten, erst Rücksprache mit Cliff zu halten. Der kann sich dann für mich einsetzen.«

Der eifrige Missionar macht aber auch für ihn beglückende Erfahrungen. Da ist z.B. John Perry, ein Sänger seiner Band, der anläßlich einer Tournee in Südafrika Christ wird. Cliff meint dazu: »John ist ein wandelndes Wunder. Ich habe lange Zeit für ihn gebetet. Er war total versumpft, hing an Drogen und war ein schrecklicher Mensch, bis er mit Christus ernst machte und sich sein Leben völlig veränderte. Und dieser Mann hat eines meiner Lieblingslieder getextet, ›Be in my heart‹: ›Sei in meinem Herzen, sei in meinem Kopf, sei in meiner Seele . . . Was habe ich eigentlich für Dich getan, daß Du für mich gestorben bist. Und was habe ich Dir jemals gegeben, daß Du nun in mir lebst? Jetzt und für immer bleibt es wahr, daß Deine Liebe einen Weg zu mir gefunden hat.‹«

Rock'n'Roll-Musik und Jesus

400 Millionen Fernsehzuschauer feiern Cliff Richard beim Grand Prix Eurovision 1968, der als Repräsentant Großbritanniens mit seinem Song »Congratulations« (Glückwünsche) den

zweiten Platz belegt und für längere Zeit ein großer Kassenmagnet bleibt. Anfang der 70er Jahre (1973) ist er wieder dabei mit seinem Lied »Power to all my friends« (All meinen Freunden wünsche ich Lebensenergie), aber diesmal landet er nur auf dem dritten Platz der weltweiten Hitparade, obwohl die Schallplatte fast zweimillionenmal verkauft wird.

Wer Cliff Richard auf der Bühne erlebt, ist beeindruckt von seiner ungekünstelten, aber perfekten Show. Wie ein Wirbelwind jagt der temperamentvolle Sänger über die in buntem Lichtermeer erstrahlende Bühne und bewegt sich im Rhythmus der Musik, unterstützt von exzellenten und gut aufeinander eingespielten Musikern, die seine Texte von Liebe, Freude und Hoffnung effektvoll untermalen. – Schon im nächsten Augenblick kann sich der vielseitige Unterhaltungskünstler in einen Sänger verwandeln, der ohne musikalische Begleitung bei atemloser Stille sanfte Töne anstimmt. Zwischendurch bedankt er sich charmant bei den jüngeren und älteren Damen, die ihm am Bühnenrand Blumensträuße und andere Geschenke überreichen.

In der Kölner Sporthalle frage ich Anfang der 80er Jahre fast 30 der 5000 Cliff Richard-Fans, wie sie ihren Star beurteilen. Hier einige typische Antworten, die ich immer wieder höre: »Cliff strahlt Vertrauen und Mitgefühl aus.« »Die meisten Rockstars spielen sich da oben auf, als seien sie der Herrgott persönlich. Cliff ist einer von uns. Ich habe den Eindruck, daß er mich genauso ernst nimmt wie sich selbst.« »Ich wundere mich, daß der 40jährige Sänger wie ein 25jähriger aussieht.«

Ich frage eine Kölnerin, ob ein Popstar Christ sein könne. Empört antwortet sie: »Cliff hat uns heute abend mit seiner Musik viel Freude gemacht, und das macht ihm auch Spaß.« Ein junger Mann schaut mich vorwurfsvoll an: »Hat Cliff jemals unmoralische Texte gesungen? Was er singt, ist astrein.« Ein anderer meint: »Ein Priester bekommt monatlich sein Gehalt ausgezahlt. Warum soll Cliff für seinen harten Job kein Geld bekommen?«

»Soll Cliff in seinen Popkonzerten für den christlichen Glauben werben?«, möchte ich von den Fans in Köln wissen. Dazu zwei häufiger wiederkehrende Antworten: »Ich möchte seine Musik hören und keine Predigt.« »Cliff würde es leichtfallen, seine Fans zu manipulieren. Aber es wäre wohl keine wohlüberlegte Entscheidung für Gott.«

Eben diese Argumente haben Cliff veranlaßt, in weltlichen Popkonzerten als Christ nicht aufdringlich zu wirken. Aber er bringt in jede Unterhaltungsshow, die zwei Stunden dauert, mindestens zwei bewußt christliche Songs hinein, »um meine Verbundenheit mit Christus – die Antwort auf meine Lebensfrage – auch als Unterhalter zum Ausdruck zu bringen«. Der britische Sänger erinnert an biblische Gestalten, die keine »Apostel der Trübsal« gewesen sind: »Sie sangen und tanzten, als David aus dem Krieg heimkehrte. Das waren regelrechte Freudentänze. Gott hat die Musik und die ganze Welt der Kunst geschaffen. Entweder steht sie Gott oder dem Teufel zur Verfügung.«

»Why should the devil have all the good music?« singt Cliff im Rock'n'Roll-Rhythmus, »einer Mischung aus Rhythmus und Blues, aus Jazz und Country-Musik«, wie Cliff es formuliert, »einen Musikstil, den Gott neben andern geschaffen hat. Der Teufel hat nichts geschaffen, sondern nur Verwirrung gestiftet. Deshalb darf man ihm diese Musik nicht überlassen.« Übersetzt heißt es in dem genannten Lied: »Warum soll der Teufel all die gute Musik haben? Ich fühle mich jeden Tag wohl, weil Jesus mein Lebensfundament ist und meinen Trübsinn vertrieben hat.«

Ob der fromme Popsänger gewußt hat, daß der ehrwürdige Martin Luther bereits vor 500 Jahren lautstark und leidenschaftlich dafür eingetreten ist, »die Christen sollen die schönen Melodien nicht alle dem Teufel überlassen, deren Ursprung von dem Himmel selbst genommen ist?«

»Warum soll die Musik nicht auch der Unterhaltung dienen?« fragt der lebensbejahende Sänger, für den z.B. die Rockmusik weniger mit Rebellion, sondern mehr mit Geselligkeit und Entspannung zu tun hat. »Wir können nicht ständig sklavisch arbeiten, sondern haben auch ein Recht auf Entspannung. Es macht mir riesigen Spaß, im Studio mit neuen Geräuschen zu experimentieren, in die Hände zu klatschen oder mit den Füßen den Takt zu schlagen.«

Nach einem Londoner Konzert möchte ich von ihm wissen, was er empfindet, wenn er ein geistliches oder ein weltliches Lied singt. Cliff: »Ich habe unterschiedliche Gefühle, obwohl ich beide Lieder als Christ singe. Bei ›Congratulations‹ denke ich an eine augenblickliche Glücksstimmung, die morgen schon wie eine schillernde Seifenblase zerplatzt sein kann. Wenn ich ›Amazing grace‹ singe, die Geschichte vom verlorenen Sohn, der zu seinem Vater (Gott) zurückkehrt, glaube ich an Gottes unverdiente Liebe, die mich immer festhält.«

Auch bei seinen Fans möchte Cliff unterschiedliche Gefühle ansprechen, die sich auf freundschaftliche Beziehungen, gesellschaftliche Verpflichtungen oder das Verhältnis Gott-Mensch beziehen.

Der begeisterte Musiker legt Wert auf die Feststellung: »Ich liebe Rock'n'Roll, aber ich bin nicht daran gebunden. Du kannst deinen Job, aber auch deine Musik verlieren. Das ist alles vergänglich. Der einzige sichere Wert ist Jesus.«

Als 1979 binnen kurzer Zeit eine Million Platten seines Liedes »We don't talk anymore« (Wir sprechen nicht mehr miteinander: Enttäuschte Liebe) verkauft werden, stehen folgende Zeilen in der Musikpresse: »Als ein Mädchen das erstemal ›We don't talk anymore‹ gehört hatte, kam sie zu Cliff und sagte: ›Das war ein Zeichen von Gott. Er hat mich ermahnt, weil ich eine Woche lang nicht mehr gebetet habe.‹ Und darüber hat er sich mehr gefreut als über eine Million verkaufter Platten.«

Das Herzstück seines künstlerischen Schaffens sind die jährlichen etwa 20 Gospelkonzerte in aller Welt, die bereits 1968 unter dem damaligen Motto »Hilfe, Hoffnung, Halleluja« einen verheißungsvollen Start hatten. Hier singt Cliff fast ausschließlich geistliche Lieder wie »Welch ein Freund ist unser Jesus«, aber auch christliche Folk- und Blues-Songs, die ihm Christen im Laufe des zurückliegenden Jahres zugeschickt haben. Zwischen den rhythmisch bewegten Songs erzählt er seinem Publikum, warum der Glaube an Jesus eine konkurrenzlose Wohltat ist.

Sein 25jähriges Bühnenjubiläum nimmt er 1983 zum Anlaß einer europäischen Gospelkonzert-Tournee, für die er grundsätzlich auf jede Gage verzichtet und deren Erlös sozialen Hilfsprojekten in der Dritten Welt zur Verfügung gestellt wird. Diesmal geht es um eine Kokosfarm und um ein christliches Freizeitzentrum für junge Menschen in Sri Lanka.

Schon bald nach seiner Bekehrung zu Christus erkennt der viel Geld verdienende Star seine Verantwortung für andere. Gern erinnert Cliff an König Salomo, der Gott zuerst um Weisheit gebeten habe und obendrein noch mit materiellem Reichtum beschenkt worden sei. Natürlich kennt er auch den Bibelvers: »Die Liebe zum Geld ist eine Wurzel allen Übels.« (nach 1. Timotheus 6,10) Der bibelkundige Millionär weiß sich der Forderung Jesu verpflichtet: »Wem viel gegeben ist, bei dem wird man viel suchen; und wem viel anvertraut ist, von dem wird man um so mehr fordern.« (Lukas 12,48)

Besonders verpflichtet fühlt er sich dem TEAR-FUND, einer weltweiten Hilfsorganisation der Evangelischen Allianz in Großbritannien, die in den ersten Jahren ihres Bestehens Soforthilfe (Erdbeben- und Hungerkatastrophengebiete) leistete und heute langfristige Projekte (wirtschaftliche und soziale Einrichtungen) in Bangla Desh, Nepal und im Sudan finanziert. Cliff Richard meint: »Menschen, die mit Unterstützung von TEAR-FUND in die Entwicklungsländer gesandt werden, tun es in Jesu Namen; denn die Jesus-Botschaft muß sich auch in hilfreichen Werken widerspiegeln. Früher hätte ich mich öffentlich niemals für solche Hilfsorganisationen eingesetzt, sondern höchstens mal zu Weihnachten eine Kleinigkeit gespendet. Der Christusglaube hat mein Denken und Handeln verändert.«

So empfindet er seinen Besuch bei der königlichen Familie im Buckingham Palace längst nicht so aufregend wie die »unvergeßliche Begegnung mit Mutter Teresa und ihren Helfern im Elendsviertel von Kalkutta: Wer Mutter Teresa begegnet, kann Jesus leichter verstehen.«

Seine ausgedehnten Informationsreisen in die weltweiten Elendsgebiete machen ihn immer betroffener: »Als ich in Bangla Desh ein Flüchtlingslager besuchte und mich fragte, ob es nicht zu billig sei, wieder als Popsänger Cliff Richard nach England zurückzukehren, tröstete mich eine Krankenschwester: ›Ohne dich und andere Christen in der Heimat wären wir nicht hier. Wir brauchen uns gegenseitig.‹«

Trotz seiner beachtlichen sozialen Leistungen, die sich auch auf die Betreuung alter und geistig behinderter Menschen erstrecken, fühlt sich der Künstler keineswegs als Heiliger: »Ich weiß es besser als jeder andere, daß Gott noch viel an mir arbeiten muß. Es stimmt nicht, wenn man über mich schreibt, ich sei ›viel zu gut für diese Welt‹.«

Sein liebster Bibelvers steht im Philipperbrief (4,13): »Ich vermag alles durch den, der mich mächtig macht, Christus.«

Cliff weiß sich von der vergebenden Liebe Gottes gehalten: »Wenn Christus mich nicht vor dem Fall bewahrt, dann könnte die Presse schon heute mit ihren Schlagzeilen kommen. Wenn ich mir einen Ausrutscher leisten, etwas Unchristliches sagen oder tun würde, stünde es morgen in der Zeitung, und die erste Reaktion hieße: ›Und das will ein Christ sein?‹«

Großbritanniens begehrtester Junggeselle

Nachdem Prinz Charles geheiratet hat, rätselt die Regenbogenpresse seit Jahren, wann Cliff sein freiwilliges Zölibat endlich aufgibt. Stellvertretend für andere Massenblätter schreibt die »Bunte«: »Cliff, seit mehreren Jahrzehnten erfolgreich im Showbusiness, gehört unser Beifall als exzellenter Sänger und Entertainer. Doch seine Einstellung zur Sexualität ist haarsträubend. Nach seiner biblischen Erkenntnis sei der Geschlechtsverkehr außerhalb der Ehe und auch die Homosexualität abzulehnen. Entweder handelt es sich um eine massive Verdrängung der Realität oder um eine perfide Publikumsbelügung. Der Beichtvater wird es wissen. Oder etwa nicht?«

Er weiß es. Ich habe mit ihm darüber gesprochen. Mit Bill Latham, seinem jetzigen geistlichen Betreuer, dem Religionslehrer, der Cliff den Weg zum Glauben an Jesus Christus gewiesen hat. Mr. Latham hat mir wiederholt glaubhaft versichert, was Cliff selbst bezeugt: »Bei meiner Bekehrung hat Gott mir die Augen geöffnet für die wahre Bedeutung der Sexualität. Ich bin sexuell nicht verklemmt und würde auch wirklich sehr gerne heiraten. Bisher habe ich leider noch nicht die Frau gefunden, die Gott mir zugedacht hat. Sie müßte eine gläubige Christin sein, die ich aufrichtig lieben kann mit der Absicht, gegenseitige Treue in der Ehe zu bewahren. Bedauerlicherweise gibt es in meinem Kollegenkreis viele unrühmliche Beispiele, weshalb ich um so gründlicher überlegen muß. Mein sexuelles Problem scheint den Massenmedien mehr zu schaffen zu machen als mir selbst.«

Vorübergehend ist Cliff mit der englischen Popsängerin Olivia Newton-John befreundet gewesen, die von ihm sagt: »Er wird mit den Jahren immer besser und besser. Es ist schwierig, sich das Showgeschäft ohne seinen Namen vorzustellen.«

Die Mädchen in aller Welt machen ihm das Leben manchmal zur Qual. Täglich flattern Heiratsangebote in sein Haus. Vor einem halben Jahr schreibt mir eine 18jährige Schülerin aus Westfalen, sie habe Cliff in einem Konzert in der Kölner Sporthalle erstmals gesehen und habe die göttliche Eingebung, mit ihm näheren Kontakt aufzunehmen. Ob ich ihr nicht seine Privatadresse geben könne.

Cliff weiß ganz andere Geschichten zu erzählen. Da kommt eine Frau mit tonnenschweren Koffern angereist, um ihm den Haushalt zu führen. »Gott hat mir klargemacht, daß Sie mich brauchen«, sagt sie selbstbewußt und versteht die Welt nicht mehr, als man ihr behutsam klarmacht, daß sie Gottes Willen nicht mit ihrem egoistischen Wunschdenken verwechseln solle.

In einer Lokalzeitung hat ein Mädchen die Hochzeit mit Cliff angekündigt und den Gemeindepastor veranlaßt, das Aufgebot zu bestellen.

Stolz berichtet Cliff Richard von einem anderen Mädchen, das ihm jahrelang nachgereist sei. Dann habe er ihr gesagt, sie solle sich nicht zu Cliff, sondern zu Christus bekehren. Heute sei sie als Missionarin in einem Entwicklungsland tätig.

Wenn Cliff von seinen anstrengenden Konzerttourneen rund um die Welt zurückkehrt, freut er sich auf sein gemütliches Heim in Weybridge/Surrey, ungefähr 20 Meilen von London entfernt, in unmittelbarer Nähe vom exklusiven St. George's Hill Golfclub. Zusammen mit Bill Latham und dessen Mutter bewohnt er eine komfortable Villa mit gepflegten Rasenflächen, mit Blumenbeeten, Sträuchern und vielen Bäumen. Im Park steht ein geräumiges Sommerhaus mit Sauna und Partyraum, der direkt zum Swimmingpool führt.

In seiner Freizeit spielt er Tennis, schwimmt, hört Musik oder betätigt sich als Gärtner. Da er als Christ die Gemeinschaft der

Gläubigen braucht, hat er sich der benachbarten evangelisch-freikirchlichen Gemeinde (Baptisten) angeschlossen, wo er verantwortlich mitarbeitet.

Außerdem besitzt er einen ansehnlichen Landbesitz mit einem großen Wohnhaus, Ställen und Tennisplatz in Great Dunmow/Essex, den er freischaffenden Künstlern (Malern, Schriftstellern, Schauspielern und Sängern) als Erholungs- und Besinnungsstätte zur Verfügung stellt. Zum selben Zweck hat Cliff in der Londoner Short Street Nr. 21 ein Kunstzentrum (Art-Center-Group) eingerichtet, das bei Künstlern sehr beliebt ist, die nach Ruhe und christlicher Orientierung suchen.

Wenn dies der letzte Tag wäre

Während der letzten 20 Jahre verkündet der erfolgreiche Pop-Rock-Sänger immer lauter: »Wenn es wahr ist, daß es einen Gott gibt, daß Gottes Sohn auf diese Erde gekommen, für uns gestorben und auferstanden ist, dann ist es viel wichtiger, darüber zu sprechen, als nur Rockmusik zu machen.« Er fühle sich zu einem öffentlichen Bekenntnis verpflichtet, damit ungläubige Menschen einen Denk- und Glaubensanstoß bekommen.

Auf dem Hintergrund seines christlichen Sendungsbewußtseins nimmt er mit großer Freude 1976 als erster westlicher Pop-Rock-Sänger die Einladung der Regierung der UdSSR zu einer dreiwöchigen Konzertreise nach Moskau und Leningrad an, allerdings unter der Bedingung, in jedem Konzert zwei christliche Lieder singen zu dürfen. 20 innerhalb weniger Wochen ausverkaufte Konzerte werden von nahezu 100 000 Menschen besucht, und Cliff wird überall »wie ein Gladiator gefeiert«. In Moskau besteht er auf einem Gottesdienstbesuch in der Baptistengemeinde, wo jeden Sonntag drei überfüllte Gottesdienste mit jeweils 3 000 Gläubigen stattfinden. Hier singt er sein Glaubensbekenntnis »When I survey the wondrous cross . . .« (Wenn ich das wunderbare Kreuz betrachte, an dem der Herr der Herrlichkeit starb . . .). Er berichtet: »Als ich den ersten Ton ins Mikrofon hauchte, standen alle auf: alte Männer und Frauen, jüngere Leute und eine Handvoll Soldaten . . . In diesen drei Minuten verstanden wir einander vollkommen. In Jesus gehörten wir zu einer

Familie. Die Tiefe und Echtheit dieses Erlebnisses kann ich mit Worten gar nicht beschreiben. Am besten wäre es, wenn Sie die Erfahrung selbst machen würden.«

Am 20. April 1983 frage ich Cliff Richard hinter dem Bühnenvorhang der Siegerlandhalle zwei Minuten vor seinem Auftritt spontan: »Was würden Sie tun, wenn Sie nur noch einen Tag zu leben hätten?« Ohne zu überlegen, kommt die Antwort wie aus der Pistole geschossen: »Ich würde versuchen, alle erreichbaren Rundfunk- und Fernsehanstalten dringend zu bitten, mir eine kurze Sendezeit einzuräumen. Dann würde ich meine Situation schildern und meinen Zuhörern bezeugen, daß Jesus Christus die größte Entdeckung meines Lebens sei, eine lebenserneuernde Kraftquelle und ein Trost im Leben und im Sterben. Ich würde ihnen Mut machen und ins Gewissen reden, diese persönliche Glaubensbeziehung zu Jesus Christus aufzunehmen, bevor es zu spät ist und Gott sie zur Rechenschaft zieht.«

Literatur:
Cliff Richard, Cliff Richard persönlich, Witten 1985
Cliff Richard, Was mir wichtig ist, Witten 1985
Günther Klempnauer, Jugend aktuell, Wuppertal 1969

Schallplatten:
»Cliff Richards 40 Golden Greats«, »Now You See Me . . .« (geistliche Songs), »20 Rock'n'Roll-Hits«, »Small Corners« (geistliche Songs), »Rock on With Cliff Richard« (alle Electrola).

Rockmusik zwischen Religion und Rebellion, Bach und Beatles, Rhythmus und Ekstase

Interview mit Prof. Dr. Hermann Rauhe

Evangelischer Kirchentag 1985 in Düsseldorf. Die Messehalle 12 ist am Samstagnachmittag mit 10 000 Teilnehmern besetzt. Auf dem Programm steht: Christliche Rockmusik. Nach zwei Stunden ist das Konzert beendet. Nahezu alle Konzertbesucher bleiben sitzen, und neue Teilnehmer strömen in die vollbesetzte Halle, um nach halbstündiger Pause den Vortrag von Professor Dr. Rauhe über das Thema »Musik bewegt, befreit, heilt« nicht zu verpassen. Ob der Musikprofessor die ohnehin strapazierten Kirchentagsbesucher wohl noch motivieren kann? frage ich mich. Wer den sympathischen Wissenschaftler in den darauffolgenden zwei Stunden auf der Bühne zwischen Podium und Konzertflügel miterlebte, wie er als einfühlsamer Redner und mitreißender Pianist eindrucksvolle Beispiele und Thesen aus der musikpsychologischen Praxis darbot, wird diese gewinnbringende Veranstaltung noch lange in Erinnerung behalten.

Einen Monat später führe ich mit Hermann Rauhe in seinem Hamburger Arbeitszimmer ein mehrstündiges Gespräch: Professor Dr. phil. Hermann Rauhe (Jahrgang 1930) ist seit 1978 Präsident der Hochschule für Musik und darstellende Kunst in Hamburg, seit 1982 Vorsitzender der Forschungsgruppe der gesamteuropäischen Rektorenkonferenz der Musikhochschulen u.a. und seit 1982 Mitglied des ZDF-Fernsehrates als Experte für das Musik-, Theater-, Jugend-, Bildungs-, Erziehungs- und Familienprogramm.

Wozu braucht der Mensch Musik?

Rauhe: »Musik ist die beliebteste Freizeitbeschäftigung für Jugendliche und Erwachsene; heute ist die Musik aller Zeiten, Epochen, Stile und Sparten durch die elektronischen Medien für jedermann verfügbar. Musik ist ein notwendiger Bestandteil unseres Lebens. Sie wendet sich an die ganze Persönlichkeit und entfaltet geistige, seelische und körperliche Kräfte in harmonischer Ausgewogenheit. Deshalb ist das Bedürfnis nach Musik nie so ausgeprägt gewesen wie in unserer Zeit der Spaltung von Verstand, Gefühl und Körper. Man kann historisch nachweisen, daß es in der uns bekannten Menschheitsgeschichte keine Gesellschaft ohne Musik gegeben hat. Der Mensch kann mit Hilfe des Singens und Musizierens seine Triebenergien gestalten und seine Gefühle ausdrücken. Ohne Musik verliert er sein seelisches Gleichgewicht und seine seelisch-leibliche (psychosomatische) Harmonie. (Vgl. F. Klausmeier, Die Lust, sich musikalisch auszudrücken, Reinbek 1978.)

Zu warnen ist heute jedoch vor dem massenhaften, unbewußten und unkritischen Konsum der Musik. Wo die Musik mißbraucht und verunstaltet wird, wo sie den Menschen manipuliert, bewirkt sie die Ohnmacht des Menschen. Aus dieser Ohnmacht muß der musikbesessene Mensch erst befreit werden, um den aktiven, bewußten, gestaltenden Umgang mit Musik finden zu können.

Bei uns ist Musik zu einem fast allgegenwärtigen Umweltfaktor geworden. Ein Knopfdruck genügt, und schon kommt aus dem Radio, dem Fernseher, dem Recorder und neuerdings dem Walkman der ersehnte Klang. Der einzelne Mensch hat aber leider nicht immer die Entscheidungsfreiheit, Musik zu hören, wann und wo er will: Die ständige Berieselung beispielsweise in

Prof. Dr. H. Rauhe

Kaufhäusern, oder die aus den USA kommende Unsitte, sogar auf den Toiletten Mozart als Hintergrundmusik erklingen zu lassen, entspricht nicht dem eigentlichen Sinn der Musik und engt zudem den Menschen auf Dauer nicht nur in seinem Musikerleben, sondern darüber hinaus auch in seinem gesamten Wahrnehmen, Fühlen und Denken sowie in seiner Phantasie und Kreativität ein.

Da der Mensch sein Gehör nicht abschalten kann, befindet er sich in fortwährendem Kontakt mit der akustischen Umwelt, die ihn unentrinnbar wie eine Schallglocke umschließt; der Mensch kann die Augen schließen, aber nicht die Ohren. Wie neuro-physiologische Untersuchungen zeigen, reagieren die Hörzellen schon auf Reizenergien, die rund zehn Millionen mal kleiner sind als die beim Berühren. Das Hören ist auch stärker mit Gefühlen verknüpft als das Sehen; denn zwischen dem Ohr und dem Gefühlszentrum des Gehirns bestehen direkte Verbindungen. Diese besondere Empfindlichkeit ist menschheitsgeschichtlich zu begründen: Ursprünglich nahm das Ohr die lebenswichtige Funktion des »Warnsinns« wahr: Das Gehör mußte auch im Schlafzustand empfangsbereit sein, damit der Mensch drohende Gefahren erkennen konnte. Das Gehör wird bereits im vorgeburtlichen Stadium entwickelt. So lassen sich beim Kind schon vor der Geburt eindeutige Reaktionen auf akustische Reize nachweisen.

Das Kind erlebt die Mutter im rhythmischen Wiegen des Gangs, im rhythmischen Auf und Ab der geräuschvollen Atmung, im rhythmischen Schlag des Herzens. Die Trennung von Mutter und Kind bei der Geburt bedeutet den Verlust dieser Ur-Erfahrung. Bei den naturverbundenen Völkern tragen noch heute die Mütter ihre Kinder am eigenen Leibe. Selbst während der Arbeit und während des Tanzes spüren sie die Nähe der Mutter, hören den Schlag ihres Herzens und nehmen teil am Rhythmus ihrer Bewegung.«

Jazz-Musik als Protest gegen die Erwachsenenwelt

Prof. Rauhe interessiert sich gleichermaßen für klassische und populäre Musik, für »Ernste Musik« (E-Musik) und »Unterhaltungsmusik« (U-Musik). »Ist das nicht ungewöhnlich?« frage ich ihn.

Rauhe: »Das hängt mit meinen persönlichen Erfahrungen zusammen. Mein Vater war Dorfschullehrer und begann jede Schulstunde, auch Mathematik und Naturlehre, mit einem Lied, das er auf der Geige begleitete, weil kein Klavier im Klassenzimmer war. Meine Mutter war Klavierlehrerin und Organistin an der Dorfkirche; wie mein Vater spielte sie nur sogenannte E-Musik. Als wir nach dem Krieg die englische Besatzungsmacht kennenlernten, begeisterte ich mich für ihre Jazz-Musik, weil es für mich eine völlig andere Musikwelt war; die erfolgreiche Welt der Sieger war eben anders als die Welt unserer Eltern, die den Krieg verloren und zugelassen hatten, daß Adolf Hitler an die Macht gekommen war.

Diese unterschwellige Kritik, der Protest, die Rebellion gegen die Erwachsenenwelt waren es dann wohl auch, die mich veranlaßten, Jazz zu hören und schließlich eine eigene Band zu gründen. Mit unserer Jazz-Gruppe »Bobby Swing« spielten wir in Clubs und Lokalen zwischen Niederelbe und Wesermündung.

Natürlich haben meine Eltern zunächst die Jazzmusik verurteilt; sie sei primitiv, monoton und zu laut. Aber eines Tages bat mich meine Mutter: ›Erklär' mir doch mal deine Jazz-Musik!‹ In dem Augenblick, wo sie Verständnis für meine Musikwelt aufbrachte, verlor für mich die Jazz-Musik einen gewissen oppositionellen Reiz und vor allem die Protestfunktion. Meine Motivation, Musik zu machen, sprang vom Jazz nun auch auf die Musik meiner Eltern über, und ich fragte meine Mutter: ›Erklär' mir doch mal Bach und die klassische Musik.‹

Glücklicherweise bekam ich zur gleichen Zeit auf dem Gymnasium einen anderen Musiklehrer. Der alte Musiklehrer hatte mich jedesmal, wenn ich vor der Schulstunde am Klavier Jazz-Musik spielte, wegen ungehörigen Verhaltens ins Klassenbuch eingetragen, denn Jazz sei ein Verrat an der abendländischen Kultur. Der neue Lehrer dagegen bezog den Jazz in den Musikunterricht ein und führte uns weiter zu Bach, Mozart und Beethoven. Die Einbeziehung von Jazz und Popularmusik ist, denke ich, der einzige Weg zur wirksamen Musikerziehung. Wenn wir dem jungen Menschen helfen wollen, müssen wir trotz schwerwiegender Bedenken Verständnis für seine musikalischen Erfahrungen und Interessen aufbringen, um dann auch Alternativen aufzeigen zu können. (Vgl. H. Rauhe, Musikerziehung durch Jazz.)

Die Musik der Gegenwart wird bestimmt durch die Vielfalt der verschiedenen Musikstile. Das müssen wir endlich begreifen lernen und den jungen Menschen entsprechende Orientierungs- und Bewältigungshilfen für das verwirrende Spektrum geben.«

Kreatives Zusammenspiel von E-Musik und U-Musik

Geradezu leidenschaftlich plädiert der Musikwissenschaftler für die Versöhnung der meist unsachlich hochgespielten Gegensätze zwischen der sogenannten klassischen Musik und der Unterhaltungsmusik. So sei die »Kleine Nachtmusik« von Mozart vom Komponisten als Unterhaltungsmusik für ein Fest geschrieben. Zahlreiche Werke von Telemann und Händel seien als Tafelmusik komponiert worden.

Rauhe: »Viele Opern waren so strukturiert, daß man bei den Rezitativen (Sprechgesang auf der Bühne) kaum hinhörte. In der Barockzeit (1600–1730) klatschte man bei Opernaufführungen meist nur bei den Arien (Einzelgesangsstück), wenn die Primadonna wunderbar schmetterte und ihre virtuose Gesangskunst demonstrierte. Ansonsten trank man zwischendurch Wein, spielte Karten und unterhielt sich. Das war früher alles viel lokkerer als heute.

Die sogenannten Kunstwerkideologie stammt aus dem 19. Jahrhundert. Sie hängt mit der Entstehung des Geniekultes zusammen. Als Folge dieser Verherrlichung großer Komponisten und ihrer großen Werke, wobei Beethoven eine zentrale Rolle spielte, wurden in Wien und Leipzig Konservatorien (Musikhochschulen) gegründet, die sich zur Aufgabe setzten, ewig gültige Meisterwerke – wie etwa die ›Missa solemnis‹, die große Messe in D-Dur von Beethoven – fachgerecht aufzuführen. Bis zu diesem Zeitpunkt spielt die Auffassung, daß die musikalischen Werke großer Meister Ewigkeitswert haben sollten, eine untergeordnete Rolle.

So schrieb z.B. Johann Sebastian Bach seine Kantaten für einen bestimmten Anlaß, etwa für einen Sonntagsgottesdienst, aber nicht für die ›Ewigkeit‹. Bach rechnete sicher nicht damit, daß seine h-moll-Messe als eines der großartigsten Werke in die Musikgeschichte eingehen würde. Solche Einstellungen und Erwartungen waren den Komponisten damals fremd, weil sie viel handwerklicher, konkreter, realistischer an den augenblicklichen Auftrag und weniger an die Genialität ihrer Inspiration dachten. Diese Haltung setzt erst mit Beethoven ein und bestimmte dann die Musik der Romantik.«

Auf meine Frage, ob diese Kunstwerkideologie nicht mit der Zeitströmung der Aufklärung (Vernunftgläubigkeit) in Verbindung gebracht werden könnte, mit dem Begriff der »Bildungsmusik«, antwortet Prof. Rauhe:

»Das ist ein ganz wichtiger Punkt: Bildung wurde zu einem Gut. Die Bildungsmusik gewann eine ethische, eine läuternde und erhebende Funktion. Die Musik wurde zu einer Botschaft und der Künstler zu einem Priester, der eine Messe zelebrierte. Deshalb wurden die Konzertsäle in ihrer räumlichen Gestaltung den Kathedralen angenähert. Wie der Altarraum für den normalen Gottesdienstbesucher nicht zugänglich war, so wurde die Bühne oder das Podium für den Konzertbesucher zum ›heiligen Boden‹ hochstilisiert. Das Publikum wurde überwiegend zur Passivität verurteilt, hörte andächtig zu und durfte nur nach dem letzten Satz einer Sinfonie klatschen. Diese drastische Reduktion der spontanen Reaktion des Publikums gibt es in unseren Konzertsälen erst seit Anfang unseres Jahrhunderts. Früher durfte man bei einem Beethoven-Konzert nach jedem Satz klatschen. Und wenn ein Musiker eine Kadenz in einem Solokonzert besonders vital und virtuos gespielt hatte, dann wurde nach Lust und Laune, manchmal sogar am Ende der Improvisation (so wie im Jazz nach einem Chorus), spontan applaudiert.

Erfreulicherweise blieb der offene Szenenapplaus in der Oper erlaubt: Am Ende einer bravourös gestalteten Arie darf noch immer geklatscht werden. Das Argument, die Ganzheitlichkeit des Kunstwerkes verbiete ein Applaudieren zwischendurch, halte ich für unzutreffend. Dann dürfte bei der Oper auch nicht geklatscht werden, es sei denn, Opern wären keine Kunstwerke.«

Ich erinnere daran, daß im Zuge der Aufklärung das verstandesmäßige Denken verabsolutiert und gefühlsmäßige Äußerungen immer mehr verdrängt wurden. Auf diese Weise wurde die Harmonie von Verstand, Gefühl und Körper empfindlich gestört, und die Ganzheitlichkeit des Menschen, der aus Leib, Seele und Geist besteht, ging verloren. Darauf antwortet der Musikwissenschaftler:

»Ja, die Entkörperlichung der Musik hat sich verheerend ausgewirkt. Viele Strömungen der gegenwärtigen Kunstmusik sind sehr stark intellektualisiert (vom Verstand geprägt). Die Entkörperlichung zeitgenössischer Musik ist ein Grund dafür, daß junge Menschen sich für Rock- und Jazzmusik begeistern. Ganzheitliche zeitgenössische Kunstmusik stelle ich mir als Fusionsmusik vor, in der verschiedenste musikalische Stilelemente zusammenwirken als eine Art Synthese von E- und U-Musik, wozu auch Rock-, Jazz-, Tanz- und folkloristische Elemente gehören. Ansätze sind bereits vorhanden, und Gershwin hat uns auf seine Weise gezeigt, wie Stilelemente verschmelzen können.«

Wechselbeziehung von geistlicher und weltlicher Musik

Ich erinnere mich an einen Gottesdienst in einer schwarzen Baptistengemeinde in Washington, an die rhythmische Unterstützung der Lieder durch Händeklatschen und sanfte Körperschwingungen als Ausdruck einer freudigen Erregung. Dabei fielen mir die Parallelen zwischen dem Jazz und der religiösen schwarzen Musik auf. Der Rhythmus der in die Hände schlagenden Gemeinde findet sich z.B. im Beckenschlag des »Jazz-Drummers« wieder, ebenso das mehrfache, ansatzartige Wiederholen einzelner Noten, die nicht gespielt, aber trotzdem gehört werden. Im Swing und Blues (Lieder von Schwarzen mit schwermütigem Charakter) finden sich Elemente, die es genauso im Spiritual und Gospel Song gibt. Es ist statistisch nachgewiesen, daß die meisten Jazzmusiker die erste musikalische Anregung von der schwarzen religiösen Musik bekommen haben.

Rauhe: »Die Wurzeln des Jazz sehe ich sowohl im Spiritual als auch im Blues. Und der Gospel Song ist eine Synthese von Spiritual und Blues. Diese musikalische Entwicklung muß auf dem Hintergrund der schrecklichen Geschichte der aus Afrika nach Amerika verschleppten Schwarzen gesehen werden. Die zu

Sklavenarbeit verurteilten Afrikaner sahen ihre Überlebenschance in ihrer mitgebrachten rhythmischen Musik, die sie mit dem neuen christlichen Glauben verbanden. Die Synthese beider Kulturen, die afroamerikanische Akkulturation, ist die Geburtsstunde des Spirituals (geistlicher Negergesang) und auch des Jazz. Der Schmelztiegel dieser Akkulturation bot die Chance, eine neue Musikkultur zu begründen, die heute weltweit von großem Einfluß ist. Auf die heutige Kirchenmusik bezogen könnte ich mir die Verschmelzung folgender Stilelemente vorstellen: Man nehme den gregorianischen Choral zusammen mit dem evangelischen Gemeindelied lutherischer Prägung und verbinde sie mit afroamerikanischen Elementen, mit Rock und Jazz. Dieser Weg ist bereits von einigen Kirchenmusikern eingeschlagen worden. Wichtig ist die ausgewogene Dosierung und geschmackvolle Verschmelzung der Stilelemente, die sich der christlichen Botschaft des Liedtextes unterordnen muß, sie nicht in den Hintergrund drängen oder ihr gar widersprechen darf.

Im Barock spielt die Übernahme weltlicher Elemente in die geistliche Musik eine große Rolle. Man übernahm nicht nur Stilelemente (wie z.B. Tanzrhythmen, etwa im Schlußchor ›Ruhet wohl‹ der Johannespassion von J. S. Bach), sondern ganze Kompositionsteile in geistliche Werke. Als berühmtestes Beispiel für dieses ›Parodieverfahren‹ wird immer wieder das Weihnachtsoratorium von Bach genannt. Warum soll das, was für ihn damals selbstverständlich war, heute nicht mehr erlaubt und möglich sein?

Im Barockzeitalter strebte man diese Einheit von weltlicher und geistlicher, von Unterhaltungs- und Kunstmusik an. Das stelle ich mir als Ideal auch für die heutige Zeit vor: die Vergeistlichung unseres weltlichen Lebens und die ›Verweltlichung‹ des geistlichen Lebens.«

Die provokativen Äußerungen von Prof. Rauhe erinnern mich an einen Aufsatz des Jazz-Experten Joachim E. Berendt über den Spiritual in seiner und in unserer Welt. Ich zitiere sinngemäß: Im Spiritual, im geistlichen Negergesang, werden Geschehnisse und Symbole des christlichen Glaubens in die Welt versetzt, in der man selbst lebt. Der Jordan wird zum Mississippi, mit einem Flugzeug fliegt man in den Himmel, aus den Israeliten in Ägypten werden die Negersklaven in Amerika. Ein Lied von Christus in der Berliner U-Bahn klänge für den heutigen europäischen Christen seltsam, aber ein Gospel-Song von Christus in der U-Bahn-Linie nach Harlem ist für einen farbigen Christen etwas Selbstverständliches. Erst dort, wo der Trennungsstrich gezogen ist, wo jede Welt – die religiöse und die weltliche – in sich selbst erstarrt, wird dieses Versetzen als fremdartig, ja schließlich als geschmacklos und unchristlich empfunden.

Man kann sicherlich nicht unüberlegt und unkritisch musikalische und gottesdienstliche Formen der farbigen amerikanischen Christen übernehmen, aber die europäischen Kirchen müßten aus sich heraus Formen entwickeln, die in ihrer Ursprünglichkeit und Vitalität der Gospelwelt entsprechen, sprich der Ganzheitlichkeit des Menschen. In diesem Zusammenhang muß die schon länger im Raum stehende Frage beantwortet werden, ob es aus christlicher Sicht gestattet ist, etwa sogenannte heidnisch-afrikanische musikalische Stilelemente mit der christlichen Botschaft zu verbinden.

Rauhe: »Die Orgel war ursprünglich ein heidnisches Musikinstrument und wurde ›christianisiert‹. Die heutige Kirchenglocke ist die ›Umkehrung‹ des heidnischen Tempelgongs. Auch bestimmte Stilelemente des gregorianischen Gesangs sind heidnischen Ursprungs. Unsere christliche Kulturgeschichte ist in vieler Hinsicht eine Geschichte der Übernahme bestimmter Symbole, bildhafter Ausdrücke, Riten und Feste (z.B. das Weihnachtsfest), die christlich umfunktioniert wurden. Oder man denke an die Unterlegung einer weltlichen Melodie durch einen geistlichen Text im Barock. Warum sollte dieses Umkehrverfahren plötzlich für den afroamerikanischen Sektor ausgeklammert sein?«

Wo Musik zur Droge wird

Klempnauer: »Würden Sie z.B. einen ekstatischen Beschwörungstanz der Schamanen bedenkenlos in einen christlichen Gottesdienst einbeziehen?«

Rauhe: »Sicher nicht, denn beim Beschwörungstanz besteht die Gefahr der unkontrollierten Ekstase, die nicht in unseren Gottesdienst paßt und außerdem zu einer hysterischen Massenpsychose ausufern kann, wie dies bei Rockkonzerten zuweilen vorkommt. Musik verliert die Funktion, eine nachvollziehbare christliche Botschaft zu transportieren, und entartet zur gefährlichen Droge, die in krassem Widerspruch zu unserer christlichen Grundhaltung und theologischen Auffassung steht. Der Christ wünscht sich eine kontrollierte Einheit von Geist, Seele und Körper. Wenn die Eigengesetzlichkeit von Rhythmen, Klängen, Ritualen oder Tänzen so stark wird, daß man nicht mehr zur Besinnung oder zum Nachdenken kommt und letztlich nicht mehr weiß, was man tut, in dem Augenblick ist eine Eingliederung in den christlichen musikalischen Bereich unmöglich.

Deshalb warne ich auch vor christlicher Rockmusik, die in voller Lautstärke in einem Gottesdienst erklingt, weil dann die Wortverkündigung des Evangeliums untergeht. Dieser Streit um das rechte Verhältnis von Wort und Musik in der christlichen Verkündigung ist uralt und beschäftigte z.Z. Palestrinas das berühmte Tridentiner Konzil (16. Jahrhundert). Der Vorwurf vieler Konzilsmitglieder lautete: Das ist ja eine Musik, die bloß zur Unterhaltung dient, zum ästhetischen oder kulinarischen Selbstzweck wird und nicht mehr der Verkündigung dient. Das ist vom Übel. Die Wortbotschaft muß immer Vorrang haben. Wenn wir gottentfremdete junge Leute mit Rockmusik in die Kirche locken wollen, müssen wir uns fragen, was wir damit erreichen. Wenn der Kirchgang nur den Diskothekenbesuch ersetzt und die Musik nur zur Berieselung dient, hat der Gottesdienst sein Ziel verfehlt.«

Schlüssel zur Beurteilung von Musik

Klempnauer: »Ende der 60er Jahre habe ich als Jugendpastor zusammen mit dem damaligen Siegener Fietz-Team, einer christlichen Gospelband, missionarische Aktionen u.a. auch in Diskotheken durchgeführt. An einem Samstagabend stand das Fietz-Team auf der Bühne des überfüllten Beatkellers ›Club E‹ in Marburg, wo es Songs der Frohen Botschaft im Rhythmus unserer Zeit vortrug. ›Jesus ist vielen noch unbekannt, der die Welten hält in der Hand‹, schallte es über die Lautsprecher in die rot erleuchteten Clubräume und Nischen des mehrstöckigen Beatschuppens. Weit über 200 Teens und Twens horchten auf. Immer wieder hörte ich sie sagen: ›Das paßt zu uns. Die Musik unterscheidet sich kaum von unseren Rhythmen. Aber der Text ist anders. Der fordert uns heraus, der bringt uns zum Nachdenken.‹ Wir führten bis nach Mitternacht stundenlange seelsorgliche Gespräche in kleineren Gruppen oder unter vier Augen. Wie würden Sie die Aktion als Kirchenmusiker beurteilen?«

Rauhe: »Wenn die Musik zum Vehikel, zum Transportmittel für die christliche Botschaft wird, ist der Abholeffekt erreicht. Dagegen läßt sich nichts einwenden.«

Klempnauer: »Und wie bewerten Sie den Einwand, man könne christliche Texte nicht mit Beat- und Rockrhythmen in Verbindung bringen?«

Rauhe: »Diese schwierige Frage läßt sich nicht pauschal beantworten, weil sie zu vielschichtig ist. Die Antwort hängt von verschiedensten Faktoren ab, z.B. von der Frage: Welche Zielgruppe habe ich vor Augen? Welche Musik ist mit welchen Texten unterlegt? Wer spielt oder singt dieses Lied? Wie wird es dargeboten? Wie wird es, unter welchen Bedingungen, von wem, wann, wo, aufgenommen?

Auf die gottesdienstliche Situation übertragen, heißt dies: Welchen Stellenwert nimmt die Musik ein und in welchem Zusammenhang steht sie? Sind Schriftlesung, Gebet, musikalische Darbietung, Liturgie und Predigt aufeinander abgestimmt? Wenn die christliche Rockmusik losgelöst wird von dem Gemeinschaftserlebnis gläubiger Christen, wenn Gebet und Predigt als überflüssig empfunden werden, hat die christliche Rockmusik ihren Verkündigungsanspruch verloren.

Man könnte also sagen: Aus christlicher Sicht hat die Musik stets zuerst eine dienende Funktion und keinen Herrschaftsanspruch. Der Apostel Paulus würde sagen: Alles gehört euch, ihr Christen, auch die Musik. Ihr aber gehört Christus. Die entscheidende Frage für einen Christen scheint mir darin zu bestehen, ob die Musik zum Selbstzweck wird und mich beherrscht oder ob sie die christliche Botschaft transportiert und mir sinnlich erfahrbar macht.

»Auch im Bereich der Kirche läßt sich seit mehr als 10 Jahren eine neue ›Musikbewegung‹ feststellen, ein wachsendes Bedürfnis nach gemeinsamem Singen und Musizieren in der christlichen Gemeinde. Immer mehr junge Christen versuchen, ihren Glauben, ihr Verhältnis zu Gott, zum Mitmenschen, zur Schöpfung und zur Kirche auf neue Weise und in der Sprache unserer Zeit musikalisch auszudrücken. Es gibt inzwischen tausende von Gemeindegruppen, die selbst gedichtete und komponierte geistliche Lieder singen und musizieren.

Einflüsse von Spiritual und Gospel, von Jazz, Rock und Pop tragen häufig zur Aktualisierung und Verlebendigung der ausdrucksstarken bekennenden Sprache bei. Das gefühlsbetonte persönliche Erleben und Erfahren des Glaubens rückt dabei oft in den Mittelpunkt der musikalischen Aussage, die weniger den Intellekt als unser Gefühl und unsere Körperlichkeit anspricht. Prosaisch ausgedrückt: Musik ›geht unter die Haut und in die Beine‹. Theologisch formuliert: Musik kann Übersinnliches sinnlich erfahrbar machen. Durch Musik wird das Wort Fleisch. Die von Max von Weber beklagte Entkörperlichung der Musik läßt sich auf Gottes Wort in der Verkündigung übertragen. Durch allzu abstrakte intellektuelle Auslegung gerät das Wort in Gefahr, ›entkörperlicht‹, ›entsinnlicht‹, zu werden und damit eine wichtige Dimension der Verkündigung einzubüßen.

Es geht darum, Gottes Bund mit Hilfe der Musik und Wortverkündigung wieder stärker in den Mittelpunkt unseres Denkens und Fühlens zu rücken, indem wir in der christlichen Gemeinschaft entsprechende Lieder singen und musizieren. Dadurch bleibt die Verkündigung nicht im theologisch reinen, aber abstrakten intellektuellen Raum geistiger Auseinandersetzung mit dem Schriftwort stecken. Sie dringt vor in unsere konkrete, sinnlich-körperliche (und daher von vornherein sündhafte) Lebenswirklichkeit.

Aber auch in einer weiteren Hinsicht kann Musik Brücken bauen: Indem der Singende und Musizierende seine persönliche Erfahrung mit dem Glauben, seine individuelle Beziehung zu Christus in den gemeinsamen Gesang einbringt, erlebt er sich als Glied der christlichen Gemeinde, die ihm einerseits soziale Geborgenheit vermittelt und ihm andererseits seinen Auftrag verdeutlicht, den er in der Welt als Glied der Gesellschaft zu erfüllen hat. Auf diese Weise wächst er als Individuum über seine ichbezogene Haltung und gegebenenfalls sogar über sein pietistisches

Einzelgängertum hinaus und nimmt seine gesellschaftliche Verantwortung als Christ wahr.

Solche Wirkung vermag nicht nur von neuen geistlichen Liedern im Einflußbereich von Spiritual, Gospel, Jazz, Rock und Pop auszugehen, sondern durchaus auch von tänzerisch inspirierten alten Kirchenliedmelodien, die zum Teil aus weltlichen Tanzliedern durch neue geistliche Texte entstanden sind, wie z.B. das Tanzlied ›In dir ist Freude‹ (Ev. Kirchengesangbuch – EKG – Nr. 288), das auf dem weltlichen Springtanz ›An hellen Tagen‹ von Hans Leo Haßler basiert. Auch Martin Luthers ›Ein feste Burg ist unser Gott‹ (EKG 201), in der synkopenreichen, rhythmisch belebten Urfassung, gehört zu den Beispielen für tänzerisch bewegte, sinnlich-körperlich ansprechende Liedgesänge, die von ihrer musikalischen Substanz her bis heute nichts an Lebendigkeit und Attraktivität eingebüßt haben, sofern die in ihnen liegenden Bewegungsenergien beim Singen und Musizieren freigelegt und nicht – beispielsweise durch schwerfällige Orgelbegleitung – verschüttet werden. In vielen Psalmen und Lobgesängen kommt dem Tanzen, Bewegen, Schlagen eine besondere Bedeutung zu.

Man kann also nicht abstrakt sagen, die Musik ist gut oder schlecht, sie ist geistlich oder ungeistlich, sondern man muß fragen: Wie wirkt sich diese Musik, dieses spezifische Musikstück in einer konkreten Situation auf eine bestimmte Zielgruppe aus? Wird der Hörer in seiner Ganzheitlichkeit angesprochen? Besteht noch die Balance von Körperlichkeit, Geistigkeit und Gefühlsintensität?«

Rhythmus und Ekstase bei Mahalia Jackson und den Beatles

Klempnauer: »Der amerikanische Theateragent Sir William Ascott-Lawrence fragte die Gospelsängerin Mahalia Jackson kurz vor ihrem Tod: ›Mahalia, wie machst du das, daß du dauernd beim Singen in Ekstase gerätst?‹ Sie sah ihn erstaunt an und sagte: ›Ekstase? Das ist doch meine Seele, die in ihrem eigentlichen Rhythmus schwingt.‹ – Wie soll man das verstehen?«

Rauhe: »Der Rhythmus ist dem Menschen schon im Mutterleib mitgegeben. Der ständige Schlag des Herzens, der vom Embryo bereits akustisch wahrgenommen wird, führt dazu, daß der

Mensch auch nach der Geburt ähnliche Rhythmen gern hört, weil sie ihm das Gefühl der Geborgenheit vermitteln. Deshalb hat die rhythmische Musik eine ungeheure Faszinationskraft, und Musikstücke, die einen solchen ›Herz‹-Rhythmus haben, üben eine besonders eindringliche Wirkung aus, versetzen die Menschen in Schwingung und gewinnen eine starke Popularität und Beliebtheit. Dies gilt für Musik von Bach über Beethoven bis hin zu den Beatles. Die Körperlichkeit der Musik ist durch den Rhythmus vorgegeben. Wenn ich anfange, mit meinem Körper rhythmisch zu schwingen, so bewege ich mich im angeborenen kontrollierten Rhythmus menschlichen Lebens, wie dies bei Mahalia Jackson geschieht.

In dem Augenblick aber, wo ich aus dem schwingenden Rhythmus ausbreche, verliere ich die Kontrolle über mich selbst: Die positive, kontrollierte und schwingende ›harmonische Ekstase‹ verwandelt sich in eine negative, wilde, ausufernde, unkontrollierte, gefährliche und zerstörerische Ekstase. Das Schwingen ist nichts anderes als die Überlagerung mehrerer Bewegungsvorgänge im Körpergefühl. Dieses schwingende Element (das in der Fachsprache als ›swing‹ bezeichnet wird und zu den definierenden Kennzeichen des Jazz gehört) kreist in sich. Übrigens ist das Kreissymbol ein Ausdruck der Trinität (Dreieinigkeit), der Einheit, der Ganzheitlichkeit, der Vollkommenheit, der Geborgenheit. Es ist nicht von ungefähr, daß der Jazz die Unterteilung in Triolen bevorzugt (Triole = eine Gruppe von drei Tönen, die zusammen den gleichen Zeitwert darstellen wie zwei Töne des gleichen Wertes).

Auch Rockmusik, die vom Blues, Spiritual und Jazz beeinflußt ist, d.h. von den überlagerten schwingenden Rhythmen, kann im allgemeinen als ebenso ganzheitlich und harmonisch angesehen werden wie viele Musikstücke der Beatles, die eine gewisse Harmonie und ein Mitschwingen ermöglichen. Im Gegensatz zu dieser schwingenden, harmonisierenden Wirkung lösen manche Titel der harten Rockmusik unter Umständen aggressive Reaktionen aus, insbesondere wenn sie monometrisch (Metrik = Taktmaß), ohne schwingendes Abfedern, hart, metrisch exakt, fast maschinell und eintönig gespielt werden. Wo die schwingende, positive Ekstase verlassen wird, ist die erste Stufe einer Aggressivität erreicht, und gelegentlich führt der Ausbruch aus dem kontrollierten Rhythmus zu tätlichen Auseinandersetzungen, wie es bei Rock-Festivals schon passiert ist.«

Überdimensionale Lautstärke bei Rockkonzerten

Klempnauer: »Gerade Hard-Rockgruppen hämmern in voller Lautstärke auf ihre Fans ein. Unter vier Augen verrieten mir Ton-Techniker bekannter Rockgruppen, der Lautstärkepegel würde bei ihren Konzerten zwischen 90 und 125 Dezibel (Schallstärke wird in Dezibel – früher in Phon – gemessen) liegen. Ein Wald rauscht beispielsweise mit 25 Dezibel und ein startendes Flugzeug bringt es auf 125 Dezibel. Die Toningenieure begründen die hohe Lautstärke mit dem Hinweis, erst ab 90 Dezibel könne man die Tonschwingungen sehen und anfassen. Was soll man dazu sagen?«

Rauhe: »Es hängt mit der Körperlichkeit der Musik zusammen, daß man die Musik ›begreifen‹ möchte. Das ist der sogenannte Vibrationseffekt, d.h. die Schwingungen werden so intensiv, daß man sie spüren kann. Nur darf man dabei die Kehrseite der Medaille, die negativen Begleiterscheinungen, nicht außer acht lassen. Hörschäden entstehen nachweislich ab 85 Dezibel. Die Lärmschutzverordnungen und Arbeitsschutzbestimmungen schreiben einen Ohrenschutz für Betriebe vor, in denen Geräusche über 85 Dezibel erklingen. Bei dieser Lautstärke liegt für mich die ›Schallgrenze‹ des Erträglichen und pädagogisch gerade noch Vertretbaren. Die unfreiwillige Berieselung mit lauter Musik, die in dieser Intensität drogenähnliche Wirkungen ausüben kann, läßt sich vergleichen mit der Verordnung eines Alkoholzwanges in einem Lokal dergestalt, daß jeder Gast beim Eintreten ein Glas Wein oder Schnaps trinken muß, damit er in Stimmung versetzt wird und zur Entstehung einer feucht-fröhlichen Lokalatmosphäre beiträgt. Das wäre in meinen Augen Freiheitsberaubung, eine körperliche Manipulation, die ich nicht akzeptieren könnte. Bei einer Lautstärke von 90 Dezibel und darüber hinaus führen die elektrisch verstärkten Rockrhythmen zu Hormonausschüttungen, ohne daß der Hörer dies verhindern kann. Die Hormone versetzen ihn in einen Rauschzustand, wie er durch Drogen erzeugt wird.

Der Klangrausch setzt durch den Streßmechanismus mit Hilfe der übermäßigen Ausschüttung des Hormons Adrenalin Kohlenhydrate und Fettsäuren (Cholesterine) frei, die den Blutkreislauf anregen, aber den Organismus dadurch belasten, daß sie nicht durch körperliche Aktivitäten abgebaut werden. Werden diese Energiereserven nicht abgebaut, kommt es zu Ablagerungen an den Gefäßwänden, zu Gefäßverkalkung und Kreislaufstörungen, also zu körperlichen Schäden. Durch einen so gearteten Musikkonsum wird die Wahrnehmungsschwelle immer höher: der süchtige Musikhörer wird musikabhängig und braucht wie der Drogensüchtige immer größere Dosen, um seinen Bedarf zu decken. Experimente mit Versuchspersonen in der Salzburger Landesnervenklinik zeigen, daß akustisch-musikalische Rhythmen den Herzschlag zu beeinflussen vermögen und daß sich auch andere vegetative Funktionen des menschlichen Körpers, z.B. Blutdruck, Organdurchblutung, Verdauung u.a., unter Musikeinfluß verändern.«

Klempnauer: »Vergleicht man die beiden bekannten englischen Pop- bzw. Rockgruppen ›The Rolling Stones‹ und ›The Beatles‹, so kann man wohl mit Recht sagen, daß es in den Konzerten der Beatles humaner zuging als bei den Rolling Stones. Würden Sie dieses Phänomen u.a. auch auf die geringere Lautstärke bei den Beatles zurückführen?«

Rauhe: »Bei den Beatles hat es kaum Lautstärken über 85 Dezibel gegeben. Außerdem haben sie in vielen Liedern gleichermaßen Geist, Gefühl und Körper angesprochen, den ganzheitlichen Aspekt betont und zudem Musikstile verschiedenster Kulturen bis hin zur fernöstlichen Musik aufgegriffen. In ihrem Welthit ›Yesterday‹ schwingen sogar klassische Elemente (Barockmusik) mit.

Bei den Rolling Stones kam es vor allem durch ihre übermäßige Lautstärke zu Aggressivitäten und Gewalttätigkeiten. Deshalb waren sie bei bestimmten Gruppen auch beliebter als die Beatles. Die Stones waren in der Rockmusikgeschichte wohl die ersten, die die Körperlichkeit durch übertriebene Lautstärke und ekstatische Showdarbietungen negativ beeinflußten. Hinzu gesellte sich der eintönig einpeitschende Rhythmus, der eine enthemmende Wirkung auf den Sexualtrieb hatte, fast ausschließlich die körperlichen Instinkte ansprach und die verstandesmäßige Ebene ziemlich unbeachtet ließ. Dadurch kam es zwangsläufig zu unkontrollierten, unverständlichen Handlungen. – Die Balance von Körper, Seele, Gefühl und Geist muß in der Musik gewahrt bleiben.«

Musik und Magie

Klempnauer: »Die einseitige ›entgeistigende‹, betäubende und fast narkotisierende Verkörperlichung der Musik führt zur Manipulation des Massenpublikums besonders bei Rockkonzerten. Was gemeint ist, spricht der Leadgitarrist der Hamburger Rockgruppe Led Zeppelin, Jimmy Page, unverblümt aus: ›Der entscheidende Faktor für jede erfolgreiche Rockband ist Energie: die Fähigkeit, Energie auszusenden, Energie vom Publikum zu empfangen und sie wieder zurückzugeben.‹ Nach Jimmy Page beruht die Wirkung der Konzerte im wesentlichen auf ›Lautstärke, Wiederholung und Rhythmus‹; er vergleicht sie mit der Trance-Musik Marokkos, die magischen Charakter habe. Die Panflötenspieler seien zugleich Zauberer, die üble Dämonen austreiben. Um Energie bei den Spielern und beim Publikum zu erlangen, müsse man die Quellen magischer Kraft anzapfen, so gefährlich das auch sein möge.

Page macht keinen Hehl daraus, daß er regelmäßig an Schwarzen Messen teilnahm, um die dämonische Wirklichkeit für sich zu erschließen. Besteht hier nicht eine immense Gefahr, daß ahnungslose Rockfans in den Sog magischer Kräfte hineingeraten und schamlos manipuliert werden?«

Rauhe: »In dem Augenblick, wo von Trance und Magie, von Massensuggestion und -hypnose die Rede ist, wo unkontrolliert magische Kräfte freigesetzt werden, ist die Toleranzgrenze endgültig überschritten. Die verheerenden Ereignisse während der NS-Zeit sollten uns zu denken geben; wir müssen alles tun, um eine Neuauflage der massenpsychologisch und demagogisch äußerst geschickt inszenierten Reichsparteitage zu verhindern, die von Adolf Hitler und seinem Propapandaminister Goebbels bis ins dramaturgische Detail geplant waren. Die Szenerie auf dem Nürnberger Reichsparteitagsgelände – der Standort der Massen und der bombastische Bühnenaufbau – war nach sozial- und wahrnehmungspsychologischen Gesichtspunkten so eingerichtet, daß die Volksmassen nur auf einen Blickpunkt fixiert waren, auf den verherrlichten Führer Adolf Hitler, der nach dem ›warm up‹ (Aufwärmphase) der Fanfaren, Marschkapellen und der gemeinsam gesungenen Lieder als ›Heiliger‹, als messianisches Idol in Erscheinung trat. Die angeheizten Massen brüllten bereits, bevor Hitler den ersten Satz gesprochen hatte.

Oder denken Sie an die berüchtigte Rede des rhetorisch brillanten Reichspropagandaministers Joseph Goebbels im Berliner Sportpalast. Goebbels wußte, daß die Wirkung der Sprache nicht nur vom Inhalt, sondern maßgeblich auch von der musikalischen Gestaltung, von Sprechtempo, Pausen, Lautstärke, Klangfarbe und Sprechweise abhängt. Seine langsam mit ruhigem Tonfall begonnene Rede wurde immer schneller, die Stimme immer höher, die Artikulation immer erregter, bis auf dem Höhepunkt der rhetorischen Steigerung selbst entschiedene Gegner des Krieges und des nationalsozialistischen Regimes auf seine Suggestiv-Frage: ›Wollt ihr den totalen Krieg?‹ ein enthusiastisches: ›Ja‹ schrien, ohne sich ihr Verhalten hinterher erklären zu können.

Ich wurde an einen Auftritt der Beatles Mitte der 60er Jahre auf dem Höhepunkt ihrer Popularität in der Hamburger Ernst-Merck-Halle erinnert. Bevor die Beatles für eine knappe halbe Stunde auf der Bühne erschienen, heizten kleine Musikgruppen die Fans derart an, daß die Spannung immer größer wurde. Im Augenblick ihres Auftritts sah man von den Beatles allenfalls ihre Pilzköpfe; akustisch war von ihnen nichts mehr zu hören, denn bei ihrem Anblick brach enthusiastisches Geschrei los, Teenager begannen zu stöhnen, und etliche Fans erlitten einen Kreislaufkollaps durch Adrenalin-Überproduktion der Nebenniere.

An dieser Massenhysterie waren in erster Linie nicht die Beatles schuld, sondern die Veranstalter mit ihrer geschickt eingefädelten Rahmengestaltung, die das Konzertpublikum so zum Kochen brachte, daß es nicht mehr wußte, was es tat. Unter Manipulation verstehe ich eine Beeinflussung, deren Ziele, Mittel und Methoden der Beeinflußte nicht mehr erkennen kann. Hier wird die Musik zum gefährlichen Mittel, um ein Massenpublikum durch geschickte Magie willenlos und gefügig zu machen, um es zu hypnotisieren.«

Klempnauer: »Seit geraumer Zeit wird behauptet, bestimmte satanische Rockgruppen würden ihre Fans mit ›rückwärtsmaskierten Nachrichten‹ manipulieren. Dabei berufe ich mich auf einen Vortrag des katholischen Paters Günther (Apostolat Hörnle, 8941 Holzgünz), der eine Fülle von Material über die Technik des ›Rückwärtsmaskierens‹ und der ›Sublimierten Suggestion‹ gesammelt hat. Er meint beweisen zu können, daß in den Liedtexten der satanischen Rockgruppen die ›eigentliche Nachricht‹ erst gehört werden kann, wenn die Schallplatte rückwärts gespielt wird.

Eine Nachricht kann heißen: ›Dog si natas‹ (Satan is God). Dieser Satz würde beim häufigen Hören vom Gehirn entschlüsselt und gespeichert. Die Rockgruppe ›Electric Light Orchestra‹ habe in ihrem ›Eldorado Album‹ eine rückwärtsmaskierte Nachricht, die im Originalton laute: ›Er ist der Widerliche, Christus, du bist abscheulich.‹ Die ›Nachrichten‹ in dieser Musik haben – offen oder versteckt – vor allem zwei Schwerpunkte: Antichrist und Gewalt. Was soll man davon halten?«

Rauhe: »Für die These des Paters Günther gibt es bisher keine empirisch nachvollziehbaren Belege. Aus wissenschaftlicher Sicht ist es völlig unmöglich, rückwärts zu hören und rückwärts zu entschlüsseln. Neurophysiologische Forschungen haben ergeben, daß unser Gehirn hintereinander folgende Impulse oder Worte nicht in umgekehrter Reihenfolge wahrnehmen kann. Dies ist nur rein physikalisch mittels der elektronischen Tonbandtechnik möglich. Diese obskuren sogenannten rückwärtsmaskierten Nachrichten klingen sensationell und geheimnisvoll; ihre Aufnahme durch das menschliche Gehirn ist aber aus meiner Sicht unmöglich.«

Klempnauer: »Trotzdem könnte so eine Gruppe Teufelsverehrung betreiben. Wenn man von gotteslästernden Sätzen in ihren Songs weiß, sollte man sich nach meiner Meinung ihrem Einfluß nicht aussetzen, ihre Musik also nicht hören.«

»Sympathy with the devil«

Klempnauer: »Alarmierend sind die satanischen Elemente in der Hard-Rockmusik. Dabei denke ich z.B. an die bereits genannte

Gruppe »The Rolling Stones« mit ihrem schon etwas älteren Titel »Sympathy for the Devil«. Es gibt eine verheerende Flut solcher Teufelslieder auf dem Rockmusikmarkt der 80er Jahre. Worauf führen Sie das zurück?«

Rauhe: »Das Provokationsbedürfnis, das bereits in der Jugendrevolte der 68er Jahre aufkam – möglichst schmutzig und gammelig sein oder vor Gericht seine Notdurft verrichten –, wird durch den einpeitschenden und aggressiven Rhythmus des Hard-Rock erheblich gesteigert. Diese Musik, ihre Texte und Präsentationsform wecken den Oppositionsgeist insbesondere der frustierten Jugendlichen, fordern diese auf, gesellschaftliche Tabus zu durchbrechen und befürworten eine diabolische Freude an verbotenen Dingen. Leider spürt jeder Mensch ›zwei Seelen in seiner Brust‹, den Hang zum Guten, aber auch zum Bösen. Auch das biblische Menschenbild spiegelt diese Zwiespältigkeit wider. Wenn wir Menschen nicht anfällig für die Sünde wären und ihr nicht erliegen würden, hätte Christus für unsere Sünden nicht sterben müssen.«

Klempnauer: »Mit anderen Worten: die ›Sympathie für den Teufel‹ ist nicht nur menschen-, sondern auch gottfeindlich.«

Rauhe: »Die Anfälligkeit für sündige, teuflische Gedanken bleibt auch für einen Christen bestehen, aber er würde niemals den Teufel glorifizieren. Das würde ja heißen, die Sünde herauszufordern.«

Kunst als Gratwanderung

Klempnauer: »Manchmal habe ich den Eindruck, daß künstlerisches Schaffen einerseits ungeahnte Kräfte mobilisieren und den Zuhörer im musikalischen Bereich faszinieren, andererseits aber auch zu maßloser Selbstüberschätzung und Geschmacklosigkeit bis hin zur Gotteslästerung führen kann. Gerade Musiker kommen mir oft vor wie Gratwanderer in schwindelerregenden Höhen, die aufpassen müssen, daß sie nicht abstürzen.«

Rauhe: »Musik, die unter die Haut geht und das Gemüt erhebt, liegt nicht selten an der Grenze zwischen Kunst und Kitsch. Besonders populäre Melodiewendungen oder Themen erweisen sich losgelöst aus dem kompositorischen Gesamtzusammenhang oft als kitschig, z.B. das beliebte Seitenthema aus dem 1. Satz der Unvollendeten Symphonie von Franz Schubert: Es basiert auf einem griffigen Tanzrhythmus und einer eingängigen Melodieführung, die isoliert gesehen trivial anmuten könnte. Dies wird u.a. auch durch die Tatsache belegt, daß es zahlreiche Textierungen zu diesem Thema gibt, die größtenteils parodistische Züge tragen, z.B.: ›Frieda, wo kommste her, wo gehst de hin, wann kommst du wieda.‹ Singt man das Schubertsche Seitenthema mit diesem Text, so wirkt es fast wie ein Gassenhauer. Zumindest bleibt von der sinfonischen Würde nicht viel übrig, weil es diese nur im Spannungsverhältnis zum Hauptthema entfaltet. Ähnliche Beispiele gibt es im Schaffen von Richard Strauß und Gustav Mahler.

Wenn die deutsche Nationalhymne übertrieben langsam gespielt und sentimental gesungen wird, verwandelt auch sie (die zu den genialsten Einfällen Joseph Haydns gehört) sich in eine schmalztriefende Schnulze. An all diesen Beispielen zeigt sich, daß Kunst eine Gratwanderung zwischen Kunst und Kitsch sein kann. Gerade hier liegt oft ihre besondere Faszination.

Die genialsten Sonaten von Beethoven lassen die Freiheit von formalen Gesetzen erkennen, indem die Sonatenhauptsatzform durchbrochen wird; mal fehlt hier eine Modulation, mal fehlt dort ein Seitenthema.

Dagegen sind viele nach strengen Gesetzen komponierte Sonaten von Clementi oder Fugen von Rheinberger solide Handwerksstücke, aber keine Kunst.«

Klempnauer: »Nun kommt ja in der Rockmusik ein ›anarchistisches Element‹ hinzu. Der Mensch meint dabei, in der Freiheit von allen Gesetzen sich selbst finden zu können. Diese Haltung: ›Tu, was du willst‹, ist der Tenor vieler Texte in der Rockmusik.«

Rauhe: »Da liegt der wunde Punkt in der heutigen Jugendszene. Unter dem Deckmantel der Selbstverwirklichung meint man, sich alles herausnehmen zu können, keine Verpflichtungen mehr eingehen und keine Gesetze mehr halten zu müssen. ›Emanzipation‹ ist zu einem gefährlichen Zauberwort geworden. Überall wittert man unliebsame Abhängigkeiten und Beschränkungen, aus denen man sich ohne Rücksicht auf Verluste befreien muß. Dabei vergißt man, wohin die Befreiung eigentlich führen soll, wo die Ziele der Emanzipation liegen, welches die Leitbilder und Wertvorstellungen sind, an denen man sich orientieren möchte. Mit der Verneinung herrschender Normen und Abhängigkeiten allein ist es nicht getan. Vielmehr bedarf es einer Klärung, wohin der Weg führen soll.«

Klempnauer: »Die Sympathie für den Teufel scheint in der Musikgeschichte keine Seltenheit zu sein. Haben nicht die großen Meister aller Zeiten immer wieder bewußt oder unbewußt erkannt, daß auch ihr musikalisches Schaffen eine Gratwanderung ist – nicht nur zwischen Kunst und Kitsch, sondern auch zwischen Gott und Teufel, zwischen Kosmos (Ordnung) und Chaos? Wo eine sinnvolle Ziel- und Aufgabenstellung fehlt, verliert der Künstler sein Gleichgewicht und stürzt ab.

Der Psychoanalytiker Erich Fromm sagt sinngemäß: Der Mensch braucht einen Orientierungsrahmen zum Handeln und ein Ziel, das ihm sagt, wohin er zu gehen hat. Jeder Mensch braucht einen Gegenstand der totalen Hingabe, der seine Energien in eine Richtung integriert. Wenn er sich über sein isoliertes Ich hinaus einem Ziel hingibt, verläßt er den Kerker seiner absoluten Ich-Bezogenheit.

Liegt nicht letztlich in der Verehrung Gottes das Geheimnis des genialen Schaffens vieler großer Komponisten, z.B. J. S. Bachs, der seine Werke mit ›Soli Deo Gloria‹ (Gott gebührt allein der Ruhm) unterschrieb?«

Rauhe: »Dies ist der entscheidende Punkt. Erst die Hingabe an ein lohnendes Ziel führt zur echten Selbstverwirklichung. Wo ich mich in der Verantwortung vor Gott und im Dienst an Menschen einer Aufgabe verpflichtet weiß, kann ich meine Gaben voll entfalten und finde echte Befriedigung. Auf den musikalischen Bereich bezogen heißt das: Ich muß mich als Künstler in den Dienst einer Botschaft stellen, die mich mit Leib, Seele und Geist ganzheitlich erfüllt und die ich weitergeben will. Dann reguliert sich die musikalische Aussage wie von selbst. Darin liegt auch die Faszination der geistlichen Musik, die in der Regel aus einer existentiellen Betroffenheit heraus geschaffen wird und nicht zum bloßen Selbstzweck.«

Klempnauer: »Kehren wir zur Rockmusik zurück, zu einem ihrer bekanntesten deutschen Vertreter, Peter Maffay. Was halten Sie von seiner Musik?«

Rauhe: »Für mich ist Peter Maffay eine besonders talentierte und erfreuliche Erscheinung in der deutschen Rockmusikszene, ein sensibler, intelligenter und verantwortungsbewußter Musiker, der in seinen rhythmisch und melodisch eingängigen Songs Enttäuschungen und Hoffnungen zahlreicher Jugendlicher ausdrückt. Im Gegensatz zu zahlreichen aggressiven Musikgruppen bemüht sich Peter Maffay, seinen Fans in seinen Konzerten ein Gemeinschaftserlebnis zu vermitteln, und ihre Gefühle auszudrücken, aber nicht durch Magie, Massensuggestion, -hypnose oder Beschwörung auf das Publikum einzuwirken.«

Klempnauer: »In Maffay-Konzerten habe ich wiederholt junge Menschen gefragt, wie seine Musik auf sie wirke. Die typische Antwort einer 24jährigen Rheinländerin lautet: ›Peter drückt auf der Bühne meine Gefühle aus; er findet meine Worte und spielt mein Leben. Wenn ich seine Musik auf mich wirken lasse, komme ich mir vor wie in einer Weltraumkapsel, in der ich ganz allein schalten und walten kann: Wenn ich weinen möchte, weine ich. Wenn ich schreien möchte, schreie ich. Peter symbolisiert für mich die Freiheit, die ich mir auch wünsche. Ich hör' seine Schallplatten und geh' in sein Konzert. Und dann stell' ich mir vor, ich wär' Peter Maffay.‹«

Rauhe: »Die Faszination und das Erfolgsgeheimnis eines großen Künstlers bestehen darin, daß sich viele Menschen mit ihm identifizieren: mit seinen Worten, Gefühlen, Melodien – mit seiner ganzen Persönlichkeit. Das kann aber sehr gefährlich werden. Woran liegt es, daß sich Millionen von Menschen mit einem musikalischen Leitbild identifizieren, sei es Peter Maffay, Udo Lindenberg oder auch Herbert von Karajan? Die Gründe dafür liegen nicht nur in der hohen Qualität der musikalischen Darbietung, sondern vor allem in der kollektiven Identifikation mit dem Star als Leitbild.

In der Sozialpsychologie ist längst bekannt, daß ohne Leitbilder eine Persönlichkeitswerdung nur in den seltensten Fällen möglich ist, weil Normen vor allem auf dem Weg der Identifikation mit Leitbildern vermittelt werden. Die Propaganda für einen politischen Führer und der Aufbau des Image eines Stars bedienen sich derselben Methode. Zuerst spielen sie sich auf die Erwartungen ein und bauen dann entsprechend die Leitbilder auf. Man projiziert dann seine Bedürfnisse in das Idol hinein. Im besten Falle entspricht das Idol auch in der Lebenswirklichkeit meinen Vorstellungen, und im schlechtesten Fall handelt es sich um ein Trugbild. Im politischen Bereich ist Adolf Hitler ein deutliches Beispiel dafür: Nach werbepsychologischen Methoden wurden ihm alle positiven Eigenschaften angedichtet, die sich aber nicht mit seiner Lebenswirklichkeit deckten. Seine Machtergreifung traf unglücklicherweise mit der Geburtsstunde des Hörfunks zusammen. Als Massensuggestionsmittel wurde der ›Volksempfänger‹ spottbillig verkauft, damit jede deutsche Familie die Stimme des Führers aus dem Lautsprecher hören konnte.

Diese künstlich montierten Leitbilder verschwinden ebenso schnell, wie sie aufgebaut wurden, um neuen Idolen Platz zu machen. Nicht nur Jugendliche, sondern auch Erwachsene pendeln häufig zwischen verschiedenen Leitbildern hin und her oder wechseln diese abrupt, weil sie verhaltens- und orientierungsunsicher sind. An die Stelle der persönlichkeitsfördernden, für den Reifeprozeß notwendigen Identifikation mit einem konstanten Leitbild, aus der Familie, der Schule oder Gemeinde treten eben jene kollektiven Identifikationen mit wechselnden Idolen als Leitbildern. Als Alternative bietet sich die biblische Botschaft an, Jesus Christus als Leitbild, als Identifikationsfigur, wie man sozialpsychologisch sagen würde.«

Klempnauer: »Ich möchte noch einmal auf die Fan-Gespräche in den Maffay-Konzerten zurückkommen. Auch Peter Maffay wird von der Schallplattenindustrie nach raffinierten Werbemethoden als Leitbild für Millionen aufgebaut, obwohl er selbst kein ›Star‹ sein möchte.

Auch seine Fans können diesem Starkult erliegen. Erstaunlicherweise bin ich verschiedentlich auf Konzertbesucher gestoßen, die sich bewußt nicht von ihm manipulieren lassen wollen. Auf meine Frage, wie Maffays Lied ›Lieber Gott, wenn es dich gibt‹ auf sie wirke, hörte ich fast stereotyp dieselbe Antwort: ›Es ist gut, daß Peter nicht singt: ›Lieber Gott, es gibt dich‹; denn seinen Weg zu Gott muß jeder selbst finden. Peters persönliches Glaubensbekenntnis soll ... uns nicht manipulieren, sonst schalten wir ab. Aber er hat uns zum Nachdenken gebracht, wenn er weiter singt: ›Wenn das Schweigen mich umgibt, wird dein Lied zum Gebet, und ich warte so auf eine Antwort‹.«

Als Peter Maffay dieses Lied in der Frankfurter Festhalle sang, hingen die Fans förmlich an seinem Mund. Und ich stellte mir vor, da vorne stünde ein Redner, der diese Worte nur sprechen würde. Ob die Zuhörer auch so aufnahmebereit wären? Der katholische Theologe Hans Küng sagte kürzlich, die Musik könne ein Medium sein, um uns Gott wieder näherzubringen. Stimmt das?«

Rauhe: »Die Musik stellt die Einheit wieder her zwischen dem Wort, dessen Botschaft ich verstandesmäßig nachvollziehen kann, und dem Gefühl, um das Wort nachzuempfinden. Dies ist ein einfühlendes, intuitives Verstehen: Das Wort muß Fleisch werden. Jener Theologe ist ein guter Prediger, der nicht nur den Verstand anspricht und eine theologisch richtige Bibelauslegung vorträgt, sondern so spricht, daß es zu Herzen geht (Bibel: ›Es ging ihnen durchs Herz‹). Herz und Hirn gehören zusammen; das heißt, mit dem Herzen denken und mit dem Hirn fühlen, und das alles mit dem Körper zusammen. Darauf kommt es an, und darin besteht die faszinierende Macht der Musik.«

Beiträge zum Thema hat Prof. Dr. Hermann Rauhe u.a. in folgenden Büchern veröffentlicht:

Wilhelm Josef Revers/Hermann Rauhe, Musik – Intelligenz – Phantasie, Salzburg 1978

Hermann Rauhe, Hans-Peter Reinecke, Wilfried Ribke, Hören und Verstehen, München 1975

Ernst Meyer (Hrsg.), Neue Ansätze im Musikunterricht, Stuttgart 1972

Hermann Rauhe, Jugend zwischen Opposition und Identifikation, Hamburg 1974

Siegmund Helms (Hrsg.), Schlager in Deutschland, Wiesbaden 1972

Hermann Rauhe/Reinhard Flender, Schlüssel zur Musik, Düsseldorf 1986

Reinhard Flender/Hermann Rauhe, Phänomenologie der Popmusik, Darmstadt, Wiss. Buchgesellschaft (Erträge der Forschung) 1986

NEUE R. BROCKHAUS TASCHENBÜCHER

146/147 **Um Füße bat ich und er gab mir Flügel** v. D. C. Wilson
178/179 **Finger an Gottes Hand** v. D. C. Wilson
184 **Man lebt – fragt sich nur wozu?** v. K. Vollmer
188 **Das normale Christenleben** v. W. Nee
195 **Nachdenken – Umdenken – Neudenken** v. K. Vollmer
196 **Teenager-Probleme** v. K. Eickhoff
201 **Ich muß mit dir reden** v. K. Eickhoff
206 **Im Schatten des Allmächtigen** v. E. Elliot
222 **Ich bin der Herr dein Arzt** v. H. C. Spurgeon
226 **Liebe dich selbst** v. W. Trobisch
231 **Christy** v. C. Marshall
243 **Aber Herr Noah . . .** v. K. Vollmer
249 **Warum unbedingt Jesus?** v. W. Heiner
254 **Die Zuflucht** v. C. ten Boom
264 **Der Wolkenschieber** v. H. Kemner
271 **Kleine Therapie für geistliche Durststrecken** v. W. Trobisch
290 **Gib nicht auf, Wanja!** v. M. Grant
291 **Der Schmuggler Gottes** v. Br. Andrew
302 **Ich gedenke der vorigen Zeiten** v. K. Heim
304 **Dein Typ ist gefragt** v. O. Hallesby
305 **Freu dich, das Beste kommt noch** v. C. ten Boom
306 **Mein Leben ist ein Wandern** v. L. Richter
309 **Das Schönste kommt noch** v. F. Rienecker
310 **Toleranz und Wahrheit, wie Hund und Katze?** v. S. Kettling
312 **Mit Gott durch dick und dünn** v. C. ten Boom
313 **Achtung: Fehlschaltung!** v. M. Horie
314 **Tal der Liebe** v. E. Hong
320 **Bete und staune** v. C. Marshall
325 **Pilatus** v. P. L. Maier
327 **Atomkraft – ja oder nein?** v. Heil/Mosner/Sautter
329 **Verantwortung – Leitung – Dienst** v. J. O. Sanders
331 **Gott tröstet** v. H. Risch
333 **Die Rettung der Verlorenen** v. T. Goritschewa
337 **Irina** v. H. Hartfeld
338 **Sterben – Der Höhepunkt des Lebens** v. Maier-Gerber
339 **Faulheit ist heilbar** v. R. Ruthe
340 **Wer nicht glaubt, glaubt auch** v. K. Vollmer
344 **Jesus ist Sieger** v. C. ten Boom
347 **Kennen Sie ihn?** v. I. Hofmann
348 **Ich mag dich** v. Bärend/Böhm
350 **Kleines Haus mit offenen Türen** v. C. ten Boom
351 **Michelle** v. C. E. Phillips
352 **Der Kirchenstreicher** v. H.-D. Stolze
354 **Eifersucht ist eine Leidenschaft . . .** v. R. Ruthe
357 **Die Ordnung des Tages** v. H. J. Baden
358 **In Freiheit leben** v. H. Bräumer
359 **Hauskreis offensiv** v. O. Schweitzer
360 **Gesunde Kinder** v. B. Juhre
361 **Unsere Kraft wächst aus der Stille** v. O. Hallesby

362 **Gott weiß den Weg** v. C. Marshall
363 **Eigentlich nichts Besonderes** v. Deitenbeck/Rumler
364 **Ich mag mich** v. H. Bärend/H.-H. Böhm
365 **Der Chef hieß Mexiko** v. F. Pawelzik
366 **Einer geht mit** v. Gefährdetenhilfe Scheideweg
368 **Das verlorene Ich** v. M. u. H. Horie
369 **Ausweg aus der Krise** v. W. Lachmann
370 **Unsichtbare Mächte und die Macht Jesu** v. H. Rohrbach
371 **Aus meiner Hausapotheke** v. E. Modersohn
373 **Wider die Melancholie** v. G. Tersteegen
374 **Warum geht es uns nicht gut . . .** v. K. Eickhoff
375 **Ich bin ein ganz normaler Müllmensch** v. Hansen/Wagner
377 **Nichts kann uns scheiden von der Liebe Gottes** v. K. Vollmer
378 **Friede, Friede – und ist doch kein Friede** v. K. Vollmer
379 **Christl. Literatur des 20. Jahrhunderts, Bd. 1** v. C. P. Thiede
380 **Christl. Literatur des 20. Jahrhunderts, Bd. 2** v. C. P. Thiede
381 **Die Kraft des Schweigens** v. H. J. Baden
382 **Ich frag mich** v. H. Bärend/H.–H. Böhm
383 **Was meinen Sie, Herr Sokrates?** v. P. Kreeft
384 **Keine Angst vor der Familie** v. L. Bormuth
385 **Die Pilgerreise** v. J. Bunyan
386 **Dies ist eine harte Rede** v. F. F. Bruce
387 **Was Kinder von Gott wissen wollen** v. G. Göhr
388 **Umgang mit der Angst** v. M. u. H. Horie
389 **Mit vereinten Kräften** v. H. Bärend/H.–H. Böhm
390 **Wie bereite ich eine Bibelarbeit vor?** v. K. Beyer
391 **Zeit mit Gott zu reden** v. Projektgruppe Glaubensinformation
392 **Wie werde ich frei?** v. E. Modersohn
393 **Die Brücke trägt** v. K. Brandt
394 **Entdeckungen in der Einsamkeit** v. P. Strauch
395 **Gemeinschaft – lebenslänglich** v. U. Eggers
396 **Die Stunde ist da** v. J. Dirnbeck
397 **Der Tisch in der Wüste** v. W. Nee
398 **Gentechnik – der Griff nach dem Leben** v. U. Eibach
399 **Es ist niemand zu groß** v. H. Fuchs
400 **Wie man wer wird** v. K. Vollmer
401 **Ich will raus** v. G. Klempnauer
402 **Wie Segel über dem Meer** v. C. P. Thiede
403 **Von allen Seiten umgibst du mich** v. E. Wetter
404 **Frauen unterwegs** v. M. Tanner/G. Biermann
801 **Das Geständnis** v. E. Groseclose
802 **Aus der Wüste in die Heilige Stadt** v. A. Salomon
803 **Ein König kämpft um seinen Thron** v. A. Salomon
804 **Gesucht wird Mann mit Phantasie** v. F. Pawelzik
805 **Brich dem Hungrigen dein Brot** v. E. Steineck
806 **Heimkehr in ein fremdes Land** v. H. Hartfeld
807 **Wieviel Liebe braucht ein Mensch** v. F. Pawelzik
808 **Das Glück zu leben** v. A. Länge
809 **Jesus Christus heute erlebt** v. L. Anders
810 **Hände, die mich segneten** v. L. Anders
811 **Mein Alltag mit Christus** v. L. Anders